U0063070

征服世界 完全手册

How to
Take Over
the World
–
Ryan
North

［加拿大］瑞安·诺思 著

王乔琦 译

中信出版集团 | 北京

图书在版编目（CIP）数据

征服世界完全手册/（加）瑞安·诺思著；王乔琦
译 . -- 北京：中信出版社，2023.6
书名原文：How to Take Over the World
ISBN 978-7-5217-5579-4

I.①征… II.①瑞… ②王… III.①科学知识－普
及读物 IV.① Z228

中国国家版本馆 CIP 数据核字（2023）第 063997 号

征服世界完全手册

著者： ［加］瑞安·诺思
译者： 王乔琦
出版发行：中信出版集团股份有限公司
　　　　　（北京市朝阳区东三环北路 27 号嘉铭中心 邮编 100020）
承印者： 宝蕾元仁浩（天津）印刷有限公司

开本：787mm×1092mm 1/16 印张：21.25 字数：252 千字
版次：2023 年 6 月第 1 版 印次：2023 年 6 月第 1 次印刷
京权图字：01-2023-2219 书号：ISBN 978-7-5217-5579-4
　　　　　　　　　　　　　　　定价：88.00 元

版权所有·侵权必究
如有印刷、装订问题，本公司负责调换。
服务热线：400-600-8099
投稿邮箱：author@citicpub.com

献给莱克斯、维克多、埃里克和艾斯利博士

不能在社会中生存的东西或因为自足而无此需要的东西，就不是城邦的一个部分，它要么是只禽兽，要么是个神。

——亚里士多德,《政治学》(前 350 年) [1]

---

[1]　译文引自《政治学》，亚里士多德著，颜一、秦典华译，中国人民大学出版社（2003）。——编者注

目录

我常常从坟墓中间掘起死人的骸骨来，

把它们直挺挺地竖立在它们亲友的门前，

当他们的哀伤早已冷淡下去的时候；

在尸皮上我用刀子刻上一行字句，

就像那是一片树皮一样，

"虽然我死了，愿你们的悲哀永不消灭。"

嘿！我曾经干下一千种可怕的事情，

就像一个人打死一只苍蝇一般不当作一回事儿，

最使我恼恨的，

就是我不能再做一万件这样的恶事了。

——著名剧作家威廉·莎士比亚[1]

（好吧，说得再准确点儿：著名剧作家威廉·莎士比亚作品《泰特斯·安德洛尼克斯》中的艾伦）

[1] 译文引自《莎士比亚全集》，莎士比亚著，朱生豪译，中国文史出版社（2013）。——编者注

免责声明[1]

本书的主题是科学边界。多亏了人类已经发明或者正在发明的各项技术，我们得以在此探讨科学可能做到的极限在哪儿。当然，我们也会讨论一些目前悬而未决的问题，一旦它们也得到了解决，不可能也会变成可能。另一方面，本书还指出了人类文明迄今尚未被利用的弱点，即一些文化、历史、技术层面的盲点。这些盲点的存在，让那些心怀不轨的人有机可乘。他们一旦抓住机会，就会操纵世界，从而改变人类这个物种的命运。

换句话说，本书是一部关于如何成为超级大反派（字面意义上的）并且统治世界的非虚构作品。

一般来说，我应该在这里加上一句，"别在家中尝试书中内容"，但为了安全起见，我决定这样告诫你：别在任何地方尝试书中内容。

---

[1] 本书中会出现多种字体，每一种都是作者（和编辑）精心挑选的，代表了不同的语气。请好好欣赏并体会吧！——编者注

导言

你好，谢谢你阅读我这本关于统治世界的书

光聪明不够……你得勤奋、努力。聪明不是特权，它是天赋，你应该用它造福人类。

——奥托·奥克塔维斯博士，

也就是"章鱼博士"，《蜘蛛侠 2》，2004 年

一般来说，超级大反派肯定是坏人。我知道，我自己就写了很多这方面的内容。

我在为漫威和DC漫画这样的公司工作时，一个很重要的任务就是为反派角色构思各种阴谋诡计。无论要塑造的角色是狂野任性的古代神祇、永不死亡的巫师、心怀叵测的外星人、阴险恶毒的军阀、犯罪天赋异禀的亿万富翁、嗜血成性的杀人狂魔，还是比以上角色都要更恶劣的超级大反派（毁灭博士[①]），他们每个月都需要把自己的邪恶事业推向更为大胆的全新高度。此外，为了能让读者接受故事设定，这些阴谋诡计还得看上去切实可行。实际上，不只是得看上去切实可行，还得真的奏效……直到这些阴谋诡计被主角团阻止为止。

超级英雄漫画的真相就是，无论反派们多么努力，无论他们的计划有

[①] 他是一位穿越者，一位科学家，也是一位魔术师，也译作末日博士。即便是像雷克斯·路瑟（DC漫画中的超级大反派）这样强大的角色，也无法对他施放魔法。

多么接近成功，他们总会在最后一刻失败。这是常识了。主角们总能在一番努力后找到某些此前未知的力量、设计出绝妙的方案、获得关键人物的同情或是发现一些逆天的装备。这其实也遵循了讲好故事的唯一普适法则：主角们越是接近失败（反派们看上去越是像要获得胜利），他们最后的反败为胜才越是让读者感到过瘾。这条法则不仅是虚构作品的黄金法则，放在现实生活中也同样奏效：势均力敌的冰球比赛往往无聊透顶，但如果你支持的队伍原本一直落后，直到最后一节才追上来，并且在点球大战中以一记惊世骇俗的射门逆转局面，获得胜利，那可就精彩极了。

就像我刚才说的，这是大家都知道的常识。

然而，大家不知道的是，如果把这条普适法则同漫威的所有者迪士尼公司以及DC的所有者华纳传媒联系起来，你就会发现一个可怕的真相。数十年间，地球上两大颇有影响力的国际公司在众目睽睽之下，高薪聘用一些极有创造力的人，设计出越来越多的方案来统治地球——而且这些方案之所以会失败，仅仅是由于各种巧合，由于我们这些作家故意在各种细节上使坏。一旦认识到了这点，你马上就会进一步发问：要是这些超级大反派没有失败呢？要是主角们面对的是前所未有的计划，它们极为睿智、大胆、无畏，主角们连预测都无法预测，又何谈破坏它们呢？另外，既然超级大反派可以在虚构作品中做到这些，那么如果现实世界中有人这么做了，又有谁可以扮演超级英雄的角色呢？这就是本书的起源：那一刻，我意识到我在多年的工作中不仅尝试设计了各种统治世界的方法，而且，多亏了我的科学背景[①]……

我真的得到了可行的方案。

另外，我和大多数超级大反派不同，我很乐意把这个完美计划分享出来。

---

① 在我开始超级英雄漫画创作职业生涯之前，多伦多大学授予了我理学硕士学位，那可是货真价实的。（我在大学里学的是计算机语言学，但经过这些课程的训练，我也同样很擅长阅读科研论文。）

等等，把统治世界的方法告诉别人，会不会有什么伦理道德上的问题啊？这看上去就像是会被伦理学家描述成"大错特错"的行为。

这个问题非常合理，所以我们得先把它解决了。详细指导读者打破地区、国家乃至国际性法律的条文和限制，使得你们可以将地球以及所有人类的命运握在手中，这是否真的"不合伦理"（并且存在潜在危险）？

我的意思是……或许的确如此？收费高昂、训练有素的律师和伦理学家一定会给出肯定的答案，但我已经撰写了这本书，显然我的答案是否定的。所以很遗憾，你得不出一个确定的结果。

好在，我们可以借助假设性准则规避所有这些有关"对""错""作者应当承担严肃法律责任"的争论。所以，我要强调：我将要阐述的一切内容，都仅仅是一种思想上的探索，目的是探索人类在技术、历史和发明方面的极限。我在本书中提出的任何所谓"计划"都完全是假设性的，绝对不会付诸实践。换句话说，我只是告诉你如何在脑海中构思统治世界的方案。（除了关于克隆恐龙的那部分内容。虽然《侏罗纪公园》系列电影拍得有些惊悚恐怖，但客观上来说，克隆恐龙这个计划还是相当不错的，只要方便，你应该尽早把这件事做成。）

所以，放轻松，尽情享受这本书带给你的快乐吧。我们都只是为了快乐地消磨时光，如果我们中的有些人最后在这个过程中真的（在脑海中）掌握了（想象中的）国家权力，那也只是意外。凡事总有意外。

所以，让我们马上来统治世界吧。

你没看错，是我们。

我们拥有的第一大优势是：没人觉得漫画书中超级大反派的计划会真的在现实世界中实施。这就意味着，不太可能会有所谓的"英雄"在最后一刻突然冒出来，破坏我们的计划。另外，虽然在现实中，我们无法获取像精神控制头盔和收缩射线这样的科幻武器，但这其实也是我们的第二大优势：别人也不会有这样的玩意儿。对超级大反派来说，一个没有超级英雄的世界要比到处都是超级英雄的世界更容易控制。在电影《复仇者联盟：无限战争》中，灭霸为了获取终极胜利，必须处理掉几个挡路的超能力傻瓜——包括但不限于一个超级士兵，一个狂暴的怪物，一个身穿铁制飞行服、热衷于慈善事业的花花公子亿万富翁，还有一个可以从手腕里发射出蜘蛛丝的少年。

而我们就不会被这些奇奇怪怪的人打扰。

不过，我刚才用"傻瓜"描述超能力主角团，用"终极胜利"形容反派的目标，可能是有些言之过早了。我们首先得就"超级大反派"的定义达成一致。这个词看上去很简单："超级"意味着更厉害，"反派"意味着坏人。所以，超级大反派就是更厉害的坏人。结了，对吧？

那让我们再看看超人。

超人可以飞，而且纵身一跃就能跃过无数高楼（这个能力比飞行逊色一些，但他自己似乎总是提到它）。他行进的功率超过火车头（如果这里指的是全球功率最强的火车头的话，那就意味着超人的功率能达到约12 000马力），速度快过飞行中的子弹（这意味着超人的速度至少可以达到120米/秒，如果这里说的是高速弹匣发出的子弹的话，那这个数字得跃升到1 700米/秒）。再加上他的眼睛可以发射激光，呼吸可以冷冻物体，就能力来说，我们普通人与超人之间的差距，恐怕比蚂蚁和我们之间的差距更大。因此，"超级"显然并不只是代表"更厉害"，更是代表了"超越"。超人不只是人类的一个加强版本：他能做到普通人根本没法做到的事。因此，超级大反派与反派之间的关系也应该不同于我们和邪恶蚂蚁①之间的关系。超级大反派不只是反派的重大升级版本，前者还能做到后者做不到的事。

比如，让世界变得更好。

没错，虽然听上去有些反直觉，但最大的反派早就不会为了作恶而作恶了，他们不会像你想的那样坏笑着把无辜的人绑到铁轨上。相反，现代反派很容易引起人们的共情。他们的任何行为背后都有大家都能理解的动机。他们希望统治世界的理由也都是那些你在品茶、看新闻时能想到的——归根结底无非就是：我们可以做得更好。只要那些傻瓜能听进意见，世界肯定能变得更好。我愿把这样的反派称为"启蒙的超级大反派"，一些有雄心、有能力、有智慧、生存在现有权力架构之外的人想推动一项仅凭现有权力体系做不到的事业。这听上去危险吗？听上去邪恶吗？这样的描述同样适用于任何超级英雄，包括像超人、蝙蝠侠、神奇女侠、蜘蛛侠、惊奇队长、松鼠女侠这样的史诗级超级英雄。

谁不喜欢这种人呢！

我们要怎么做

写写鸡鸣狗盗的方案，让你确信我对这些计划有信心，并不是什么难事，但最后的结果八成是让你觉得我是一个自高自大、生活在自我欺骗中

---

① 我们都知道，蚂蚁以集体社会的形式生活——我们有时称其为"超有机体"（看这里又出现"超"这个前缀了）。在这样的组织形式中，各成员紧密合作，分工明确，任何个体离开了集体都不可能存活太久。因此，蚂蚁中的超级大反派很可能具有强烈的个人主义倾向，它会试图杀死蚁后，从而统治这个蚁穴。实际上，在包含多个蚁后的蚁群中，一些蚁后正是通过这种方式获得了主导权。不过，目前还没有出现工蚁（也都是雌性蚂蚁，但没有生育能力）试图掌管蚁群的记录。顺便一提，领地毗连的蚁群有时会团结合作，形成拥有百万只蚂蚁的"超大蚁群"，而非相互争斗。2009 年，我们发现几个被人为引入日本、美国和欧洲的阿根廷蚂蚁超大蚁群其实是某个全球性极大蚁群的一部分。当把这些来自各大洲的蚁群放在一起时，它们并没有相互争斗。这就使得蚂蚁成了全球社群成员数量最多的物种——连人类也比不过——我们就以此结束这条有关蚂蚁的脚注吧。

的可怜虫，让你怀疑我的灵魂已经迷失在自我想象中。这很正常。所以，我选择了一种难度大得多，但效果也会好得多的方式。我不会说服你相信我能完成这些鸡鸣狗盗的方案。

我要让你相信你能做到。

因此，这本书就是教导你成为超级大反派的教科书，课程马上开始。你打开这本书的时候还是科普图书的读者，但你即将学到的知识涵盖物理、生物、历史、技术、计算机和太空（涉及人类状况、宇宙以及我们在其中的位置）等多个领域，远远超出你之前所了解的范畴。我将致力于帮你变成早该有的样子：一个英勇无畏的人，一个前所未见的人。

一个超级大反派。

大多数犯罪都很"小儿科"，缺乏创意、自私自利、平庸无比，我当然不会把时间浪费在这些事情上。相反，我想让你关注9个最为重大、最为大胆、最有挑战性的超级大反派计划。虽然它们的灵感来自漫画和通俗小说，但它们的理论基础完全是真实存在的科学与技术，无须借助任何像反引力发生器和不稳定原分子这样的漫画桥段。我——一位训练有素的科学家、专业的反派计划设计大师——亲自策划、研究、设计了这9个伟大的计划，确保它们在科学上准确并且可以实现。当然，完成这些计划并不容易，否则也配不上我们的雄心壮志。要想实现我们的宏图大志，你要有坚韧不拔的毅力，而且不能只看到世界的现状，更要知道它可以朝着怎样的理想方向发展，然后再拿出决心和智慧让这个理想国成为现实。换句话说，要想实现这些计划需要超级大反派一般的野心、动力——当然还有资金支持。

最后一点正是问题的关键所在：要想完成我们的计划，肯定需要钱。但别怕！即便你怎么也没办法搞到完成本书所有计划所需的资金（其实也不过55 485 551 900美元……搞不好还用不了这么多），其中还是有不少成本低得多的项目，比如向1 000年后发送一条消息，成本才不到19 000美元！①不过，为了以防万一，本书中还介绍了如何将初始投资转化为几乎无限的流动资本（参见第 5 章"钻到地心，把它作为'人质'，解决你的所有问题"）。

在你开始探索本书随后即将介绍的各种计划之前，你首先会碰到一段很适合放在这里的邪恶猜想，然后才会进入所有计划的背景介绍。我的意见是，别把这段邪恶猜想看成"必读材料"，把它当成"仅供参考"即可。接着，在讨论各种方案的细节之前，我们会先研究一下前人那些不怎么优秀的尝试——他们可不像你这位超级大反派这么出色，但他们的目标同我们一样。然后，我会总结你在执行计划时应当注意的各种不利因素，以及可能面临的各种不利后果（主要是为了表明，我可是尽职尽责的），以防万一你被拘捕——当然，我相信后者的可能性还是微乎其微的。接着就是介绍计划本身了。我会列出每个计划的执行要点，详细介绍所需的投资和潜在回报，并且给出完成计划的预估时间。书中的插图都是由我的助理卡尔利·莫纳尔多绘制的。你会发现，全书到处都是这些插图，原因有两个。第一，这些插图非常棒。第二，书里不放图片的作者都是懦夫，他们害怕图片这种更直观、更能引起共鸣而且确实更有吸引力的视觉媒介会令他们笔下的文字黯然失色。

你可以按照顺序依次阅读这些计划。我们会先讲述超级大反派应该具备的基本盘（比如建立秘密基地和私人王国），再介绍更为大胆的计划，比如克隆恐龙、控制天气，直到最后获得永生。不过，如果你等不及要跳着读，那我也不反对：所有章节都可以互相参照、检索，所以你可以快速找到所需的相关信息。

好了，现在我们就出发，怎么样？这个世界可不会自己统治自己。

---

① 满足你的好奇心：就 2021 年的情况来说，全球大概只有 20 个人能够负担得起实现本书所有计划所需的全部资金（接近 560 亿美元），但能够付得起 19 000 美元的人，至少有 10 亿。

小托马斯·米基利

　　真的有人可以完成书中的所有计划，并且对世界产生那么大影响吗？乍一看似乎不太可能，但这只是因为你没听过小托马斯·米基利（Thomas Midgley Jr.）的事迹。

　　米基利出生于 1889 年 5 月 18 日，他在短暂的一生中为含铅汽油（这玩意儿毒害了数不清的人——其中也包括米基利自己，他为了证明含铅汽油是安全的，在一次新闻发布会上把这种物质倒在手上，并且吸入了挥发出来的气体）和氯氟烃（这种物质快速地消耗了地球大气中的臭氧层，所以，为了保护地球家园，大多数国家在氯氟烃问世几十年后就不得不联合起来，一致同意禁止生产它）的发明做出了巨大贡献。1944 年，米基利最终被自己的一项发明杀死了。他精心设计了一套帮助自己起床的绳索与滑轮系统，结果却不幸被勒死。从没有人找到充分证据表明米基利是故意用这些发明伤害别人，这意味着他在世期间造成的死亡与苦难都只是意外。这反过来又引出了这样一个问题：要是米基利真的想要用这些发明做不利于世界的事，他能做到什么程度？

第一部分

超级大反派的超级筑基

超级大反派的超级秘密基地

三个人也能保守住秘密，前提是其中有两个是死人。

——本杰明·富兰克林，1735 年

反派人物也需要地方生活、工作，并酝酿阴谋诡计。平民老百姓有个"家"、"办公室"或者"家庭办公室"就很满意了，但你要是想实现超级大反派之梦的话，最好得有一个宫殿般富丽堂皇的秘密基地，然后在里面舒适又有型地密谋，那才有超级大反派的范儿。

在给秘密基地选址的时候，要牢记一些必须遵守的限制。"秘密基地"中的"秘密"两字意味着选址要隐蔽，最起码不能很容易就让别人接近了。你可不想那些爱管闲事的人随随便便就撞破自己的老巢吧？而"基地"则意味着它可以长期使用，能够自给自足，就算不能让你（最好还能带上一帮亲信）一次在里面待上几年，至少也能保证几个月生活无忧。要记住，如果你不能长期驻扎在里面，那就不算是什么基地，顶多算是一间度假屋。

以秘密度假屋为据点，恐怕很难统治世界。

背景

首先，如果你现在脑子里在这么想，那我要奉劝你趁早放弃这种念头：

很明显，建造超级大反派秘密基地的最佳地点就是火山内部。这可太容易了，我都不知道为什么要买这本书，我早就知道要怎么干了。

——你（目前这么想）

一个多少有点儿事与愿违的计划

把秘密基地造在活火山里绝对不是什么好想法。活火山会在几乎没有什么预警的情况下突然喷发。接着，空气中就会弥漫着各种有毒气体，还有喷发出来的岩石（也就是熔岩）落到地板上，活活把你烤了。[①] 即便是休眠的火山，也不是什么好选址，因为火山坑这种地方一望便知，毫无秘密可言，甚至还可能是人潮汹涌的旅游胜地。

你最应该担心的问题是如何让秘密基地做到自给自足。要想在不依赖外部的前提下供养你和你的手下，基地的规模就不可能很小。至于基地的最小规模到底是多小，取决于你对下面这个问题的答案："等等，我们到底

---

① 不过，尽管如此，还真的有人住在活火山上！日本的青之岛是个与世隔绝的小岛，岛本身就是火山运动形成的，岛上的状况也完全依赖于火山的活动情况。不过，即便如此，岛上还是住着大约170人，他们享受着当地多风多雨的气候和天然火山温泉（当地人用温泉水蒸煮食物）。青之岛上的火山上一次喷发是在1785年，当时岛上300多位居民中有130~140人因为没有及时疏散而丧生，但那次喷发后不到50年，岛上就又有人居住了。

需要多少空间才能让一个人一直活下去？"

纵观人类历史，已经有很多权威人士尝试回答过这个问题了。在 8 世纪前后的英格兰地区，土地的计量单位是"海得"。1 海得就是供养一家自由农民所必需的最小土地面积，具体大小从 24 万平方米到 72.8 万平方米不等，取决于土地的产力[①]，但到了诺曼征服（1066 年）前后，1 海得被固定为 48.5 万平方米，即略小于 0.5 平方千米。我们现在无法知晓当时的"家庭"指的是那种大家族，还是仅由直系亲属构成的小家庭，但如果你认为这里的家庭仅由 4 个人组成的话，那就意味着人均耕地至少得有 121 250 平方米。

在过去的 1 000 年中，农业技术不断发展。1999 年的一项计算表明，按照多样化且可持续的欧洲人饮食方式（吃肉食），供养一个人大约需要 5 000 平方米田地。更进一步的计算则表明，如果饮食方式以蔬菜为主，不考虑土质退化、流失或者食物浪费等问题，保证充足的灌溉，且假设农民可以如上帝般完美地种植、照料作物，那么很可能做到仅凭 700 平方米土地就养活一个人。秘密基地的规模显然是越小越好：首先，这能保证基地的占地面积合理；其次，这还能让基地之外的人们不至于因你而死于饥饿。后者当然是件好事，毕竟，按照联合国粮食及农业组织的测算，在过去几十年里，全球人均耕地面积一直在下降：1970 年，全球人均耕地面积还有 3 200 平方米；到 2000 年，这个数字下降到了 2 300 平方米；按照预测，到 2050 年时，全球人均耕地面积会继续下跌至仅有 1 500 平方米。

不过，上面这些计算结果也不过是估算和有根据的猜测，并非事实。

---

① 当然，那个时候，海得不是用平方米来换算的（米制体系那时候都没被发明出来呢——见鬼，那时候连帝国体制都没出现呢），而是用英亩（"英亩"这个词出自古英语，意为"土地"）来换算的，1 海得等于 60~180 英亩。虽然英亩的面积如今已经确定（1 英亩约等于 4 047 平方米），但在当时，英亩的定义是：两头轭在一起的牛在一天内能犁的土地面积。显然，这也与时间（而非空间）有关。此外，这也意味着 1 英亩的面积（相应地，还有 1 海得的面积）取决于土壤条件和耕牛的强壮程度。

没错，超级大反派会思考、会筹划、会密谋，但他们也会大胆而果断地采取行动。超级大反派知道如何科学地了解，在现实层面上，人类到底需要多少土地才能自给自足。而且，他们使用的技巧相当直截了当：

1. 找来一些人。

2. 把他们扔到一片确定面积的封闭区域里，并且确保他们与外界不会有任何物质交换。

3. 舒舒服服地坐在椅子上，每隔一段时间就去看看这些人有没有死。

这幅插图展示了超级大反派实验的核心概念。不用担心右边的那个人，他只是睡着了

虽然你才读了一章不到的内容，但这本书已经给你省了很多钱，因为真的有人做过这样的实验！那是在1991年，8名人类志愿者参与了为期两年的实验，这也是"生物圈2号"系统的首次运行。这个系统耗资2.5亿美元，差不多相当于如今的5亿美元了。书中自有黄金屋啊，朋友。

"生物圈 1 号"怎么了？

在"生物圈 2 号"系统之前，也出现了一些为验证相关概念而设计的原型系统，其中包括一个装满植物（有些是供食用的，有些是用来提供氧气的）的密封测试模块。在这个自我维系、生态再生的孤立闭环系统中，人类志愿者参与一次实验的时长最初为 72 小时，后来逐渐拓展到了 21 天。然而，所有这些原型系统都不叫"生物圈 1 号"。这是因为，项目成员认为"生物圈 2 号"是人类所处自然环境的延续，也就是说，真正的"生物圈 1 号"就是地球。因此，"'生物圈 1 号'怎么了？"这个问题的答案就是："天哪，实际上很多系统都可以算作'生物圈 1 号'，我该从哪儿说起呢？"

"生物圈 2 号"位于亚利桑那，占地 12 700 平方米，是一个由钢筋、混凝土和玻璃打造的建筑群，建造费用由亿万富翁艾德·巴斯私人赞助。1991 年 9 月 26 日，4 名男子和 4 名女子通过气闸进入了"生物圈 2 号"。按照计划，他们在里面待了整整两年。在此期间，他们完全依靠系统的内部环境生存。理论上，在实验期间，唯一能进入"生物圈 2 号"系统的事物是电力，唯一能从里面出来的则是信息。这个封闭系统的内部被划分出了各种生物群落：一片热带雨林（以委内瑞拉台地为模型，是海拔高、地势平坦的孤立山顶生态系统）、一片草原（以南美草原为模型）、一片沙漠（以沿海雾沙漠为模型，地面干燥但空气潮湿）、一片沼泽（灵感来自佛罗里达大沼泽地）和一片"海洋"（内含盐水、巴哈马的沙子和热带珊瑚礁）。"生物圈 2 号"系统下方有一间装满各种支持设备的地下室。参与实验的志愿者（叫作"生物圈人"）也可以进入地下室，因为维护和修理其中的设备也是他们的任务。

每个生物群落都包含各自的动植物物种：植物负责给人类提供氧气；而动物的出现既是为了提供食物，也是为了生态多样性。入选的动物包括一对具有繁殖能力的奥萨博岛猪，它们有能力"把几乎所有和食物有点儿像的东西变成肉和脂肪"。鸡和山羊也因为类似的原因而入选了：它们是肉、蛋、奶的来源，而且吃的是人类不会吃的东西。既然所有东西都要自给自足，那么这个生态圈当然也有自己的水循环和碳循环。从本质上说，生物圈人其实是在反复喝同样的水。这是人类历史上第一次与地球上的自然生物圈分别那么久。

这个实验也碰上了不少难题，其中包括：

1. 实验所在地意外地吸引了公众注意力，不少游客聚集在实验基地之外，想要拍摄生物圈人照片时还会敲打建筑群外围的玻璃。"生物圈2号"系统内几乎没有什么地方可以让其中的居民保有隐私。

2. 部分生物圈人在进入系统时没有带够衣物，这最终导致像靴子这样的重要物品最后几乎就是用胶带粘起来的。

3. 一些有毒的蝎子在系统封闭起来之前就潜入了"生物圈2号"。于是，生物圈人只能一只只捕杀它们，让它们在该生物圈内灭绝。（有一个词可以形容这种情况：根除！）

4. 部分农作物歉收，其中包括生物圈人唯一的土豆来源。系统内的所有土豆都因螨虫害而灭绝了。取而代之的是红薯，生物圈人吃了太多红薯——他们每天摄入热量的一半都来自红薯——皮肤都开始因为摄入太多胡萝卜素而变成橙色的了。

5. 一种澳大利亚蟑螂也潜入了"生物圈2号"，而且迅速开枝散叶、数量暴涨，生物圈人已经来不及控制它们的数量并做到根除了。晚上，成群结队的蟑螂聚集在厨房的地板上、桌子上，把原本白色的台面变成了棕色。面对这番场景，生物圈人会用吸尘器把它们统统吸走，然后喂给鸡吃，从而把害虫变成美味的鸡蛋。

6. 虽然系统内安装了二氧化碳洗涤器，但生物圈人还是需要每天监控系统内的二氧化碳浓度，以保证没有超过安全阈值。生物圈人把草原上的草割下来，保存在地下室，算是某种人工碳封存系统。

7. 系统内的氧气浓度曾下降到危险境地，实验人员两次从外部向内注入氧气，后一次距两年实验期满只差一个月。（后来研究者才发现，建筑内的混凝土也封存了二氧化碳。这部分二氧化碳被释放，导致氧气浓度下降。后续实验通过密封混凝土的方式解决了这个问题。）

8. 实验开始 12 天后，生物圈人简·波因特不小心把中指伸进了脱粒机，不幸失去了那根中指的前段。为此，她不得不暂时离开"生物圈 2 号"，去外科医生那里看手，6 个半小时后才回来。[1]

不过，上述所有难题都比不上这个问题：食物永远不够。

"生物圈 2 号"的农业用地仅有 2 500 平方米，也就是人均 300 平方米出头——不到 1999 年对人均所需耕地最乐观估计的一半。另外，虽然按照设计，生物圈人以素食为主的高纤维食物基本涵盖了人体所需的所有营养物质（没有维生素 B_{12} 和维生素 D，需要额外补充），但这些食物每天大约只能给每人提供 1 790 千卡左右的热量，达不到推荐水平。[2]这种低热量食谱导致女性生物圈人和男性生物圈人的体重在实验期间平均分别减轻了 10% 和 18%。一位生物圈人曾在实验中期做过计算，按照彼时的"减肥"

---

[1] 简回来的时候，项目控制中心让她把一个装着一些计算机零件和其他小补给品的包带进了气闸。一些媒体从业人员发现有额外物品被偷偷带进系统，便声称实验已经遭到破坏。不过，参与实验的人员大多数不这么认为。他们觉得小小地"作弊"一下总比彻底放弃整个实验强。简本人在"生物圈 2 号"系统外就医时只吃了一根燕麦棒、喝了一杯水。而她则把失去的中指指尖留在了系统内。简后来这么写道："等到两年实验期满后，我身上的一小部分不会离开这里。"

[2] 这 2 500 平方米的农业用地没算上大约 135 平方米的牲畜圈养地。然而，虽然偶尔也会有丰盛大餐，但生物圈人的食谱中肉类从来只占一小部分：在两年实验期间，平均下来，动物肉每天给每位生物圈人提供的热量只有区区 43 千卡。（在实验最后的 3 个月里——因为大家都知道实验马上就要结束了——生物圈人吃了更多食物，平均每天摄入的热量最终达到了 2 200 千卡左右。）

速度，等到实验结束时，他大概能瘦 40 公斤。花生都是带壳吃的，毕竟花生壳至少也能在胃里占据部分空间。一些生物圈人甚至会轮流用双筒望远镜观察系统外的热狗摊，望梅止渴，自我慰藉。

到了实验的第二年，生物圈人不得不吃起了原本作紧急储备之用的谷物和种子——这只能作短期应急之用，毕竟，要是第三年还要继续待在这里，没有这些种子，他们就没什么能种的了。后来的分析表明，虽然参与实验的生物圈人都竭尽全力了——例如，他们有时会聚在一起，人工挑拣出农作物上的害虫，以这种需要耗费大量人力的方式竭力拯救农作物——"生物圈 2 号"的内部耕地最多也只能满足 7 个人的需求，而非8 个。

然而，或许最重大、最意想不到的挑战还是来自人类自身。这 8 位生物圈人在刚进实验基地时互相之间都很友好，看不出人际关系中有什么大问题——他们中有些人已经交好多年，参加实验前甚至还期待"生物圈 2号"内的生活能让他们更紧密地联合在一起，形成一个接近乌托邦的理想社会——但后来各种人际矛盾就爆发并且迅速升级了。不到一年，这 8 位生物圈人就分成了相互对立的两派，每派 4 人。除了正式会议之外，两派成员之间基本不交流，甚至看都不会看对方一眼。生物圈人简·波因特（失去了一截中指的那位）称自己这派为"我们"，称对立那派为"他们"。可以说，"生物圈 2 号"系统内气氛紧张，充满攻击性，令人担忧。甚至有一次，"他们"中有两名成员朝波因特脸上吐口水，其中一人吐完后什么也没说就离开了，还有一人面对波因特因震惊而发出的疑问"我做了什么？你们要这样"，答道"那就得问问你自己了"。波因特后来写了一本名为《人类实验》（*The Human Experiment*）的自传体作品，介绍了她在"生物圈2 号"内的时光。波因特写道："我们都很痛苦，那是难以用语言表达的痛苦。"她还特别提到，在实验最后的几个月里，"我感到空气马上就要被点燃，在被压抑许久、越积越多的愤怒中爆炸。繁重的日常劳作压垮了每个人。我甚至有种不安的感觉，那就是生物圈人随时有可能互相伤害"。在完成了总耗时两年零二十分钟的实验并离开"生物圈2号"后，波因特在随后的十多年里都没有同"他们"的4位成员说话。2020年，一部名为《地球太空船》(*Spaceship Earth*)的纪录片向观众介绍了这个实验。一位前生物圈人在片中说："我们这个8人实验小组分裂成剑拔弩张的两派，一大原因是我们都快窒息、饿死了。"（有鉴于此，在"生物圈2号"开展的第二项实验把时间缩减到了6个月，志愿者数量也减少为7人，他们实现了食物的自给自足。此外，那次实验还专门配备了一位随叫随到的心理医生。）

总之！前人实验中出现的种种问题——高昂的花费，志愿者在实验中承受的痛苦、饥饿以及种种令人闻之心碎的事故——都让我们总结出一点：可以长期供养你本人以及6名帮手（必须精挑细选，忠诚可靠，而且不会分裂成小团体，搞出各种奇奇怪怪、令人伤心的事）的基地至少需要12 700平方米土地，并且其中得划出2 500平方米用作耕地。如果你还想要更多的手下，那就得相应地增加耕地面积、提高氧气供给水平。这样才能成功。

当一小群朋友被隔离在一起时，会发生什么？

这些生物圈人面对隔离时的反应并非没有先例：当被困在几乎没有任何隐私、被迫参与社交并且基本不可能逃离人际冲突的地方时，人就会变得有点儿奇怪。

1970年，在T-3站（一座小型科研前哨站，建在一座占地60平方千米、漂浮在北冰洋上的冰山山顶，当时站内生活着19名与世隔绝的科学家）内，一罐失窃的自制葡萄干酒引起了争执。最后，站内一名科学家枪杀了另一名科学家。1980年，宇航员瓦列里·留明(Valery Ryumin)在苏联礼炮6号空间站内执行完任务后返回地球，他在日记中写道："欧·亨利写过，如果你想鼓励谋杀，只需把两个人锁在一间18×20英尺①的房间里，锁上两个月。当然，这听上去多少有些幽默。但老实说，即便是和一个和蔼可亲的人在一起，时间长了，本身也是一种考验。"还有2018年，俄罗斯南极站内的一名科学家被指控拿刀捅进了一名他不喜欢的同事的胸膛。有关此事的前期报道称，那位受害同事反复剧透小说结局，让加害者恼羞成怒。这个动机听上去十分好笑，可惜是瞎编的。（两位涉事科学家后来和解了。）

不过，也有一些正面案例。美国国家航空航天局出资在夏威夷建造了一座基地（夏威夷空间探索模拟基地），6名志愿者为模拟火星任务，在占地111平方米的圆顶建筑内生活了整整一年。这群志愿者也确实分成了两派（"与其说是两个小集团，不如说是两个部落，"参与模拟实验的志愿者特里斯坦·巴辛思韦特后来说，"很快，你就会把所有个人时间都花在那些不会把你逼疯的人身上了。"），但没有出现哪怕一次类似谋杀的尝试！其中两名志愿者甚至还开启了一段恋情——只不过实验结束没多久就结束了，毕竟，那个时候，两人的潜在对象都不再局限于5人了。哦，这可太真实了。

然而，真正的自给自足还包括能源自给自足，而刚才给出的数字显然还没有涵盖能源供应设备的占地面积。为此，我们要稍稍再把你的基地扩大一些，给小型模块化核物理反应装置（SMR）留出空间。SMR是一项新兴技术，这种体积虽小但功能齐全的核反应装置以少量放射性物质为原料，

---

① 1英尺约合30厘米。——译者注

能产生350兆瓦能量（也可能没有那么多）[1]。当然，这项技术的推广必然会受到诸多法规（原本主要是针对体积更大、危险性更高、大家更熟悉的那种大型核反应装置）以及核不扩散条约的约束。纽斯凯尔（NuScale）公司设计的一种SMR号称只需一个高25米、直径4.6米的圆柱体就能实现60兆瓦的功率输出，而且把维护难度降到了最低——整个装置配备了足量被动防护装备，使用的活动部件数量也极少，即便是在堆芯熔毁时也能做到"基本不受影响"。[2]按照设计，等到SMR反应堆耗尽放射性物质后，我们可以轻而易举地把它转移到别处做丢弃处理。

不过，还是让我们当偏保守的超级大反派吧，不管新兴科技公司如何吹嘘自家产品，我们还是只用已经切实造出来过的SMR。

2019年，俄罗斯启用了他们第一座功能齐全的浮动核电站，也即一艘名为罗蒙诺索夫院士号（Akademik Lomonosov）的核动力驳船。按设计，它可以前往任何急需电力的地区。[3]这艘核动力驳船上搭载了两个KLT-40S SMR核反应堆，每个都能产生35兆瓦的电力（用电缆传输），同时还能产生60兆瓦的热量（用热水管道传输）。它们可以在不添加燃料的情况下不间断运行三五年。如果出现紧急情况，它们会自行关闭，无需人为干预。罗蒙诺索夫院士号仅有144米长、30米宽，也就是说，你的基地只需要再增加4 320平方米就能容纳这类反应堆。好吧，如果你想要更加酷炫的方案，那么占地更小的核反应堆也不是没有，军用核潜艇上的那类就符合要求——显而易见，那样的环境急需一种不怎么需要维护、安全可靠、自给

---

[1] 不管怎么说，350兆瓦的功率输出已经非常强劲了！从规模上说，一座运行中的发电站每生产1兆瓦（100万瓦）电，大概就足以供400~900个西式家庭使用，具体是这个范围内的什么数字则取决于家庭的用电多寡。

[2] 如果要全面、透彻地解释这里的"基本"是什么意思，恐怕要花很多很多时间。所以，我们还是不展开了。

[3] 罗蒙诺索夫院士号目前正漂在俄罗斯东北部地区北冰洋港口小镇佩韦克附近的海域里。按照俄方公开的资料，这艘核动力驳船于2019年12月19日起开始输送电力，2020年5月22日起开始全负荷运转。

自足的能量来源。美国海军下水的最小核潜艇NR-1仅有45米长、4.8米宽，只能容纳13名士兵。

不过，我们还是坚持使用罗蒙诺索夫院士号这样体积更大、可持续性更强、理论上更加安全的设备，它可以容纳大约70名负责操作和维护的工作人员。当然，这些员工也需要额外的食物和水：要是你不想承担这个成本，那也可以探索太阳能、风能，或者干脆尝试自己管理、运行几个小而又小的核反应堆，然后看看会发生什么。如果使用罗蒙诺索夫院士号这样有专人运行、管理的能源方案，那就需要比"生物圈2号"大12倍的空间以保证你、你的帮手以及你的发电厂员工有足够的食物、空气和水。

总结一下：

7人食物自给自足	7人空气和水自给自足	核动力发电设施	全套核动力发电装置员工	满足要求的最小占地面积（单位：平方米）	参照物
√				2 500	一座非常高效的大型蔬菜大棚
	√			10 200	生物圈2号，只是里面的所有人最后都可能饿死
		√		4 320	漂浮在海上的核动力驳船
√		√		6 820	一座非常高效的大型蔬菜大棚，并且出于某些原因使用核动力能源
√	√			12 700	生物圈2号
	√	√		14 520	使用核动力能源的生物圈2号，只是里面的所有人最后都可能饿死
√	√	√		17 020	次优的秘密基地，能够供你和6名帮手长期生活
√	√	√	√	144 020	最优的秘密基地，能够供你、你的6名帮手和70名核能设施工作人员长期生活

这张秘密表格展示了有关你秘密基地秘密大小的各种秘密选项

你现在听到的敲门声来自机遇女神——嘿，她还是和科学女神一起来的！她俩告诉你，真的可以在不到 0.15 平方千米（要是你采用垂直建造方案，而非牧场式的平面方案，占地面积甚至可以比这个数字小得多）的土地内打造一个供你和 76 位密友长期生活的自给自足核动力秘密基地。她俩大声喊着方案，声音都盖过了自己的敲门声，毕竟这实在是太令人兴奋了！

好了，现在你只需找到建造秘密基地的地点就可以了。接下来，我们就来看看有什么选项。

机遇女神在敲门

一般人就能想到的一般计划

建在地表上的基地

如果附近所有人都能看到，那你的基地就很难称得上"秘密"。另外，地球上的大部分土地都归这个或那个国家所有（第 2 章提供了解决方法）。要是生活在国家政权的管理之下，你就永远不可能享有真正的独立和私密——要是这个国家还特别"关照"你，时刻监视你的一举一动，情况显然就更糟了。只能说，把基地建在陆地上确实很容易实现，但也只能算是入门级要求，你完全可以做得更好。①

一座建在陆地上的不那么秘密的基地

如果你决定要把基地建在陆地上了，那就得确保选址是你真的可以去的地方。在新冠疫情期间，美国人詹姆斯·默多克（福克斯传媒大亨鲁珀特·默多克的儿子）坦承，他去不了自己建在加拿大的"末日小屋"（占地445英亩，拥有独立供水系统，而且配备了太阳能电池板）。"边境关闭了，所以我没法去加拿大，"他说，"我不知道为什么我们之前没有想到这点。"

地下基地

把基地造在地下，就有可能长期保持隐匿状态。然而，想把挖出来的土悄无声息地运走也是个相当困难的任务（参见第17页方框）。此外，在

---

① 直到2020年年末，RiotSheds.com网站还在出售覆盖着高碳钢装甲的防弹防爆屋。这些屋子可以在动荡时期提供一个庇护所，但在设计上可以说是无聊、无趣到了极点。对只是想体验一下秘密基地的读者来说，这倒不失为一个不错的选择。这些屋子每座售价29 999美元，如果你希望在里面加上一条长凳或是枪架，还要额外支付费用（分别是208美元和180美元），不过它在美国本土48个州的配送都是免费的。遗憾的是，我在修订本书的时候，这个网站似乎已经破产了。实在是太可惜了，浪费了我这条免费为他们打广告的脚注！

不见天日的地方耕作的难度可以说是史上最高。不过，还是有许多生存主义者对这个选项趋之若鹜，只是他们更多称这类场所为"地堡"，而非"基地"，并且视其为发生了足以毁灭文明的灾难之后的容身之所（依靠预先储备、数量有限的罐装食品和物资过活），而非能真正实现自给自足的大本营。

如果你出于某些原因不想从零开始建造地堡，那么也有几家能提供现成地下生存综合体的公司。这些地下建筑都很高档，也都很贵。"生存公寓"就是这种"亿万富翁地堡"的一个例子。这座地堡建在美国堪萨斯州的一口前导弹发射井里，占地 5 000 平方米，拥有 14 间豪华套房，最初的建造目的是抵御核爆炸。"生存公寓"里配置了一个健身房、一间酒吧、一座图书馆、一间教室、一座浴场、一间电影院、一个水容量为 18 万升的游泳池、一个休息大厅、一座水培花园、一个遛狗公园、一面攀岩墙、数张空气曲棍球桌、三座军械库、一座射击场，并且准备了可供 5 年之用的食物。你只需要花费 300 万美元就能购置一间家具配置齐全的平层豪华套房，并且享受上述所有服务。（不过，这其实也提供了一种在全球性灾难发生后至少保证能生存几年的方法。这个方法非常简单但也非常邪恶：抢在所有人前面偷偷溜进这样的避难豪宅里，然后锁上门。立刻去做这件坏事，立省几百万美元，立刻就能获取整口导弹发射井里的所有储备干粮。）

然而，即便你能在这种奢靡的地堡里安顿下来，并且通过某种方式把大部分空间改造成农业用地，也仍旧摆脱不了一个弱点：一旦能源用尽，你马上就会陷入无边黑暗之中。对农作物来说，这无疑是致命的。但你可能想不到，这对人类来说同样不是什么好消息。1962 年，一位名叫米歇尔·西弗尔（Michel Siffre）的法国洞穴研究者故意在黑暗的冰川洞穴中待了两个月，以探究洞穴生活对人类的影响。在这段时间里，他唯一的光源就是手电筒。结果，西弗尔发现，除了依靠自己的身体之外，他完全没办法计时。很快，他就完全失去了正常的时间节律（他自己的计时系统比外界的时间短了整整 25 天），也忘记了过去的很多事情。"当你永远被夜晚包围……记忆就无法捕捉时间。于是，你就会遗忘。只需要待上一两天，你就记不得一两天前做过什么事情……在里面的全程感觉上就像是漫长的一天。"西弗尔在多年后接受采访时说道。10 年后，他又在美国得克萨斯州的一座洞穴内重复了这项实验，这次待的时间超过半年。西弗尔称，住进洞穴大约 80 天后，唱机坏了，自杀的念头开始浮现。

一座秘密地下基地

你可以，也应该，梦想更大的基地。

其他地下住所

建地下基地确实很困难，但并非不可能。20 世纪 50 年代末，美国政府启动了"希腊岛计划"。那是一座隐藏在西弗吉尼亚酒店地下、面积达 10 400 平方米的宏伟秘密基地，其建造过程以酒店改造作掩护。这座秘密基地的设计目的是在核战争爆发后，为众议院和参议院的议员们提供一个隐秘、安全、可长期（6 个月）生活和工作的住所。然而，1992 年，希腊岛就失去了原来的价值，因为《华盛顿邮报》发现了这个项目并且大肆报道。在那之后，整座设施就退役了，这个计划也到此为止。

除了政府层面的尝试，私人层面也有一些成功的案例。1975年，一位名叫奥贝托·艾劳迪（Oberto Airaudi）的前保险经纪人带着24名（当时是这个数字）追随者搬到了意大利北部的皮埃蒙特山谷，并且自己改名为法尔科（Falco）。这伙人一道建立了一个公社，其中包括一座建在地下30米处的秘密基地/朝圣之地，并且将其命名为"人类神庙"。施工过程中，他们徒手搬出一筐又一筐碎石和泥土，并且悄无声息地丢弃。随着工程的推进，当地有谣言说城外正在建一所秘密神庙，于是，他们又在地面上造了一座假目标神庙，以防附近居民把目光转向地下。最后，人类神庙演变成了一片拥有5层楼、占据8 500立方米空间的建筑群——里面有12米高的镶金箔天花板、青铜雕像和大面积的壁画。

这个公社当时的一大目标就是实现自给自足（现在仍然如此），为此还创制或创办了自己的宪法、货币、学校、税法和报纸。不过，他们的所有食物仍是在地表上种出来的。希望成为正式"A类"公民的成员需要签署协议，把自己的全部财产移交给公社。这个规矩一直延续到了1992年。当时，一位前公社成员离开公社后，希望拿回自己的财产，为此还提起了诉讼，从而公开了地下神庙的存在。地下神庙暴露后不久，意大利警方就赶到现场并封闭了非法挖掘的地区，但他们就是找不到地下建筑群的入口。警方扬言要炸毁整座山，法尔科等人这才现身。结果，意大利当局发现这个建筑群实在太过神奇，于是便补发了动工许可。如今，你只需要花70欧元就能游览成员超过600人的地下公社3小时。

　　现在让我把你的梦想再往大胆的方向引导一步：要是基地可以移动，岂不是很妙？如此一来，一旦基地有暴露的风险或是受到安全威胁，只要换个地方就好了。另外，反正我们是在做梦，那就不妨想想把基地转移到一个不承认任何国家主权的地方，几乎完全无人居住，并且一代又一代人都神神秘秘地将其描述为广袤、未知、危险、变化莫测的致命地点。实际上，我们完全可以让这个地方背上死亡之名，就这么说：很多误入这片区域的人最后都失踪了，连尸骨都没有找到，而且这种情况再普遍不过了。最后，反正这是在许愿，你还可以加上：从很早很早之前开始，侥幸从这片区域活着回去的人都会反复讲述关于此地的可怕怪物的故事：它们会毫无征兆地攻击人类，并且把受害者撕成碎片。

　　嘿，这倒是能很好地衔接下一部分内容！

海上基地

　　海洋是建立秘密基地的一个诱人选项。地球表面超过70%的面积被水覆盖（这意味着有很多地点供你选择）。此外，海洋的大部分区域都是杳无人烟的国际水域（这意味着不会受到某个国家的行政监管、法律约束）。看看，我才写了两句话，海洋的优势就已经充分体现！

　　最容易想到的海上秘密基地就是游轮。毕竟，人们总是把游轮视为漂在海面上的城市，市场营销文案也是这么说的。然而，其实游轮更接近漂在海面上的酒店，里面住满了流动性很强的游客，并且有全职的员工为他们的舒适生活提供服务。最接近我们需要的游轮或许是世界号。那是一艘196米长的游轮，有12片甲板，每片甲板面积大约都有5 000平方米。按市场定位，世界号的卖点是全球最大的私人居住船只[①]，目标人群当然是那些富翁中的富翁。世界号上的165间高规格套间都是私人所有，而非租赁

---

① 　这个纪录或许在不远的将来就要受到挑战，因为它的竞争者，296米长的乌托邦号也即将下水。乌托邦号游轮上的套房售价在400万美元到3 600万美元之间，而且它标榜自己是为全球最富有人士提供的大型私人海上居所（无论是永久性的，还是临时性的）。

性居所：每间套房售价在 100 万美元到 800 万美元之间（不包含维护保养费），而且买主必须证明自己拥有至少 1 000 万美元的净资产。游轮上的生活可以说是"只有想不到，没有做不到"：有诺贝尔奖得主来做讲座；酒窖里藏有来自 19 个国家的 1 100 种葡萄酒；鸡尾酒单会不断调整，以反映游轮所在位置的风土人情；餐厅数量众多、风格各异，所用食材都来自外国港口，并且轮流开放，以保证能吸引足够多的用餐客户，以免让住户对游轮产生"鬼城"的感觉；一间名为"罗马斗兽场"的全尺寸影院；一张装配陀螺仪从而能自动找平的台球桌；一间图书馆；一间洗浴中心；等等。然而，即便是这样一艘功能齐全、造价高昂的游轮，也没有办法做到自给自足：它需要定期靠岸以补充价值以百万美元计的燃料、食物和娱乐设备，这样才能在永无止境的环球旅行中让住户（没有宠物，平均年龄 65 岁上下）保持心情愉悦。2020 年 3 月，因为新冠疫情席卷全球，世界号被迫暂停服务，船上那些富有且神秘的长者只能下船，游轮本身则停靠到了英格兰南部海岸的一个泊位上。

最后还要强调一点：即便下船的时候，世界号上的居民全都没有感染新冠病毒，但他们仍要与世界其他地方的居民一样，面对疫情和隔离的现实。从秘密基地的角度衡量，这当然算不上理想情况，但我们也得知道，这其实也是所有无法实现自给自足的社群的共同特征：依靠外部世界提供补给，意味着你必然会定期暴露在各种事件、法律和疫情之下，和全球其他地点没什么两样。世界号能提供给我们的，顶多算是一个秘密基地的雏形，没有自己的空气和水循环，自身能够获取的燃料和能源也十分有限，只有充分沐浴在阳光下的顶层甲板适宜种植作物，产出的食物最多可支持 14 个人生活。

我们需要一艘更大的船。

你真正需要的是一艘庞大无比的船，大到可以真的实现自给自足，而且可靠到即便疫情来袭，你和你的员工也可以远远地躲在海上——远离那些发了疯和/或携带病毒的人群——直到疫情过去。对于这样的船只，现

在已经有了各种设计方案，比如把野心写进名字的"自由之船"：一艘长1 400米的巨轮（实际是由8艘平底驳船拼接在一起，像一艘巨轮那样工作，每块甲板都能提供大约15万平方米的空间），完全可以起到城市的功能。"自由之船"上会有公寓式住宅、酒店、医院、学校、从船的一端到另一端的交通系统，以及全球最大的免税购物中心。这艘船本身大到船顶足以容纳一条飞机跑道，并且可以供10万人同时生活：4万名永久居民、1万名酒店住客、2万名全职员工以及每日3万名上来参观的游客。然而，自1999年提出概念以来，"自由之船"始终都没有开工建造的苗头，它的网站仍然在标榜建造工程即将启动，通过在定制礼品商城CafePress.com上售卖定制纪念马克杯、贴纸以及丁字裤赚钱。其他还有一些不如"自由之船"这般宏伟的计划，比如法国设计师让–费利佩·佐皮尼（Jean-Philippe Zoppini）的"AZ岛"，一座10万平方米的海上城镇，但情况也没有好多少。AZ岛的进度比"自由之船"快一些：设计方公开表示，只要有订单，合作的造船厂就能开工。然而，由于缺少资金支持，整个计划还是搁浅了。

过上甜蜜生活

按设计，AZ 岛是一座漂浮在海面上的椭圆形岛屿/酒店/城市建筑群，灵感来自儒勒·凡尔纳 1895 年的小说《机器岛》。这座岛其实就是一艘城市大小的巨型船只，上面住满了大富翁——听上去很熟悉。在凡尔纳的小说中，那艘巨舰最后的结局是土崩瓦解，无数人命丧黄泉，但出于某些原因，AZ 岛项目公布时，对这一点只字不提。

实际上，凡尔纳本人的写作灵感来自一份 1833 年的招股说明书，项目名为"面向所有人的天堂，无须劳作，由大自然和机械装置提供动力：所有聪明人都应该来。整个项目分为两部分"，出自一个名叫约翰·阿道弗斯·埃茨勒（John Adolphus Etzler）的人。埃茨勒在招股书中详细介绍了项目方案，以证明其"不是空想"：漂浮在海面上的岛屿，成千上万用原木建成的家庭住宅，依靠海浪提供动力的发动机，如此种种都由活着的树木连接，这些树"绞合在一起，提升了整座岛屿的强度"。岛屿表面是土壤肥沃的花园、宫殿、休闲场所和娱乐设施。整座岛能以 60 千米/时的速度在海面上移动，"远离一切危险和尘世中的烦恼"。埃茨勒声称，只需要 30 万美元（相当于今天的 960 万美元）就能在 10 年内完成这个项目，从而把世界变成一个"超越各种概念"的奢华天堂。虽然埃茨勒积极公开招股（每股价格"不超过一张彩票的价钱"），甚至寄了一份项目说明书给时任美国总统安德鲁·杰克逊以求资助，但他始终没有募集到足够的钱款。

埃茨勒本人最后一次在史料中出现是他在委内瑞拉启动了一个乌托邦公社。他在那里喊出的口号是：过上远离病痛的奢华生活，所有居民都可以享受纯糖盛宴。埃茨勒相信，在足够温暖的气候环境中，糖这种"最为重要的食物"会自发从大气中沉降到地表。他的计划吸引了 41 名居民，其中的 15 人在参加计划后的 5 个月内身亡。事后的一篇报道称："很可能从来没有任何欧洲移民……发现自己竟处于如此困顿和悲惨的生活中。"因此，万幸埃茨勒没有成为海上城市的负责人。

即便不考虑"自由之船"100 亿美元的造价，如何建造、维护并长期保持适航性也是问题。海水（以及含盐量较高的海上空气）具有腐蚀性，而且目前还没有哪处干船坞可以停靠这个规模的船只（或是船队）。按照国际标准，船只每五年至少停靠在干船坞内全面检修两次，这意味着，如果你选择这个计划，你就必须建造更多地面设施，以保证后勤工作能满足海上基地长期运作的需要。至于自给自足方面，"自由之船"的顶层甲板面积相当于 11 个"生物圈 2 号"的占地面积，生产的食物和空气可供 77 人在完全封闭的环境中生活——要是只种食物、不循环利用空气和水的话，可以供养 420 人。

不过，我们或许还可以进一步放宽要求。在海上，我们完全可以依靠海洋丰富的食物资源，利用充沛的太阳能和风能发电，你一定会这么做的，对吧？有什么能阻止你建造一个占地小得多、施工方便得多、可供无限期生活、彻底脱离陆地物资人员补给的海上基地？

"海上家园"是一项带有乌托邦色彩（或者说自由意志主义色彩）的运动，目标如下：在海上生活，不受任何政府、法律、强权的约束，享受彻头彻尾的真正自由。到目前为止，最接近实现这一目标的尝试是 2019 年在泰国海岸外大约 20 千米处安放的一批小型海上家园，这是当时该计划中第一批建造的完全相同的住宅群，每间住宅供 1 个家庭生活。这些 6 米

一座秘密基地

宽、两层楼高的八角形建筑被放进海里时压根儿没有知会泰国政府，更不用说征得后者的许可了。"到目前为止，我们始终都保持低调，不对外宣传，但我们遵守泰国的所有法律。因此，在政府看来，我们就像是生活在海上的船只中一样。"海上家园项目的参与者查德·埃尔瓦托夫斯基（Chad Elwartowski）与伴侣纳迪亚·萨摩戈尔（Nadia Summergirl）开启海上生活后不久接受《理性》（Reason）杂志采访时说。然而，就在他们搬入几周后，泰国政府就留意到了这些海上"房子"，并定性为：

1. 威胁到了海洋导航；

2. 非法占用泰国主权领地；

3. 企图在泰国领海内建立独立王国，这是叛国行为；

4. 威胁到了泰国国家安全。

于是，这个海上家园项目的参与者都成了泰国的通缉犯并被指控犯有叛国罪。他们一旦被逮捕并定罪，最高有可能被判处死刑。于是，他们只能带上少许个人物品就匆匆逃离。此后不久，泰国海军就占领并摧毁了这些建筑。①

所以，这也不是我们基地的理想选择。

其他建造海上城市的尝试——在周边国家的许可和全面参与下进行——也遇到了类似的麻烦。从 2008 年起，海上家园组织（资助人之一是贝宝在线支付公司的联合创始人彼得·蒂尔，他在 2009 年的一篇称赞海上家园项目的个人博客中称："我不再相信自由、民主可以兼容。"②）就一直在探索海上生活的可能。他们本想在远离海岸的公海区域建造住所，但很快就发现难度极高、代价极大。于是，海上家园组织于 2016 年同法属波利尼西亚政府谈判，期望在塔希提海岸外的阿蒂毛诺潟湖打造海上城市项目的雏形。按照计划，这将是一次模块化且半自治的海上自给自足（以及自治）生活实验，由风能和太阳能提供动力，且免除法属波利尼西亚的税收。整座城市将由一系列连接在一起的海上平台构成，每座平台的建筑成本在 1 500 万美元到 3 000 万美元之间——当然，这里存在一项风险：如果某个平台的所有者不喜欢这座城市的生活，他们完全可以和其余部分脱钩，并且自行漂到其他地点。③然而，由于塔希提岛居民发起抗议——潟湖被连税

① 在逃离泰国的过程中，埃尔瓦托夫斯基和萨摩戈尔宣称他们只是"项目的热心支持者，并且有幸成为第一批入住的居民"，而真正设计、建造这处海上家园的则是一个叫作"海洋建造者"的神秘组织。埃尔瓦托夫斯基和萨摩戈尔藏匿起来之后，CBC（加拿大广播公司）记者问他俩的朋友、该海上家园组织的主席兼联合创始人帕特里·弗里德曼（Patri Friedman）："（埃尔瓦托夫斯基和萨摩戈尔）并没有参与设计位于泰国的这处海上家园，也没有为此付钱，那么负责人到底是谁？"弗里德曼答"这是个秘密"。埃尔瓦托夫斯基和萨摩戈尔逃离泰国后又去了新加坡，如今在巴拿马流亡。据《卫报》报道，他们重建了海洋建造者公司，并且计划在巴拿马海岸外建造新的升级版海上家园。海洋建造者的网站则评价泰国海上家园为"成功的雏形"。

② 蒂尔还在同一篇文章中写道："我反对充公形式的税收、极权主义社会形式以及认为所有人都难逃一死的意识形态。"有关这方面的更多内容，参见第 8 章"如何永垂不朽并且做到字面意义上的永生"。

③ 这是更有野心的"政府市场"概念的海上家园版本。按照这种理念，政府也是一种商品，同其他商品一样，所以居民可以按照自己的喜好选择最喜欢的政府，比如可以自由自在地从资本主义海上社区搬到（漂到）社会主义海上社区、自由意志主义海上社区，或是由宗教统治的海上社区。这也为海上家园形成实验性质的"初创宪法"、"初创国家"以及"生化奇兵式初创独裁政权"打开了大门。

都不用交的外来人占用并污染，这让他们相当不安——法属波利尼西亚政府在 2018 年宣布，他们与海上家园组织达成的协议并非真正的法律文件，也不是什么正式合同，而且在 2017 年就过期了。

即便是退而求其次的阉割版海上城市项目也遇到了致命阻碍。2011 年，海上家园组织曾提出一项计划，通过宣称工作人员是在美国领海外抛锚的巨轮上工作和生活，因而不需要美国签证，来规避移民法律的约束，从而让参与海上家园项目的美国企业能够雇佣非美籍技术工人。他们甚至还获捐了一艘退役游轮，67 米长的"赌场作品"号。然而，由于资金困难，这个项目还是破产了。

国家能控制自家海岸外多大面积的水域？

按照联合国的定义，国家海岸外的水域分为几类。最贴近海岸的是领海，范围是海岸外 12 海里（大约 22 千米）之内的区域。领海被视为国家主权领土的一部分。从领海再向外 12 海里内的区域是毗连区。国家对这片区域的控制力稍弱，但与移民、走私等相关的法律仍旧有效。最后，海岸外 200 海里（大约 370 千米）之内的区域是专属经济区。顾名思义，国家对这片水域享有经济权利：未经许可，你不得在这片区域内捕鱼或挖矿。不过，（目前为止）还没有法律禁止海上房屋在毗连区外的专属经济区内无限期晃荡。

不过，成功的案例也还是有的，至少在个人层面上算是获得了成功。从 1992 年开始，凯瑟琳·金（Catherine King）和韦恩·亚当斯（Wayne Adams）就一直生活在"自由湾"内。最初，自由湾只是一座孤零零的海上房屋，而现在它已经演变成了一座由 12 个平台构成的人造浮岛，岛上

囊括了两人的居所、开放式花园、4 间蔬菜大棚、一座艺术馆、一间舞蹈室、一间蜡烛工厂、两间船库和一座烧烤场。整座浮岛都漂在加拿大不列颠哥伦比亚省的海岸外，只有坐船才能抵达。整个建筑群占地 1 600 平方米，全由人工建造，材料最初都是捡来的木头，后来则有了朋友捐赠或是拿艺术品交换的更坚实的材料。金和亚当斯吃的都是自家花园种出来的食物，亚当斯还会用捕获的鱼、蟹、虾丰富饮食——他们卧室的地板上开着一扇有机玻璃活门，可以躺在沙发上舒适地钓鱼。（金是素食主义者，不吃这些荤的。）浮岛上的淡水来自附近的一座小瀑布，能源则来自太阳能和备用发电机。金和亚当斯已经成功在那里不间断地生活了近 30 年。亚当斯偶尔会为了卖艺术品、收邮件或是"想喝汽水、吃薯条和冰激凌"花 30 分钟前往最近的城镇。然而，维系海上居所并不容易，有很多工作要做，既要定期维护，又要修缮暴风雨破坏的部分。2019 年，金在接受优兔频道"探索另类生活"采访时说："这些工作都很艰巨，而且你必须完成。如果不做这些事，就不可能以这种方式生活在那儿。"亚当斯补充说："我们不建议所有人都这么做，我们只是建议所有人都勇敢追逐梦想。"由于长时间浸泡在海水中，建筑群的底部已经开始腐烂，夫妇两人很快就要重建居所。

看来，我们陷入僵局了。往小了看，艺术家们发现，小规模海上生活的确可行，但地点仅限于安全的小海湾里，而且附近要有免费的饮用水源。由于光是为了在这种地方生活就有很多工作要做，有时甚至挤不出时间用于艺术创作，更别提执行反派计划了。[①] 而往大了看，即使是全球最富有的那一批人，他们即便掌握了那么丰富的资源，截至目前也无法做到在海面上自给自足地长期生存。所以，这两个方向的例子都无法为我们的海上秘密基地提供多少正面帮助。

不过，或许是我们的想法太保守了。或许我们挑战极限的决心还远远不够。或许，我们可以不住在海面上，而是住在……海面下？

---

① 亚当斯和金从来没有尝试隐匿他们的基地，从来没有宣布他们脱离加拿大独立，而且也一直在交税。

水下基地

不，事实证明，这其实更加困难！当然，水下基地的隐秘性的确很高——全球海底有高达 80% 的区域从未被探索过，从未被详细绘制过地形图，甚至从未被拍过照片。另外，只要在水下足够深之处，连卫星都无法侦察到你的行踪——然而，随之而来的挑战令人望而却步。

水下生活不仅具有海面生活的所有缺点，而且还有额外的危险：只要离开基地时没有做好防护工作，那么等待你的结局要么是淹死，要么是被海水压死，要么两种情况同时发生。[①]水下环境让你每时每刻都面临着死亡的危险，能接收到的阳光也有限（甚至根本不存在），空气必须循环利用或从外部单方面输入。至于水下农业，那更是想也不要想：能在海床上种植的作物营养含量比陆地农作物差远了，毕竟，后者是人类在一万年的农业实践中精挑细选出来的。人类驯化的最大水下动物就是鲤鱼（大约在公元 1000 年时的中国，人们开始驯化鲤鱼，繁育出了两种观赏鱼类——金鱼和锦鲤）。因此，尽管骑着大白鲨英勇作战、驱使虎鲸拉犁耕作的场面无比契合超级大反派的工作范儿，但你最好还是尽早抛弃这种念头。

1963 年，探险家、环保主义者雅克·库斯托（Jacques Cousteau），他的夫人西蒙娜（Simone），他俩的鹦鹉克劳德（Claude）和其他 4 位海洋摄影师倒确实在"大陆架 2 号"中生活了 30 天。大陆架 2 号其实是一系列小型水下基地的集合，并被冠以"村庄"的名号。然而，这项实验仍旧依赖海面上提供的空气、食物和电力，空间也相对逼仄，而且主要生活区域的水下深度仅有 10 米。1964 年，美国海军的"海洋实验室"倒是深入至百慕大群岛附近海域水下 59 米处，潜水员在栖息地内生活了 11 天。（后续计划"海洋实验室 2 号"实现了 30 天的水下生活，但第三版因为超预算数百万美元而未能付诸实践。）如今，水下倒是有一些研究站——例如美国国家航

---

① 这还没有全面体现离开水下基地时防护不当的威胁！例如，你如果在短时间内就从水下游到海面，那就可能死于减压症——当周围环境压力迅速降低时，原本溶解于人体血液内的气体就会以气泡的形式离开血液。

空航天局的极端环境任务行动（NEEMO）研究站。这座研究站位于佛罗里达附近海域水下 19 米处，用于模拟太空行走的环境——甚至还有对公众开放的水下餐馆和酒店，但它们都无法做到自给自足。它们的规模也不满足未来能实现自给自足的要求。如此种种，只能是你旅游参观的地方，无法成为你长期生活的居所。

很遗憾，环境湿度越高并不必然意味着那里的生活越好

现在，我们已经把陆地和海洋（以及神秘的地下和水下）排除在了理想秘密基地候选地点之外，但地球上还有一个地方可供你使用。

你，我的朋友，应该把基地造在天上。

一些与太空有关的令人失望的消息

如果你现在在想："等等，为什么不把基地建在月球上？"那就让我来给你泼泼冷水。在月球上生活不仅躲不开水下生活的所有缺点，而且环境更为恶劣和致命，每次运送补给的成本都要以百万美元计，完美符合"浪漫但不切实际"的定义。很抱歉，其实我也希望月球基地计划行得通。

至于火星基地，那就更不现实了。到目前为止，全球没有任何一个国家成功地把哪怕一个地球人送到 54 600 000 千米之外的火星上，更不用说在那里建一个温暖舒适的基地了。哪怕是地球上最不适宜居住的地方，也比月球、火星、金星上的任何地点更适合人类生存。虽然其他星球的确很有诱惑力，但真的很难在它们中的任何一个上长期生存。这意味着，在可以预见的将来，即便是我们中最有超级大反派特质的人，都要待在地球上，与所有这些傻瓜、笨蛋以及超级大笨蛋待在一起。

你的计划

和公海一样，天空中也有所有国家法律都不适用的公共区域。即便你突然发现自己正在某个国家的主权领土上空飞行，只要你飞得够高，通常也能找到下方国家机器无法触及或者管不着的空中区域。于是，你就能逃脱当地政府以及国家政权的控制，而这是一般飞行员做不到的。举个例子吧，在美国，当你在海平面上方 5.5 千米到 18.3 千米的范围①内——大多数飞机的飞行高度就在这个范围内——飞行时，你驾驶的航天器就得始终遵循美国空中交通管制部门的指令，并且预先获得许可才能进入那片空域。不过，要是你逃到距海平面 18.3 千米以上的空域，情况就完全不同了：在那里，不需要通过无线电联系空中交通管制部门，也不需要获得他们的任

---

① 为什么这两个数字如此奇怪，还有零有整的？因为美国还使用英制测量系统：18.3 千米就相当于 6 万英尺。为了了解这个数字的意义，我可以告诉你，如果没有可加热以及氧气增压的航天器座舱，人类是无法在这个高度上生活的。如果你在这个高度上坠落，那么在你最终以 200 千米/时的速度落地之前，你还有几分钟的时间反思当时为什么会选择在那个高度上跳下来。

何许可。从历史角度上说，人类还没怎么使用这片空域，这意味着它对你敞开了大门。

好的，棒极了。我们可以在美国领土上空一路呼啸上天，想飞多高就飞多高，只要保证高度比海平面高出至少18.3千米就可以了。现在，我们只需实现人类自古就有的永恒、无限期、无限制的飞行之梦。而且还有一个好消息，我们离这个梦想并没有看上去那么遥远！

一些与空域有关的令人激动的消息

如果你在美国拥有土地，那你应该会对美国政府与考斯比之间的诉讼案感兴趣。考斯比是一名农场主，他因为轰炸机和其他飞机在自己农场上空飞过而起诉美国政府。考斯比称，这些飞机在附近机场跑道上降落时，突然发出的巨大噪声让他养的鸡受惊了，其中有一些甚至自杀了——每晚都有多达10只鸡充满恐惧地往农场墙壁上撞，最后撞断脖子。这起诉讼案最后一路告上了联邦最高法院！

考斯比提出，他土地上方所有空间（从地面到宇宙边缘）中的一切都归他所有。在1946年的裁决中，法院否定了这个论断，并且宣称考斯比援引的13世纪法条"谁拥有土地，谁就拥有该土地上达天堂、下至地狱之间的一切""完全不适用于现代世界"。不过，法院也同样驳回了美国政府对土地上方全部空间所有权的主张，特别强调农场主需要部分空域保护财产、种植树木甚至搭建篱笆。最后的判决结果是：土地所有人独享部分空域的所有权，即高度范围在地表到持有土地上最高建筑上方365英尺（略高于111米）之间的所有空域。

人类最早借助热气球飞行。热气球的原理很简单：只要让气球内的气体比周围空气以及下方篮筐还有篮筐里的人加起来更轻，就能飞起来。只要满足这个条件，热气球就能持续飞行。遗憾的是，因为热空气会冷却、氦气会泄漏等原因，气球的飞行距离会受到燃料（用来维持或增加浮力）或压舱物（用来在需要降低重量以维持飞行时，从气球上扔出去，扔到地上的傻瓜头上）供应的限制。人类历史上最长的气球飞行纪录是由一个名叫"百年灵热气球3号"的热气球在1999年创造的，它的燃料是由氦和丙烷构成的混合气体。百年灵热气球3号成了史上第一个实现中途不着陆环球飞行的气球，它在空中连续停留了19天21小时47分钟，同时也创造了飞行器在不补充燃料的情况下待在空中的时间纪录。[①]不过，即便是百年灵热气球3号的驾驶员伯特兰·皮卡尔（Bertrand Piccard）和布里安·琼斯（Brian Jones）也把他们的成功归功于运气：一路上都是顺风飞行，这是运气；燃料没有在着陆前用尽，这是运气；加压舱氧气源失灵后，他们有整整一小时处于因二氧化碳中毒而丧命的危险中，但最后侥幸活命，这是运气；未经允许飞越也门领空却未被击落，这是运气；最后，他们的热气球没有因为表面结冰、增加重量而坠入海洋，这同样也是运气，要知道，与他们同时尝试不间断环球飞行的竞争对手正是因为这点而失败了。

然而，即便是如此好运、如此顺利，气球连续飞行的时间也没有到一个月。

_____

① 截至本书付梓（2022年3月本书英文版上市）时，这个纪录仍旧没有被打破。气球的推进主要依靠喷射气流，这就要求它必须一直在地表上方1万米处飞行。（空的丙烷罐起到了压舱物的作用，丢弃时，热气球驾驶员会先降低高度直到能看清地面状况为止，以确保他们在空中丢下的这些空罐头不会伤人甚至杀人。）

气球内的气球

百年灵热气球 3 号属于罗泽气球，这种气球实际上是包裹在同一个外壳内的两个气球。其中一个球填充比空气轻的气体（比如氦气），始终保持工作状态，作为升力的主要来源。另一个则填充可以加热或冷却的气体，以调整气球的整体浮力。与仅仅使用热空气的气球相比，罗泽气球对燃料的需求大大降低，从而让更长时间的飞行成为可能。

这种双重气球的设计得名于法国飞行家先驱让 - 弗朗索瓦·皮拉特尔·德·罗泽（Jean-François Pilâtre de Rozier）。1785 年，他制造出了这种气球，尝试用它跨越英吉利海峡，从法国飞往英国。只不过，罗泽当时使用的比空气轻的气体不是氦气，而是易燃易爆的氢气。气球升空后半小时——对我们这些了解兴登堡事件[①]的读者来说，这是一次不可避免的命运转折，但对当时的罗泽来说则纯粹是个意外——气球着火了，氢气被点燃，整个气球在距地面大约 1 500 米处解体，罗泽和他的伙伴也成了人类历史上头两名搭乘（切实可行的）航天器而遭遇空难丧生的人。

当时的场面一定很可怕。一篇当时发表在《德比邮报》上的报道这样描述："……四分五裂。我在尸体旁边待了半小时，这是我从没见过的令人震惊的场面。我希望以后再也不要有人尝试这样的事（飞越英吉利海峡），无论是国内还是国外。"文章结尾处还认为，气球驾驶员太狂妄自大，他们的想法真的是好"高"骛远，没有充分意识到空气的危险，毕竟"空气是一种变幻无常的未知元素"。不过，别担心！你多半不会有事的！

---

① 1937 年，兴登堡号飞艇发生空难，36 人因此丧生。——译者注

飞机的情况就更不容乐观了：中途不加油的最长飞行纪录不过 9 天零 3 分钟。那是在 1986 年，詹娜·耶格尔（Jeana Yeager）和迪克·鲁坦（Dick Rutan）驾驶着特别设计的飞机"旅行者号"绕地球飞行。如果你允许空中加油这样的作弊行为，那么最长飞行纪录是一架小型塞斯纳飞机在 1958 年创下的 64 天。当时，这架飞机在沙漠上空盘旋了一圈又一圈，为之后火爆异常的拉斯维加斯酒店/赌场"哈仙达"造势。然而，当时的空中加油方案既不隐秘，也不自由：那架小型塞斯纳飞机每两天补充一次燃料，飞到地面上方仅 6 米处，后面追着一辆速度相同的油车，后者同时把加油管举向天空，为飞机加油。另外，在小型飞机内连着待上 2 个月也不是什么惬意的事。多年后，当时共同创造纪录的两名飞行员之一约翰·库克（John Cook）表示："下一次我想尝试这种耐力型飞行时，我会直接把自己锁进垃圾桶里，同时打开吸尘器……直到心理医生早上开业。"

不过，要是用太阳能呢？要是改用太阳能，我们是不是就完全不用补充燃料了？可能吧。理论上说，人类目前最接近永久飞行这个目标的飞机是"阳光动力 2 号"，一架由一名飞行员驾驶的太阳能飞机。白天，阳光动力 2 号不断提升高度，为电池充电；到了晚上，飞机就用充过电的电池飞行，并且慢慢降低高度。2015 年，这架飞机的确完成了环球飞行的壮举，但这个旅程分成了 17 段，其中最长的一段时长 117 小时 52 分钟，从日本飞到了夏威夷。[①] 从理论上说，只要环境合适、天气合适、运气不错，阳光动力 2 号是可以实现永久飞行的，但到目前为止，它连续飞行的最长纪录也没有超过 5 天。而且这还是艰难的 5 天：阳光动力 2 号简陋的自动驾驶装置只能确保飞机的前进方向没有问题，因此，飞行员在那逼仄的座舱里每次只能休憩最多 20 分钟。另外，食物的问题也同样存在：这些飞机的大

---

① 这也创造了所有类型飞机的最长单人驾驶飞行纪录——这个纪录也同样未被打破，部分是因为负责管理此类事宜的国际航空联合会出于明显的安全原因，不再承认新的飞行纪录。阳光动力 2 号是由安德烈·博尔施博格（Andre Borschberg）和伯特兰·皮卡尔轮流驾驶的，一人驾驶一段，皮卡尔也是百年灵热气球 3 号的驾驶员之一。

小连供一个人长期生活的食物都装不下。

体积更小的无人飞行器（UAV）倒是能实现更长时间的连续飞行——当你不需要承载麻烦的人类以及沉重的食物和氧气时，你就可以轻松挣脱地球引力的束缚，展开银光闪闪的翅膀，在天空中肆意飞舞，向着太阳不断攀升，与翻滚的云层共享欢乐，甚至尝试触摸上帝的脸庞——但是，一座连你自己都无法访问的秘密基地能有多大作用？毕竟，所有无人飞行器都没法把你载上。因此，虽然我们或许很快就可以把某些比较轻的物品储存在地面上空 18.3 千米以上空域永久飞行的秘密储藏柜里，但是距离无限期藏身在那里恐怕还有很漫长的路要走。

好了，既然现在飞机出局了，无人飞行器出局了，气球也出局了，而且它们的大小全都不足以带上你以及你需要的空气、水、耕地和亲信，那么是不是一点儿希望都没了？

不尽然。你手上还有一条放到全宇宙都适用的物理法则，那是伽利略·伽利雷在 1638 年发现的秘密武器：威力无比强大而且几乎不可阻挡的平方立方定律。

平方立方定律描述的是，物体的尺寸增大时，表面积会按二次幂（平方）增长，体积则会按三次幂（立方）增长。换句话说，当物体变大时，其内部空间变大的速度远超表面积变大的速度。这就意味着，如果气球大到了某种程度，其内部的空气体积也会大到可以忽略外部材料体积的程度。1958 年，建筑师巴克敏斯特·富勒（Buckminst Fuller）基于平方立方定律提出了一种空中城市的设想，并命名为"九霄"（Cloud Nine）。此后，他又在 1981 年出版的书《关键路径》（*Critical Path*）中修订了这个设想。"九霄"的基本概念很简单：你只需要造出一个富勒拥有专利的测地线穹顶（实际上，早在 1925 年，德国就有人发明了类似的东西，但富勒在 1954 年申请到了美国的专利），再在另一侧配上一个一模一样的测地线穹顶，形成一个测地线球体。

然后，你要让这个测地线球体变得非常非常大。

富勒生平

用他自己的话说，巴克敏斯特·富勒的一生"就像一次实验，目的是探寻个人可以为改变世界并且造福全人类做出什么样的贡献"——毫无疑问，巴基（巴克敏斯特的昵称）身上散发着浓烈的超级大反派气质。另外，各种大型工程项目中都有他的身影。富勒是最早支持生物圈 2 号计划的人之一，而且正是富勒的前任助手彼得·乔恩·皮尔斯（Peter Jon Pearce）设计了生物圈 2 号的穹顶结构。

20 世纪 60 年代，富勒开始探索海上基地的可行性。为此，他设计了一个名叫"特里同"（Triton）的海上街区，绘制了草图，并制作了比例模型。按照设计，特里同是一个高密度街区，可容纳 5 000 名居民，所有住宅、商店、办公场所和学校都集中在一幢庞大的建筑内。这些漂浮在海上的"街区"——16 000 平方米土地上建起的 195 000 平方米居住空间——可以拼接在一起，形成可以容纳 125 000 位居民的城市。虽然按照最初设计，特里同应该被永久锚定在陆地附近的海域，作为对已有大都市的补充，但富勒同样强调，特里同可以在有需要的时候移动，而且这些"海上城市不会向土地所有人支付租金"。有意思的是，特里同项目中，建筑的外墙是倾斜的。这么做是为了让从窗户或阳台摔下来的人可以直接落入海中，防止他们因撞到甲板而丧生。

富勒通过计算得到结果：直径 30 米的测地线球体重量大约是 3 吨，可容纳 7 吨空气。接着，他又不断将测地线球体的直径翻倍，并且每次都重新估算所需的材料，于是就有了下面这个估算结果。

测地线穹顶直径	穹顶重量	穹顶内所含空气重量	穹顶重量与所含空气重量的比值
30 米	3 吨	7 吨	0.43
60 米	7 吨	56 吨	0.13
120 米	15 吨	500 吨	0.03

只是一组无辜的数字而已，执法部门根本不用担心它们！

就像你看到的这样，随着测地线球体的增大，建筑结构本身的重量相对于它包含的空气的重量越发变得可以忽略不计。按照富勒的计算，直径为半英里（约 800 米）的测地线球体内包含的空气如此之多（相较之下，球体结构本身的重量实在是非常非常小），多到只要阳光的照射能让球体内空气的温度比周遭环境温度高大约 0.5℃，整个球体就能飞起来。（这种捕捉阳光以获取热量的技巧，正是温室能在冬天保持温暖的秘诀。）要是在这个基础上，再让球体的直径翻倍，达到 1 英里（约 1 600 米），那么不光球体结构本身的重量可以忽略不计，连球体内的人及其补给物的重量都可以忽略不计了。于是，数以千计的人就可以在这些空中城市中生活、工作。富勒还提出，这些球体既可以无拘无束地在全球上空飘浮，也可以选择锚

超级大反派的空中基地。谢谢你，总统自由勋章的获得者巴克敏斯特·富勒，谢谢你的这个杰出想法

定在山顶。同时，还可以配备一些小型飞行器，以便各座空中之城中的居民互相串门，或是从空中降到地面。

　　整个空中之城的设计听上去就很不可思议，事实上也是不可思议，但数学证明它确实可行：直径 1 600 米的穹顶可以容纳 2.14 立方千米的空气。空气密度会随着压力和湿度的变化而变化，但 20℃（室温）的干燥空气密度大约是 1.204 千克每立方米。如果我们设法让球体内部的空气保持这个温度，而外部环境中的空气稍冷一些，温度为 19.5℃，那么内外空气的密度差异（外部冷空气密度大约是 1.206 千克每立方米）足以对球体产生可托举 400 多万千克物体的升力。如果内外空气的温度差更大——比如，假如我们飘浮在南极上空，那就几乎可以保证全天外部环境空气都更冷①——那么，球体受到的升力就更大了。在气温仅为 10℃的环境中，我们内部气温为 20℃的测地线球体能产生可托举超过 9 000 万千克物体的升力。这个重量和空间可是相当可观了。如果造一个横跨（穿过球心）这个直径为 1 600 米的球体的平台，那么这个平台的面积将超过 200 万平方米——足以建造我们想要的任何核动力秘密基地，也足以隐匿那些核动力发电机产生的热量。（实际上，一个这样的平台能容纳 13 个那样的核动力秘密基地。不过，你往球体里增加的东西越多，载荷的重量当然就越大，同时挤占的原本属于空气的空间也越多。不过，如果你不需要那么多空间，总是可以通过下移平台在球体中的位置来缩小平台面积。距 1 600 米直径球体底部 30 米的一座平台就足够建设一座秘密基地了。）

---

① 2020 年 2 月，南极地区出现了有史以来的最高温，20.75℃，这也是南极地区温度首次突破 20℃，在南极大陆上考察的科学家称这一事件"难以置信、极为反常"，但南极内陆的年平均气温甚至还不到 -50℃。另外，地球有史以来记录到的最低温度也出现在南极，那是 -93.2℃。我把所有这些情况都告诉你，只是想说：一般来说，你肯定没啥事。但你最好还是让穹顶内部温度保持在 21℃出头，并且尽快在南极把空中秘密基地造出来，因为气候变化可不等人（不过，你也可以参考第 4 章的内容，它会为你提供更多解决方案）。另外，你还得记住，只是加热球体内部的空气还不够，你还得时不时排一些热空气到外面，这样才能降低热空气的密度，防止内部压力持续增加。

当然，这样一座空中之城不可能无限地往高处升。随着高度的上升，环境空气的密度会下降，这就意味着你的空中之城终究会来到一个临界点，在这里，球体不再上升，而是开始上下徘徊。而且，你也无法继续提升球体内部的温度——除非你想让温度升高到居民感到不适的程度。^①不过，你也完全可以改造球体，使其超越富勒原本的设计，比如像百年灵热气球 3 号那样，在内部增添一些额外的氦气球以提供额外的持续升力来源。

好了，你现在要做的就是建造这座空中之城了。不过，在那之前，我们还是先来看看下面这个部分吧！

缺点

一个直径 1 600 米的测地线球体差不多都有迪拜哈利法塔的两倍高了——哈利法塔是目前人类造过的最高建筑——所以，显然在施工过程中还要解决一些后勤问题。^②然而，这还不是最困难的部分！事实上，直到如今，最艰巨的挑战仍然是，要找到一种能够承受如此巨大的飞行球体自身压力的建筑材料。富勒当初提出这个构想的时候完全忽略了这个最大的现实难题，大概是为了留给后几代超级大反派做练习吧。

考虑到这个球体飞行时还要携带大量载荷，你要寻找的材料必须拥有

---

① 如果你想达到富勒设想的那种高度，球体内部的空气密度就要小于海拔几千米处的空气密度——可是，那里的空气已经稀薄到人类难以呼吸了。一种解决方法是：保持球体中一小部分空间处于加压状态，为居民提供舒适环境；或者让建筑物内部保持压力，所有去室外工作的人都戴上氧气罩。还有，你得记住，热空气会上升，所以测地线球体底部——球体底部大概率也是你大部分时间待的地方——的温度会低于顶部的温度。我们计算 20℃ 时球体内的空气密度，其实是用了整个球体的平均温度做计算，但球体顶部的温度永远高于球体底部。你完全可以让空中基地充分利用这个特性：提高球体顶部区域的温度以获取更多升力，同时，球体底部的生活区仍旧可以保持舒适。

② 哈利法塔高度为 829.8 米，实在是太高了，高到太阳落到地平线上时，站在哈利法塔的顶层还能看到太阳——这会影响穆斯林的斋月。为此，迪拜神职人员规定，身处哈利法塔 80~150 层的人员每天斋戒（一般来说，太阳落到地平线以下就可以解除斋戒了）的时间要延长 2 分钟；身处哈利法塔 150 层以上的人员每天斋戒的时间要延长 3 分钟。

极大的强度–重量比。这个比值可能大到难以想象，所以我们转而使用另一种等效测度，叫作"断裂长度"。简单来说，断裂长度指的就是，竖直放置一种材料，使其仅靠一端支撑，长度达到多少时该材料就会因为支撑不住自身重量而"断裂"。断裂长度越长意味着材料越坚固且越轻便。混凝土的断裂长度为 0.44 千米，不锈钢则为 6.4 千米，铝有 20 千米。不过，我们要考察的是两种强度更高的材料，它们已经是断裂长度列表的最尾以及人类生产能力的极限了。这两种材料是凯夫拉（断裂长度 256 千米）和碳纳米管（断裂长度超过 4 700 千米，那是地球直径的 1/3 了）。

1964 年，化学家斯蒂芬妮·科沃勒克（Stephanie Kwolek）发明了凯夫拉，所以，富勒最早提出空中之城设想时，这种材料还不存在。凯夫拉是一种高强度合成材料，如今常用于防切割手套和防弹衣。凯夫拉算是一种新型材料，但已经相当成熟，你可以把它覆盖在测地线球体表面，形成气密性优秀的外壳。凯夫拉的零售价大约是每平方米 32 美元[①]，这意味着要完全使用凯夫拉包裹表面积超过 800 万平方米的测地线球体，你需要支付大约 2.56 亿美元。这个价格肯定不算便宜，但考虑到凯夫拉还能为整个球体提供防弹功能，应该还是值得的。不过，这只解决了表面覆盖物的问题，我们还需要解决内部结构的用料。

计算表明，铝也可以胜任这个工作（铝会更重一些，这意味着，你需要往球体里填充更多氦气，或是把内部气压降到 0.9 个大气压，以保持浮力）。不过，如果你感兴趣的话，还有一种更好用的材料，那就是我们之前提到的碳纳米管。碳纳米管同样是富勒那个时代无法获取的现代材料，同时也是人类目前发现或是生产的拥有最大断裂长度的材料。问题在于，这种材料目前仍旧贵得可怕，而且目前生产出来的最长碳纳米管也不过只有几微米宽、半米长。因此，这种材料还几乎（但不完全）属于科幻小说的范畴。目前，大多数碳纳米管以粉末或是无序碎片集合的形式出售。

---

① 这个价格是根据 2021 年年初一片 116 平方米的凯夫拉的售价推算出来的——要是你买那么多，价格肯定还要优惠得多！

这意味着，如果你真的想要建造人力所能及的最坚固且最轻便的空中之城，那么你首先必须拿出大笔钞票，用于进一步研发，目标是让用碳纳米管建造正常人类尺度的建筑成为可能。不过，这事也并非毫无希望，因为这个领域已经吸引了无数研究人员的目光，你不是一个人。另外一个好处是，这方面的工作不怎么惹眼，不会暴露你的计划。大多数人在听到你说"我要资助更高强度建筑材料的研发"后，不会想到："哦，没错，要想建造一座能够逃脱人类'法律'和'道德'管辖范围的庞大、邪恶的空中秘密基地，就得先这么做。这显然是所有材料科学研究项目的终极目标，无须多言。"

总结一下，即便不考虑这些尚不能（或许永远也不能）用于大规模工程的特异材料，建造一座飘浮在南极大陆上空、能源自给自足的核动力秘密基地也绝非易事，而且成本极高，可能除了全球最富有的那几个人以及最有远见的超级大反派以外，没人可以完成这个任务。不过，我们还是要强调最后一点：这个目标并非完全不可能实现，它并没有落在人类的能力范围之外。

另外，正是这些看似不可能的领域，才恰恰是超级大反派大展身手的舞台。

你名字旁的黑点

英国萨里纳米系统公司用碳纳米管生产出了梵塔黑（Vantablack）。梵塔黑是地球上最黑的物质之一：它能吸收99.965%的光。如果你既想让秘密基地吸收来自太阳的热量，又想让它符合超级大反派与众不同的邪恶美学，那么你在设计测地线球体时或许应该考虑用梵塔黑这种材料做涂装。（不过，也请记住萨里纳米系统公司一位发言人在被问及是否有可能生产满满一桶梵塔黑涂料时的总结陈词："我不觉得这个星球上还有什么事能比这么做代价更高。"）

2016 年，梵塔黑涂料的艺术使用权被独家授予艺术家阿尼什·卡普尔（Anish Kapoor）在伦敦的工作室。也就是说，地球上其他所有艺术家都无缘使用这种材料。这激怒了卡普尔的艺术家同行斯图尔特·森普尔（Stuart Semple）。他最后自行研发出了光吸收率为 99% 的极黑丙烯酸颜料，并把使用权授予了全球所有人——除了阿尼什·卡普尔。

如果不幸被捕，可能面临的后果

我倒是不怎么担心你在建造测地线球体的过程中可能触犯某些不太严重的法律。你大可以全力实践我们的伟大计划，在你的绝对成就面前，在这座极度庄严的空中基地面前，当权者应该会意识到，站在你这边并且赦免你可能在建造过程中因为技术原因出现的违法行为，才是正确的决定，就像本章之前介绍的"人类神庙"故事一样。如果情况并非如此，那也问题不大：赶紧飞出当地政府的司法管辖区。

然而，一旦你这么做了，你身下的国家可能会突然意识到有必要严加管理领土的高空空域。对你来说，好消息是，南极大陆是地球上少有的几块无人声称享有土地所有权的地区之一（参见第 2 章"如何启动自己的国家"），于是你就有了辩称南极大陆上方空域是公共区域的法律依据！你可以让你的球体一直飘在玛丽·伯德地上空。玛丽·伯德地是南极大陆上的一块馅饼状区域，从南极洲海岸一直延伸到南极极点，经度跨度范围大约为西经 158° 至西经 103°24′。届时，你就是在全球最大的一块无主权土地上空飞行。

然而，遗憾的是，即便始终飘在南极大陆上方的国际空域之内，你也无法彻底逃离法律的约束。国际民用航空组织（ICAO）是负责监管民用航空的联合国机构（你可能从机构名称就猜出了它的职能），而且所有联合国成员也都是这个组织的成员——除了列支敦士登，这个人口不到 4 万的欧洲袖珍国连国际机场都没有。更遗憾的是，国际民用航空组织已经提出了一些（他们认为）适用于你的国际协议。

首先，这些协议作为《国际民用航空公约》的一部分，即便在国际空域内也同样有效。这些"空中规则"囊括了有关仪表、灯光、信号、巡航高度、路权和降落伞使用（除非遇到紧急情况，否则一般不允许你使用降落伞跳机，这太让人失望了）等方面的规定。毫无疑问，你会严重违反其中的许多规定。毕竟，它们原本是为体形小得多的非球体航天器设立的。

一旦看到 1994 年生效的《联合国海洋法公约》，你就会知道海面上的情况更加糟糕。这个公约中的法条允许别人追逐——只要追逐起始于他们的领海（第 111 条，紧急追捕的权利）——并登上（第 105 条，扣押海盗船或涉事航天器）你的航天器。甚至还有法规禁止你自行设立广播站或电视站（第 109 条），所以，如果你想（象征性地）低调行事，就不要那么做。不过，也并非全是坏消息：第 87 条第 1.d 款允许各个国家建造自己的人工岛，这肯定是个相当方便好用的法条，值得你揣在兜里。虽然你不是一个国家[①]，但如果你能找到某个愿意让你以其名义飞行的国家，那么你就享有该国公民的权利，可以积极行使联合国赋予每个成员国公民的权利。

虽然这些国际法可能让你有些失望，但请记住：只有在你允许别人对你使用法律武器的时候，那些法律才会真正生效。而在所有国家的司法管辖范围之外生活，原本就是你选择进入国际空域的最初动力和全部原因！只要你能飞得足够高、足够快、足够自由，就没有任何人可以跑到你私人所有的、直径 1 600 米的空中球体中告诉你什么可以做，什么不能做。在

① 这里还是得参见第 2 章"如何启动自己的国家"。

把海上家园留给泰国政府之后，埃尔瓦托夫斯基曾在脸书上描述那段生活在海上之家中的短暂经历："那时，我十分自由，很可能是全世界最自由的人。那可真是一段光辉岁月啊。"

　　要是能在这个披着凯夫拉外衣、飘浮在全世界上方[①]的巨型核动力测地线球体中体验一下空中之城的生活，那只会更加荣耀。

行动纲要

初始投入	可以期待的潜在回报	完成计划的预估时间
• 44 亿美元的铝条（根据重约 150 万千克的铝结构建筑造价推算出每千克铝条的批发价为 2 900 美元） • 2.56 亿美元的凯夫拉 • 5 亿美元的"生物圈 2 号"式内部基础设施 • 7 亿美元的"罗蒙诺索夫院士号"式 SMR 核动力发电机以及配套设备 • 总计：59 亿美元的材料成本，不含施工费用和设计费用	• 无限（就获取的自由来说） • 无限（就成功打造超级大反派基地来说） • 无限（就品牌效应和市场效应来说） • 无限（就旅游业发展潜力来说） • 这就是说，如果我们一定要全面披露项目的财务收益，那么情况是这样：因为基地可能不会产生收入，所以你完全可能亏损至少 59 亿美元。不过，这个亏损数字也可以下降到 29.5 亿美元——假设出售这座经过认证的二手秘密基地可以收回 50% 的价值	少于 20 年

---

① 诚然，大多数地图都把南极大陆放在底部，但你要知道，这其实只是出于惯例、希望与前人保持一致的决定而已，并不是唯一的选择。既然你选择建造一座空中之城，那你也完全可以选择把地图的上下颠倒，把南极大陆绘制在地图顶部——或者，我应该说……把正确的那边放到上面来？

如何启动自己的国家

> 注定毁灭的土地……它的糟糕和荒凉，我完全无法用言语描述。这些就是我们发现的土地。按照我们原来的想法，它应该在更南一点儿的区域，因为根据合理推测，最好的土地都位于北方。无论是谁拿出决心和毅力克服这些困难，航行到比我更远的地方，我都不会嫉妒他凭此收获的荣耀，但我可以大胆地说，世界不会因为他的发现而受益半分。
>
> ——詹姆斯·库克船长，1773 年

人类幼崽出生时处于完全无助的状态：他们要生存下去，就必须仰仗周围的人提供食物和照料，满足他们的一切需要，直到他们成长到可以自己照顾自己为止。因此，人类在成长的过程中，状态会从只要自身需求（基本上是完全自利、以自我为中心的）被理解就能得到满足（婴幼儿时期），逐渐过渡到越来越多的自身需求需要让位于别人的需求（学步期以及之后的阶段）。在我们进入学步期之后，掌握权力的人就不再会让我们做任何想做的事了，理由是"到睡觉时间了"或者"轮到其他小朋友玩这个玩具了"又或者"哦，天啊，这玩意儿会把你以及方圆 10 千米之内的所有人都消灭的，你到底是从哪儿搞到这玩意儿的，快把它放下"。

千万别让
孩子接触
末日设备

这不是一本育儿类图书，但这里给出的育儿建议绝对优秀，而且在任何育儿类图书中都不会出现

你幻想中的世界肯定是这个样子：你不用回应任何人的问话，你说的就是一切，你定下的规矩就是法律，周围的人都表达着对你的爱戴，会回应你的需要并且做任何你让他们做的事。大多数人幻想中的世界应该都是这个样子。实际上，我们刚出生时都体验过这样的感觉。即便是现在，独裁者、摄政者和专制君王也过着这样的日子。实际上，民主国家的总统和首相们的生活也和这差不多，只不过程度要低一些。

所以，要实现这点，就要启动自己的国家。

背景

国家就是地球上的一个个主权区域，这个区域内的人类拥有充分和全面的权力管理自身以及他们占据的土地。这意味着，你启动自己国家的第一步，就是要获取一些可以用于建设的土地。按照现行国际法——其基础可以追溯到罗马法——土地和主权可以通过以下4种方式获取：发现、转让、制造、夺取。下面我们就来一一介绍这4种方法。

发现土地

如果你在地球上发现了一片区域，没有任何人在这里生活，也没有任何国家知道这片土地的存在，那么你就可以宣布自己享有这片土地的主权。这种建国方式在人类历史上曾经非常流行——尤其是，欧洲人在进入美洲大陆后无耻地宣称，世世代代在当地生活的原住民不影响他们"发现"这片土地并享有这片土地的主权——但这种方式最近已经不怎么好使了，因为人类以及他们建立的国家已经几乎遍布全球，基本没什么未被发现的空间留给那些胸怀壮志的人建立国家，在自由环境中为和平、有序、伟大的邪恶计划而奋斗了。

从相对较小的时间尺度上说，20世纪60年代，地球卫星成像技术的发明彻底终结了以发现的方式获取土地的可能，因为人类很快就用这项技术证实，地球上再也没有无人知晓的无人岛了。从更大的时间尺度上说，这种方式早在公元前10000年之前就走到了穷途末路。彼时正值最后一段大冰期的冰期①顶峰末尾，海平面处于最低点，极地冰川处于最大状态。正是在这段冰期顶峰期间，人类跨过了现在所称的"白令陆桥"。白令陆桥是连接北美和亚洲的一片狭长地带，靠近如今的阿拉斯加。跨过白令陆桥后，这些古人类发现了两片之前从未被人类染指的荒野大陆。自那以后，地球上就再也没有出现过（也不可能出现）环境如此原始的大陆了。那是一个全新的世界，栖息着各种现在已经灭绝的巨型动物，比如巨型树懒、巨型乌龟、巨型海狸、巨型秃鹰、乳齿象、猛犸象，乃至剑齿虎和弯刀齿虎——人类从迁徙到这个世界的那一刻起就开始猎杀、食用上述所有动物，直到它们灭绝。因此，很遗憾，以发现的方式获取土地现在已经绝对不可能了……你总不能把如今生活在地球上的大部分人都杀了吧。②

---

① 大冰期（ice age，又称冰川期）时间跨度为百万年，其间又分为冰期（glacial）和间冰期（interglacial），冰期的时间跨度为十万年。——编者注

② 即使你有这个能力，也别杀害那么多人类。那样，世界会变得很混乱，不利于你的超级大反派计划。

巨型动物的巨型灭绝

我们目前还无法确定人类就是上述巨型动物灭绝的唯一原因，因为当时的气候条件也给这些动物造成了巨大生存压力。然而，我们能确定的是，纵观历史，无论何时，只要人类找到了新居所，随之而来的就是当地生物的灭绝——尤其是那些容易捕获、很可能美味可口的大型生物，比如之前提到的各种美洲生物、新西兰的巨型恐鸟、澳大利亚体形庞大的双门齿兽（地球有史以来体形最大的有袋动物）。最近出现的一些证据显示，人类可能早在公元前 30000 年就在美洲大陆活动了，这也能解释那个时期美洲生物的灭绝。现在我们常把人类活动导致的生物灭绝描述为人类"影响最持久的遗产"。（超级大反派想到正在开展的伟大计划可能造成的影响，会毫不犹豫地在这种说法之前加上"截至目前"的限定。）

转让土地

当某个国家自愿或不情愿地放弃某片土地的所有权并将其转授给其他国家时，土地就完成了转让。常见的转让原因有：直接购买、签订条约商定，或是赢得联合国国际法院的诉讼。

制造土地

土地的制造主要分为两类：一是地质活动（比如你拥有的一座岛上有火山喷发了，落到海面上的熔岩为你提供了更多地产）；二是人为制造（比如全球最富有、面积最小的国家之一摩纳哥通过填海造陆的方法让海岸线延伸到了地中海，成功让国土扩大了 20%——达到了 2.1 平方千米）。

夺取土地

有三种方式可以从别人手上夺取土地：

1. **偷**。具体来说就是，你在某个国家内生活、工作，表现得就好像这个国家是你的一样。然后再祈祷其他国家在很长一段时间内——长到你最终可以宣称自己拥有"占居权"的国际版本——都没有注意到（或是反对）你的这种行为。这个过程叫作"时效取得"，在人类文明步入现代之后就很少出现。不过，1953 年，法国和英国都声称享有曼奎尔和艾克雷胡附近海域内的捕鱼权。曼奎尔和艾克雷胡其实就是一些基本无人居住的小型岛礁，而且大部分区域会在涨潮时被淹没。英法双方声称自己拥有捕鱼权的依据都是 1204 年签订的一份中世纪条约，只是在解读方面各执一词。上面提到的联合国国际法院后来裁决，比那份中世纪条约更重要的是，自签订那份条约之后，哪一方真正在践行上述岛礁及其附近海域的主权。据此，联合国国际法院把曼奎尔和艾克雷胡附近海域的捕鱼权判给了英国。这算是仅有的几个现代"时效取得"的例子。

2. **武力**——换句话说，征服。然而，在 20 世纪上半叶的两次可怕世界大战之后，国际社会已经达成共识：这种方式有重大缺陷，并且把这类侵略战争视为犯罪。因此，从理论上说，战争现在已经不是扩展国家领土的有效方式了。管他呢。

3. 最后一种方式是**软暴力**，你可以招募足够多的人按你的需要在目标国家生活。如果顺利的话，他们最后可以发动革命，并且在目标国家建立一个更有利于你的新政治系统。

现在，就让我们看看前人是怎么做的，又是怎么失败的，以探索上述这些方案的可行性。

一般人就能想到的一般计划

掘新

对你来说，这完全行不通，因为我们通过前文已经知晓，地表所有土地都已经被发现。你可以试试克里斯托弗·迈克坎德雷斯（Christopher McCandless）的行动方案。1992 年，他来到了一片早已被完全探明的世界。为了探索这个世界或许还存在的秘密，迈克坎德雷斯扔掉了地图，步入荒野。不幸的是，几个月后，他就孤零零地饿死在了阿拉斯加荒野中一片为别人所有的土地上。所以，我们还是看看其他选项吧。

受让

这个方法同样没什么用。除非你个人本就有某片土地的所有权，并且/或者掌握了足以夺取土地的武装力量，否则没有任何国家会和你进行严肃的谈判。可是，如果你已经有了某片土地或者武装力量，那你的实力本来就足以和一个国家媲美，可以做想做的任何事了。纯粹通过金钱交易获取土地的希望也同样渺茫。虽然在过去，国家层面确实有过购买土地的行为——通常是向其他国家购买，但也有例外——但就我了解的情况来说，历史记录中还从没出现过国家把土地卖给个人的情况，尤其是，这个人购买土地的目的就是打造另一个实力雄厚的国家。

当然，总有人会尝试。1973 年，因证券欺诈罪被美国政府通缉的在逃金融家罗伯特·维斯科（Robert Vesco）乘坐公司飞机逃到了没有与美国签署引渡条约的国家。逃亡期间，他同岛国安提瓜和巴布达谈判，希望买下巴布达岛以建立属于自己的主权岛国（并且可能会让安提瓜和巴布达更名为"现在只有安提瓜了"），但遭到拒绝。（维斯科的故事在 2007 年画上了句号。他在因欺诈罪于古巴服刑期间死于肺癌。只不过，他的朋友们都认为，他只是伪造了自己的死亡，本人已经乔装逃跑了。毕竟，这就是维斯科的一贯做法。）

造地

只有当新土地出现在所有国家领土和领海之外时，这种方法才有效。否则，哪怕你真的造出了新土地，新土地也会自动归它所在的国家所有。另外，如果你真的在等待大自然神奇地造出一座海洋火山，或是你自己动手，通过庞大的海陆改造工程造出这么一片新土地，那你也得足够幸运、行动足够迅速，并且有能力捍卫你的声明，抵御其他任何想得到这片土地的国家。

1971 年，大富翁迈克尔·奥利弗（Michael Oliver）和另两名美国人租了一批装满沙子的驳船，把密涅瓦群礁——一座海洋火山的残骸，海面上的部分已经被完全侵蚀，什么都没留下了——改造成了一座人造岛，在此建国，定名为密涅瓦共和国。奥利弗计划利用这片新土地的初始资金（以及销售官方纪念币的收益），租更多填沙驳船，持续造地，最终让共和国的领土扩大到 10 平方千米以上。1972 年 1 月 19 日，奥利弗宣布他的共和国独立。

过了不到一个月，附近所有国家首脑会面，并且一致认为离密涅瓦群礁最近的汤加是这座新岛屿的唯一合法主权国。1972 年 6 月 19 日，一支汤加远征队赶走了奥利弗的人，在密涅瓦群礁上升起了汤加国旗，奏起了汤加国歌。接着，完成了任务的他们就打道回府了。随着时间的流逝，由于无人看管、无人维护，造陆的填充物慢慢流入大海，密涅瓦群礁再次被淹没在水下。

因此，造地也不可行——不过，你要是擅长划船，请务必参阅第 1 章，看看海上城市这类备用计划。

窃取

由于卫星以及其他各种形式的全球监控装置的存在，这个方法一般也行不通了：你再也不能指望躲在某个国家不被发现了。雪上加霜的是，以时效取得为基础的"窃取"手段也只适用于国家与国家之间：基本不会有任何国家（或任何国际法院）承认个人基于时效取得的土地主张。

人类步入现代社会之后，最接近这种情况的例子或许是阿方斯·勒加斯特卢瓦（Alphonse Le Gastelois）。1961 年，勒加斯特卢瓦被诬告为连环强奸犯，不明真相的邻居愤怒地烧毁了他的房子。他只能离开家乡泽西岛，住在附近艾克雷胡珊瑚礁内的一个原本无人居住的小岛上。在那里独自生活了十年后，勒加斯特卢瓦正式要求伊丽莎白二世女王承认他享有这座小岛的所有权，并且将其认定为公元 911 年诺曼法律下的一个独立实体。尊贵的女王陛下拒绝了这个要求。（真正的泽西岛连环强奸犯在 1971 年被捕。勒加斯特卢瓦于 1975 年回到故乡，并一直在那儿生活，直到 2012 年去世。）

武力夺取

这种方法同样不可行。通过武力夺取土地不会让你得到国际社会的承认，反而只会招致更大、更成熟国家的反击。有些人试图通过购买土地后宣布独立的方式规避需要掌握军权的问题，然后寄希望于所在国不会反击。遗憾的是，历史的经验教训告诉我们，即使你真的避免了武装冲突，放眼全球也很少有人会把你当回事——屈指可数的几个把你当作国家领袖看待的，也都不是什么实权人物。

一个例子是"建国"于 1970 年的赫特河公国。当时，澳大利亚农场主伦纳德·卡斯利（Leonard Casley）因为不满阻碍他出售所有粮食的配额政策，宣布他占地 75.9 平方千米的农场脱离澳大利亚独立，并自行加冕为赫特的伦纳德一世亲王。经过多年经营，这个公国成了一个小旅游景点，甚至还发行了自己的硬币和邮票，但从来没有获得任何形式的国际承认或合法地位。他的儿子格雷姆（Graeme）——老国王在去世前不久宣布退位，并传位给了格雷姆——看到旅游业在 2020 年新冠疫情期间陷入停滞，便在即位几年之后关闭了公国，并将其出售给澳大利亚政府，以偿还拖欠未交、金额累计达到 200 多万美元的税款。

还有西兰公国的例子。从 1967 年开始，非法电台播音员帕迪·罗伊·贝茨（Paddy Roy Bates）非法占据了第二次世界大战期间英国建造的一座高射炮平台，当时这座已经废弃的平台位于国际水域（如今，更新后的法律让英国牢牢掌握了这片区域的主权）。与赫特河公国一样，西兰公国也出售邮票和硬币，并自称避税天堂，但它得到国际承认的希望比赫特河公国更加渺茫：联合国海洋法公约规定，人工岛屿不具有天然岛屿的国际地位，因而对海洋领土主权归属不产生任何影响。实际上，西兰公国在此类尝试中算是做得相当不错的。作为对比，1968年，工程学教授乔治·罗萨（Giorgio Rosa）在距意大利海岸仅 11 千米的亚得里亚海浅海中自建了一座占地 400 平方米的高塔，并宣布它为独立的玫瑰岛共和国。然而，没过多久，意大利军队就接管并炸毁了这座塔。

软暴力夺取土地

这种方法有风险，因为革命并不总会朝着你希望的方向发展。举一个马克西米利安·罗伯斯庇尔的例子。1792 年，正值法国大革命中的"恐怖时期"，罗伯斯庇尔在成功论证应该将法国前国王送上断头台后掌握了权力。之后，罗伯斯庇尔推动起草了一部新宪法（1793 年法国宪法，从未实行），推行新国教（崇拜"最高主宰"，从未成为主流宗教），并导致 16 000多名法国公民被送上断头台。最后，他自己也被送上了断头台。

不过，"有风险"并不意味着"不可能"。因此，软暴力实际上是获取土地以建立新国家的最可靠方式。遗憾的是，在如今各国政府强有力的监管下，这个方法也开始行不通了。假设你煽动革命而且真的成功了，那么下一步你要么接管一个现存的国家，要么把某个国家的部分领土据为己有，作为革命胜利果实的一部分。听上去太棒了！

……然后，又要怎么做呢？

建立一个民主国家，你就变成了纯粹的政客，而政客的工作就是让别人开心以确保自己的生存和舒适。这显然不是我们追求的绝对权力。你也可以建立君主制国家，并自立为国王、女王或摄政王，或者干脆一步到位，直接宣称自己是高于一切的独裁者，每一个心血来潮的想法都是法律。诚然，专制政权名声不好，但也有可能只是历史的偶然，对吧？你也可以想象一个独裁者无比开明、无比睿智、无比英明、无比正确、无比完美，每一个决定都有益于（且只有益于）这个国家和人民。要是再加上一点儿邪恶的自信，你也可以把如此伟大的独裁者想象成你自己。毕竟，我们没有证据证明这种情况不会发生，另外，也没有什么能阻止做事审慎而且眼光独到的独裁者做出对每个人都最好的选择，对吧？

很遗憾，的确存在某种因素阻碍独裁者成为完美的统治者。更糟糕的是，它也以同样的方式影响着国王、女王、首席执行官、总理、总统、民选议会议员以及其他所有身处人类权力结构中的人们。陷我们于这般境地的罪魁祸首就是人类的本性，或者说得更具体一点儿，是贪婪。为此，必须给任何形式的人类社会强加一些所有统治者都必须遵守的规则。

让我们假设你已经是一个完美的人，每次都会做出没有瑕疵的完美决策——考虑到你已经决定阅读本书了，这个假设似乎很合理。然而，即便如此，你也不是生活在真空里，你也需要支持者，需要仰仗他们做各种各样的事情。在民主制度下，这些支持者就是一部分公众（及你所属政党的成员），你需要他们的支持和选票。而在独裁制度下，你需要的支持者就是默许你始终掌握权力的一小撮人，例如：军事领袖、宫廷成员、私人保镖、腐败的法官，等等。只要你的权力仰仗于他人，那就必须让这些人高兴，以免他们不再支持你，转而支持你的竞争对手。

顺便说一句，你的超级反派养成指南要在这里提出重要观点：所有政府都是某种形式的贿赂。

因为你的支持者都是人，而贪婪是人性的一部分。因此，你只有不断给他们想要的东西，才能让他们一直开心下去。如果你需要的支持者数量不多（如在独裁制度下），你就可以向他们提供财富、影响力、安全保证乃至一部分权力——总之是其他人无法拥有的东西。但在民主制度下，问题就来了：有太多选民需要分享你的恩惠，而你又要他们保有原有的价值。所以，和独裁制度下的情况不同，你转而为他们提供公共产品：能提升他们生活质量的东西，比如道路、公园、医疗保健、低税收等。不过，在这两种情况下，你给支持者的其实都是财富。另一方面，即使是超级大反派掌握的资源也有限，任何财富的流失都是某种形式的成本，会对你追求真正想要的制度产生负面影响。

看到这里，你可能会想："啊哈，可我是个聪明的超级大反派，所以我只会事前允诺给支持者财富，一旦掌权，就立刻背弃承诺、无视他们，放手追逐我的开明独裁统治模式。"你是可以这样做……但肯定不能长久。请你记住：因为贪婪，总有人窥伺在侧，他们既想得到你拥有的权力，又愿意为你的支持者提供更多他们想要的东西。于是，取代你这个吝啬鬼的提案就很有吸引力，因为上位的人会赢得更多的权力，你的支持者也会得到更多的财富，唯一的输家就是你自己。一旦你的支持者不高兴了，就会发生政变、暗杀（在独裁统治下）、选举落败（在民主制度下）等事件。

如此种种，都让我们得出一个结论：保有权力的唯一方法是说服一些人，让他们相信，他们的生活在你的领导下会更好，这同时也意味着你的野心必须（至少在某种程度上）让位于他们的贪婪。可恶，就连你的贪婪也必须排在他们的贪婪之后。这个残酷的事实令人沮丧，但情况就是这样：除了末日博士穿的那种战力相当于一支军队的超级装甲——它可以让你在不依赖任何人的前提下夺取权力、保有权力并将自身意志强加于他人之上①——你总是需要倚仗他人，总是要被迫让自己的意愿服从于他们的需求，永远也没办法真的想干什么就干什么。所以，绝对意义上的独裁者根本不存在——至少不能长期存在。

与正文情节无关的搞笑漫画。这几张令人沮丧的漫画恰恰说明了哪怕是完美的人，也不可避免地会因权力而腐化

于是，我们就必须放弃对绝对控制权的幻想。事实证明，我们就是生活在社会中。因为社会不能容忍某个掌权者长期让周围所有人的生活不断恶化，所以，作为统治者，你的第一项工作永远是：至少让足够多的人满意，好让你可以继续当统治者。下面这个事实可能可以安慰到你：要知道即使存在这些限制，权力也仍然很有吸引力，人们仍然渴望权力。

---

① 觉得看到希望了？醒醒吧。很遗憾，末日博士的那种装备是靠魔法驱动的，超出了本书讲述内容的范围。虽然那玩意儿的确很炫酷，可以飞行，可以从手臂中发出能量束，甚至还内置了魔法斗篷，但这只能让你感到更遗憾。

不过，既然绝对控制的选项已经出局了，为建立新国家而获取土地的所有方法又都行不通，那么，生活在现实世界中的这些想获得主权的超级大反派还有什么选择呢？你还有没有办法通过控制自己的国家来浅尝一下掌握权力的感觉呢？万幸，事实证明，确实存在这样的可能。至于要怎么加以利用，你只需要把注意力转向埃及和苏丹的边境，在那里，你会发现一块名为"比尔泰维勒"的楔形土地：地球上仅存的几块无主之地之一——没有任何人宣称享有这片土地的主权。

比尔泰维勒

"但是，就在几段之前，你还信誓旦旦地说地球上早就没有未被发现的土地了。"你是在这么嘀咕吧？事实的确如此。不过，虽然地球上所有的陆地确实都已被发现，但这并不意味着所有的土地都有主权归属。要是前面几页里的论述误导了你，我向你道歉，不过，为了卖弄令人难忘的华丽辞藻，在语言结构上玩一点儿小小的邪恶花招，也无伤大雅。

看到没有？说得太对了

比尔泰维勒的起源可以追溯到 1899 年。当时，原本就占领了埃及的英国军队又征服了埃及的邻国苏丹，接着，他们便在这两个地区之间画了一条笔直的边界线。

但随后在 1902 年，英国人又绘制了一条新的"行政管辖权线"线——与国境线类似，但又多少有点儿区别——旨在反映居住在那里的人们如何使用这片土地。

这条新的界线旨在将文化上更接近埃及或苏丹的人划归到各自的区域。不管怎样，在制造了这个烂摊子后不久，英国人就被迫离开了这片区域。1956 年，苏丹脱离埃及独立，原本的单一（至少在纸面上是这样）政治实体分裂成了两个。结果——这或许本就不可避免——埃及和苏丹采用了当初英国所划边界的不同版本，都坚持认为自己拥有哈拉伊布三角区——一片面积更大（20 580 平方千米）、资源更丰富并且带有一个港口的三角形区域——而对方拥有的则是不太理想的比尔泰维勒，一片面积为 2 060 平方千米、没有地表水、没有耕地的内陆沙漠地区。

鉴于这一争端导致埃及和苏丹两国政府官方都否认对比尔泰维勒地区享有主权（当然是为了哈拉伊布三角区的主权），有些人就有了主意：瞧，这片土地现在无人认领对吧，那么我就在此正式声明，享有比尔泰维勒的主权。由此产生的国家包括比尔泰维勒王国（官方网站：https://kingdomofbirtawil.blogspot.com，最近更新时间：2010 年）、比尔泰维勒联邦王国（官方网站：https://birtawilgov.weebly.com，最近更新时间：2015 年）、比尔泰维勒帝国（官方网站是一个现已被删除的脸书主页）和黄山王国（官方网站是一个现已被删除的推特主页）。不过，在你兴致勃勃地在免费服务器上建立自己的政府主页之前，你应该知道像这样的所谓正式声明基本都是自我幻想，因为它们忽略了以下几个现实：

1. 建立国家可不仅仅是在网上发布消息就行了。要是在另一片遥远大陆（相对于你现在拥有的比尔泰维勒）上这么做，那就更荒唐了。

2. 虽然埃及从未宣称对比尔泰维勒地区享有主权，并将其排除在所有官方地图之外，但事实是埃及仍然管理着这片土地，而且是自 20 世纪 90 年代初以来一直如此。

3. 埃及和苏丹都声称对方拥有比尔泰维勒，但这并不意味着他们会接受第三方介入，在他们的眼皮子底下建立一个新的国家。

4. 最关键的是，所有这些所谓声明都忽视了一个问题：比尔泰维勒地区附近已经有人住了，比如阿巴布达和比沙林部落。他们时不时就会穿越比尔泰维勒地区，甚至还在里面挖矿。因此，虽然从技术上讲这片土地无人认领，但实际上这片土地既不是未被使用，也不是无人控制。

在所有宣称拥有比尔泰维勒地区主权的个人中，最有名的或许是美国人杰里迈亚·希顿（Jeremiah Heaton）。他在 2014 年决定通过建立自己的王国来实现女儿的公主梦。和我们之前看到的例子不同，希顿实际上已经从埃及军方那里获取了进入比尔泰维勒地区所需的文件。抵达那里之后，希顿就插上了孩子们设计的国旗，并宣称这个国家是"北苏丹王国"。当然，国王就是他自己，女儿就是公主。希顿在脸书上发的帖子引起了诸多媒体的关注，因为这个故事看起来很美好：一个普普通通的父亲不远万里、不辞辛劳，只为实现女儿的梦想。最后，华特迪士尼公司甚至以这个故事为蓝本策划了一部主题电影。而希顿则在众筹网站上发起筹款活动，希望筹集 25 万美元以建立他的新王国。

然而，好景不长。没过多久就有批评人士指出，希顿的行为很像帝国主义和殖民主义。毕竟，一个对非洲当地人民一无所知的美国白人闲逛到非洲大陆上的某片区域，然后宣称他现在享有这个地方的主权，这个故事怎么听都像是帝国主义和殖民主义。后来，希顿告诉《卫报》的一位作家——这个作家本人也曾在 2010 年（比希顿早好几年）到访比尔泰维勒，还在那里插了自己的旗帜——他打算让北苏丹王国成为一个免税收、免监管但不民主的地方（毫无疑问，北苏丹王国绝对要施行君主制），从而为落户于此的大公司提供便利。于是，情况变得更混乱了。迪士尼的电影还停留在概念阶段，希顿的筹款活动在仅仅筹集到 10 638 美元后就结束。参与者失望地评论说，希顿等人从来没有兑现过承诺，没有发放筹款活动中许诺的贵族证书。北苏丹王国的网页仍然在线，上面提到这个国家志在建设"非洲大陆有史以来最大的服务器农场"，并且还在推广北苏丹王国已经消亡的官方加密货币尼普币（Neapcoin）。最后，我们还是要提一下：无论是希顿还是其他任何宣称享有比尔泰维勒地区主权的主张，都从未得到国际承认。

不过，这是因为那里是比尔泰维勒，那片土地上本来就生活着人类，历史也很复杂。你要避免希顿和其他人犯下的错误，在地球上找到一个真正远离人类以及人类纷乱纠葛的地方。你要去的是全世界最大的无人合法认领的陆地。

你要去南极洲。

你的计划

让我们先来好好审视一下这片位于世界最南端的冰冻荒原究竟有什么优点和缺点。

缺点：

- 那里可真的是字面意义上的位于世界最南端的冰冻荒原
- 冰天雪地（见第一点）
- 没有可以耕种的土地（见第一点）
- 难以到达，因为位于世界最南端（见第一点）
- 库克船长在本章的开场白中就无情地描述了这个地方的荒凉

现在再让我们来看看优点：

- 蕴藏着全世界 90% 的冰和大约 70% 的淡水
- 蕴藏着未探明和未开发的矿产资源（见本页下方方框）
- 由于气候变暖（见第 4 章），南极洲会随着时间的推移变得越来越暖和，越来越适合居住
- 即使如此，南极大陆的环境仍旧相当严酷，从而保证了此地在未来相当长的一段时间内都会保持比较小的人口规模，因而更容易控制
- 南极大陆很偏远，因而没有任何国家新闻机构和那些四处打探消息、令人生厌的记者
- 南极洲是唯一一个没有任何全职新闻机构、大学、军事基地、法庭、律师事务所和警察局的大陆
- 此外，对于喜欢冰雪的反派来说，这里可以说是理想地点了

既然南极洲的矿产资源从未被探明，那么我们怎么知道那里就有？

靠两点：推论和惯例。1974 年，美国地质调查局比较了公元前 1.8 亿年南极洲从冈瓦纳古大陆分离出来的位置，并推断位于澳大利亚大陆、非洲大陆以及南美洲大陆边缘的矿产资源也应该出现在南极洲，因为当时这几块大陆都靠在一起。此外，他们还推断："南极大陆很可能蕴藏了大量矿产，因为没有哪个大陆没有矿产。主要的问题不是那里有没有，而是我们能否以经济的方式发现并开发那里的矿产。"

> 到目前为止，我们已经在南极洲发现了金、银、铁、钛、煤炭等矿产资源，还发现了可能存在钻石、海量石油以及天然气储备（差不多占到全球未被探明的石油、天然气储量的 1/4）的证据。有意思。1991 年，各国签订条约承诺不开发南极大陆，但在那之前，苏联、德国、阿根廷和智利都有探明南极矿产资源的项目，美国也在筹划两个南极大陆的铀勘探项目。这就更有意思了。

确实，自 20 世纪初以来，已经有许多国家在南极大陆上建立了永久基地，这些国家还以这些基地为基础声称拥有南极土地的主权。不过，1959年，经过多年争端和小规模冲突（以及由边界问题引发的公开矛盾），当时 12 个参与南极事务的国家[①]会面讨论并取得共识：为了防止南极地区爆发全面战争，绝对有必要采取果断行动。于是，经过几个月的高层谈判和外交努力，各国终于达成了一项大胆的新协议……拖延"南极主权"这个棘手的问题，让后世那些蠢货去解决。

公正地说，1959 年签订的这份《南极条约》确实规定，"只能出于和平目的"开发、利用南极大陆，禁止在那里建立军事基地，禁止在那里进行核试验，并"促进南极科学考察方面的国际合作"——但这份条约也明确规定，条约中的任何内容都不以放弃"此前在南极的权利以及对南极土地主权的声明"为前提。在条约生效期间，任何在这片大陆上的行为都不能对已有或未来的土地主张产生任何影响，即不能提出新的土地主张，也不能扩大以前的土地主张。换句话说，这份条约冻结了南极大陆的主权。条约生效期间，南极土地的主权问题始终保持在 1959 年 12 月 1 日时的状况，各国土地主张之间的所有冲突和矛盾仍将继续存在……只不过，有了

---

① 按字母顺序分别是：阿根廷、澳大利亚、比利时、法国、美国、南非、挪威、日本、苏联、新西兰、英国和智利（苏联解体后，俄罗斯承接了其在南极地区的权利和义务）。

这份闪亮的新国际协议，现在暂时不用操心了。[①] 这实际上是冷战时期的第一个武器控制协议，被普遍认为相当成功。

你应该对玛丽·伯德地感兴趣，就是那片我们在第 1 章中首次遇到的无主之地。由于现在已有 50 多个国家加入了南极条约，这块土地将无限期保持无主权状态。另外，你的利益也与《南极条约》吻合，因为你也不会声称拥有玛丽·伯德地的主权。你只是要在那里建一座科研基地——这是国际法允许的——然后加以发展，直到你在这片无主之地上实质拥有一个小国家。但请记住：你和你的人民只是南极科研人员，你们遵守其他人都遵守的国际条约，并且从不要求从任何人那里获取玛丽·伯德地的主权。[②]

虽然你可以自行建设国家所需的基础设施，但在这一阶段，我建议你获得另一个国家的支持。为此，你可以联系一个有兴趣在南极洲建立根据地的国家（这样的国家有很多），并提出打着他们的旗帜建立你的科学基地。这样一来，他们可以免费得到一座科学基地，并在其他南极国家的会议桌上获得一个席位——根据南极条约，只有在南极大陆上展开正经科学研究的国家才能获得这一权利。只要你能从某个现有国家那里取得它的部分信誉及保障，并且与它约定你在这片土地内享有接近完全自治的权利，你的国家就可以秘密启动了。考虑到你距其他国家本土都非常遥远，即使他们想依法管理你这个科学基地，成本也非常高，所以你在谈判中争取到上述权利应该不会太难。（由于南极洲没有自己的法律制度，生活在那里的人们要遵守母国法律——当然，这也取决于母国是否愿意且有能力保证法律在南极被执行。）

---

① 美国和俄罗斯从未正式提出对南极大陆的土地主张，但他们确实保留了今后提出此类主张的权利。出于和平的考虑，两国都向国际社会坦承，他们之前确实对南极地区的土地提出了主权要求——显然他们肯定这么做过——但这类土地主张的确切性质一直秘而不宣。

② 那里不会只有你一个人：美国和俄罗斯也在玛丽·伯德地造了基地。但只要与他们保持距离，你完全有足够空间发展你的国家。这片无主之地面积超过 100 万平方千米！每个人都有充足的空间！

在南极洲，你可以在哪儿找到食物？

除非你愿意付出巨大成本在南极洲建造温室，否则那里种不了任何东西，而且野生动物也受到法律保护，不能捕杀。因此，你最好让赞助国每年补给一次食物。不然——如果你也没有第1章中提到的那种可以实现自给自足的核动力测地线球体——你就得自己掏钱请人把食物带过去，但别担心：食物不会放坏的！

麦克默多站（南极大陆上最大的科考站）的食物每年用船补给一次。补给在抵达后就被冷冻保存起来，等到需要用的时候再解冻。在南极，大家通常不会理会预包装食品的保质期，原因有两个：一，食物在酷寒环境中本来就不容易变质；二，也没有别的办法了。

至于什么食物可以带去南极，在麦克默多站工作过5年，最后成为美国所有南极科考站（共3个）仓储主管的劳拉·奥姆达尔（Laura Omdahl）在2020年接受《自然》杂志采访时说："多力多滋薯片是南极最受欢迎的食品。大家都喜欢这玩意儿。所以，我必须限制多力多滋薯片的供应。有人会想要一整箱，对此，我会义正词严地告诉他，'你最多每天吃两三包'。"因此，如果你想把一些已经在南极工作的人员挖到你的科研基地来，不妨让补给船装上足够每个人享用的大袋多力多滋薯片。

最后，在计算食物配额时，请记住：在南极，户外工作的人员需要燃烧更多热量以保持温暖。因此，正常环境下每人每天需要摄入大约2 000千卡热量，而南极工作人员每人每天需要3 200~5 000千卡。准备好了这些，就会有露营者/公民/帮手兴高采烈地跟着你混了。

到了这一步，为了在南极大陆上建立科考基地，你已经投入了大量的时间和金钱：预计至少要 5 年和 1.5 亿美元，这就是 2003 年开工的阿蒙森–斯科特南极站最终花费的时间和资金。虽然科考基地大有作用，但它实质上肯定不能算是一个国家，也没有哪个科考站里的人会宣称它是一个国家。不过，别担心，这恰恰意味着你的计划非常成功。你大可以打着建设科考基地的旗号为你的国家建造各种基础设施，同时不断把计划暴露的时间往后推。

时间问题体现在另一份南极条约中，那就是《南极条约环境保护议定书》，也叫《马德里议定书》。《马德里议定书》禁止任何国家出于非科研原因在南极大陆开采任何矿产，已有 34 个国家加入（包括《南极条约》的全部 12 个初始签署国）。然而，《马德里议定书》中藏着一枚定时炸弹：其中一项条款约定，只有在议定书签署 50 年后，也就是 2048 年，才会重新审议议定书内容。届时，《马德里议定书》也完全有可能不做任何更新。

气候变化虽然降低了地球一些地区的宜居程度（到 2050 年，持续升高的气温可能导致地球上部分目前有人类定居的地区变得越来越不适合居住），但总的来说也增加了南极洲的宜居性。在那里，温度的上升反而会让人稍微舒服一些，冰融化后，我们寻找埋在南极地下的丰富资源也就更容易了。到那个时候——尤其是等到南极矿产开采成本降低、更有利可图的时候——各国在南极问题上恐怕就不会那么与世无争了。一旦可以开采南极资源，主权问题的确定就刻不容缓了，因为你总得知道你挖的是谁家的土地吧——也因为各方都希望确保自家土地下的矿产最好、最丰富。考虑到上述种种因素，1959 年签订的南极土地主权争议冻结协议完全有可能在未来 30 年内迅速解冻。① 不过，如果计划顺利进行，那么等到这一切发

---

① 前联合国国际农业发展基金参谋长、世界贸易组织副参谋长多阿·阿卜杜勒–莫塔尔（Doaa Abdel-Motaal）博士撰写了一本非常详细的书，书名叫作《南极洲：第七大洲之战》（*Antarctica: the Battle for the Seventh Continent*）。她在书中探讨了南极主权问题爆发这一假想政治事件发生后的具体细节。虽然她没有谈及在南极建立一个新国家的可能，但这本书足以充当这一章的论证基础。《南极洲》一书中有很多有用的社会政治细节，可以加以借鉴，从而为我们的反派计划服务。另外，由于这本书并不畅销，与我们不谋而合的人应该少之又少，只要你我达成共识，对我们这个小秘密守口如瓶就好了。

生时，你肯定已经占据并使用那片土地许久了，你和/或你的宗主国完全有可能通过时效取得，或通过南极主权国际危机发生时在谈判桌上同其他参与南极事务的国家平等谈判的机会，又或者通过其他各种形式的外交手段——要是这些都行不通的话，还可以使用武力直接占领[1]——获得那片土地的主权。

如果南极洲土地没有明确主权的格局在 2048 年或那之后瓦解，而你的赞助国又保证了你使用的那块南极洲土地的主权，那么恭喜了：实质上，你现在已经掌控了属于自己的微型国家，并且距离获得真正的独立也只有一步之遥。等到时机成熟，就可以迈出最后一步：与你的赞助国谈判独立事宜。你要想尽办法让宗主国把那片土地割让给你，从而获得梦寐以求的主权。这在近代历史上屡见不鲜，至少有十几个成功的例子——英帝国的崩溃就是其中最明显的一个——这个过程虽然通常都比较缓慢，但的确能在不发生武装冲突的前提下实现。你甚至不需要完全独立，就能成为一个真正的国家：从 1982 年开始，加拿大就已经是一个拥有完全主权、独立政法体系的国家了，但加拿大仍旧尊英国女王[2]为国家元首（很大程度上是象征性的），且与英国保持着密切的政治和财政关系。就这样，英国得以保有帝国的幻梦和能够招徕游客的古怪王室，而加拿大获得了自治权、推行了自己的宪法、获得了事实上的独立，没有任何人因此而死亡。

---

[1] 卷入南极洲武装冲突可能没有那么糟糕：目前，在南极洲工作、生活的总人数始终是小几千人——通常在夏季约有 4 000 人，在冬季约有 1 000 人。你完全可以想办法阻止对手援军前来，或者阻止他们在南极长期停留，并且一直保持这种状态！

[2] 作者写作本书时的英国女王伊丽莎白二世已于 2022 年 9 月离世，所以，加拿大现在的国家元首是继任的英国国王查尔斯三世。——译者注

加拿大目前[1]的最高统治者。不过，如果她真的想在加拿大兑现身为最高统治者的权力，一定会立刻引发一场宪法危机

就目前的情况来说，这是你在地球上建立并控制一个新国家的最好机会。[2] 当然，我不能保证这个方法一定能成功，而且需要几十年的努力才能获得成功的机会，但这个方法至少有可能帮助你建立并控制属于自己的南极国家。至于我们之前提到的约束统治者的原则：当然，按照之前的讨论，即便是在南极，你也得让支持者们高兴。不过，考虑到在可以预见的未来，你领土上的人口都不会多，这就等于是说：你必须管理好团队。如

---

[1]　根据上一条注释，"目前"在现在你读到这行文字时已经不准确，应为"2022 年 9 月之前"。——编者注

[2]　这是我的个人观点。如果你还想知道别的方案，请参阅欧文·S. 施特劳斯（Erwin S. Strauss）1984 年出版的作品《如何建立你自己的国家：你如何在即将到来的民族国家衰落过程中获利》（*How to Start Your Own Country: How You Can Profit from the Coming Decline of the Nation State*）一书。他在书中建议，为了确保你自己国家的主权，可以对有竞争关系的国家的平民使用核武器、生物武器和化学武器。施特劳斯还遗憾地指出："获取和部署大规模毁灭性武器的细节超出了本书的范围，但在我的《地下室核武器》（*Basement Nukes*）一书中有提及……"

果你不想这样做，那么这种权力结构中也有一个合理的邪恶（而且不是有趣的那种邪恶）漏洞：倘若你手下的人不能把你在肉体上消灭，那么即便他们很不高兴，你也可以继续掌权。南极洲的特殊环境决定了，在那里，掌握了足够权力的领导人可以确保自己——而且是只有自己——垄断食物、信息和武器的获取渠道。于是，你手下的人即使过得不快乐，也别无选择，除非他们选择在南极洲严酷的荒野中独自冒险。这种权力结构中的漏洞在地球上其他地区可不多见。

缺点

和比尔泰维勒一样，有很多人声称拥有玛丽·伯德地，却没有真正去过那里，西南极大公国就是一个例子。你只要在它的网站上在线完成一道简单的选择题（例如："西南极大公国的领土在哪里？"四个选项："南美洲"、"非洲"、"北极"和"南极洲"①）后就可以成为西南极大公国的非居民公民，而这个国家所有公民都是非居民公民。毫无疑问，你将来声称拥有南极洲土地主权时，要比这些人强得多，因为和他们不同，你是真正在那里生活的。

在南极洲生活的缺点和注意事项通常是：寒冷；孤独；在南极的冬季，一晚可以长达 6 个月；人类长时间在与世隔绝的环境中生活可能会变得奇怪（见第 1 章）；因为只能依赖外部交易来获取食物，所以你永远都无法拥有 100% 的自由。但是，也有一个好处：南极大陆是一片新疆域。实际上，南极大陆已经吸引了不少渴望一睹风光的游客。知道长期在南极大陆生活确实可行，他们中的一些人可能也想更长久地逃离沉闷的尘世生活和现代生活中的粮食安全问题。

---

① 西南极大公国的所谓统治者是特拉维斯大公（Grand Duke Travis）。按照他自传（同时也是南极洲大公国史书）第六版中的说法，他之所以挑了大公这个头衔，而没有用国王，是因为"如果你跟人跳华尔兹时说自己是南极洲国王，看起来就像白痴，这一点大家都知道"。

如果不幸被捕，可能面临的后果

听着：这是一个从另一个国家那儿赢得主权的长期计划。这意味着大多数国家一旦开始怀疑你的真正目的，就会立刻充满敌意。同土地所有权一样，主权问题也是零和博弈——你赢了，就意味着别人输了。西南极大公国的统治者特拉维斯·麦克亨利（Travis McHenry）就遇到过这类问题。2015 年，他甚至得到了俄罗斯南极考察队的许可，可以将俄方废弃的"俄罗斯"科考站用作西南极大公国的前哨基地。（麦克亨利原本希望把这作为一档计划中的电视真人秀节目的一个卖点，记录他们访问南极大陆并在那里生存的全过程。）然而，美国政府听到这些计划的风声后，就派美国国务院南极事务高级顾问联系了麦克亨利，并告诉他："不遵守美国有关南极事务的相关规定，可能会导致民事甚至刑事处罚。"麦克亨利后来说："其实就是，我如果没有经过美国极地项目办公室的授权就去南极，那么一回到美国就会被逮捕。"

除了国家间的敌对情绪之外，紧张的国际关系也是个大问题。虽然《南极条约》早在 1959 年就已被签署，但参与南极事务的国家为了强化他们对南极土地的主权主张，还是想尽了各种办法，比如把孕妇空运到他们声称拥有主权的南极地区，让她们在那里分娩，并遵循国内出生的逻辑立即授予新生儿公民身份，然后享受南极生育这种新奇事件带来的公众关注。1978 年，阿根廷率先使用了这种手段，他们把当时怀孕 7 个月的西尔维娅·莫雷拉·德帕尔马空运到南极基地分娩。几个月后，埃米利奥·马科斯·帕尔马就成了第一个在南极洲出生的人。1984 年，智利开始了"报复"行动——阿根廷与智利两国对南极土地的主张有冲突——就这样，胡安·巴勃罗·卡马乔成了第一个在南极洲出生的智利人。区区几个分娩个案不会对国家主权产生多大影响，但如果牵涉大量利益，形式也就会变得重要起来，每一点儿努力都会对最后的结果产生影响。同样值得一提的是，自 1959 年《南极条约》签署以来，很多国家携手和平地在太空中建造并运行了一座空间站，即国际空间站。然而，在地表上，在南极洲，我们仍然没有做到这一点，甚至远远谈不上接近。绝大多数南极基地仍然属于各国资产。虽然科学没有国界，但南极科考站有祖国：2011 年，在南极洲 110 个科考站中，只有两个是联合科考站——而且即便是这两个科考站，也只是由两个国家共享。看来，这里牵涉的利益——未来主权——实在是太大了。

这就要求你必须严格保密，因为如果你试图建立新国家的消息传出去——即使没有证据——那么游戏也可能在开始之前就结束了。请记住，你计划要做的，是同时从几个相互竞争的超级大国手中抢夺土地和国家地位。即便你竭尽全力，也很可能要面对残酷无情的现实：本章介绍的这个长达近 30 年的计划最后还是可能破产。完全没有任何保证，我也不会骗你说一定会成功。

不过，也请记住：你即使失败了，也可以获得某些成果！虽然你可能无法在南极建立并控制你自己的国家，但即便是被罢黜的摄政王也可以逃到某座与世隔绝的温暖小岛上的安全国家，在那里过上流亡生活，余生靠撰写回忆录打发时间……说不定还能和华特迪士尼公司就改编人生故事为影视作品一事谈谈条件。

行动纲要

初始投入	可以期待的潜在回报	完成计划的预估时间
1.5 亿美元用于建造一座南极基地，另外还要加上直到 2048 年的维护费用、补给费用以及精英级别的国际事务谈判团队的聘用费用	无法衡量，取决于黄金、白银、钻石、石油、天然气、铀、土地和自由本身的市场价值	少于 30 年，且倒计时已经开始

第二部分

统治世界意味着什么

克隆恐龙以及一些对所有
胆敢反对你的人来说可怕的消息

> 正如一个画面胜过千言万语……一头活恐龙对孩子们内心的影响
> 胜过千万场法庭官司。
>
> ——杰克·霍纳（Jack Horner），2009 年

每个超级大反派都想以最好的方式登场，而在所有可能实现的登场方式中，最好的莫过于骑在恐龙背上。因此，逻辑推理清晰地表明，每个超级大反派都希望生产、驯化一头恐龙，然后骑到它背上。

一个成功的大反派一走进房间，所有人都会说："他们是怎么回事？他们怎么这么狂野，这么厉害？"

你的目标很明确：让恐龙起死回生，然后骑着它们到处跑。这就是扮演上帝的额外好处：复活恐龙很有乐趣（这就是为什么他们把扮演上帝称为"玩"！①），也是一种经典的反派消遣方式，每个超级大反派都应该至少尝试一次。

背景

几千万年前，在一颗小行星撞击地球之后不久，非鸟类恐龙就灭绝了。因此，小行星撞地球那天真的可以说是"很糟糕"（第 4 章中介绍了这一事件的主要时间线）。不过，在那场灾难之中，一些鸟类恐龙活了下来，并且演化成了如今你在附近看到的鸟类；还有一些哺乳动物也活了下来，并且最终演化成了如今你在附近同样能看到的人类。你好啊，人类朋友！

在导致恐龙灭绝的天地大碰撞之前，有极小一部分恐龙变成了化石。这通常是因为它们死在了非常潮湿或非常干燥的地方，因而它们的尸体在被食腐动物盯上之前就迅速被沉积物（在非常潮湿的地方）或刮来的沙石（在非常干燥的地方）掩埋，接着在地质尺度的时间之后部分变成了石头。②

于是，我们现在就拥有了一些古老的恐龙化石。

一般人就能想到的一般计划

复活恐龙的一种方法是克隆，这意味着你得设法获取一些恐龙DNA。所谓DNA（脱氧核糖核酸），就是组成动物遗传密码的生物分子，以双螺旋方式相互连接。在《侏罗纪公园》中，科研人员从一只被困在琥珀里的

---

① "扮演上帝"的原文是play God，而play这个词最常见的意思就是"玩"。——译者注
② 我们通常认为化石是"骨头变成了石头"，但真实情况并非如此。矿物质的确会让动物骨骼中的物质强度更高，但在最后变成化石的恐龙中，大部分的骨骼仍含有大量它们活着时就有的钙。

蚊子身上获取了恐龙DNA。[①]问题是，在现实生活中，DNA分解得太快，利用琥珀中保存的恐龙DNA的方案不会成功——按照最近的估算，DNA的半衰期为521年，也就是说，即使在理想条件下，任何恐龙尸体的一半DNA也会在521年后降解并失去作用，再过521年，剩下一半中的一半也会降解，以此类推。照这个衰减速度，大约在恐龙死亡680万年后，它留下的DNA就会完全消失。实际上，只需要150万年，剩下的DNA就不够我们从中提取出有用的数据了。鉴于非鸟类恐龙在6 600万年前就灭绝了，复活恐龙的前景看上去并不乐观。现实是，我们从来没有从那么古老的东西中找到过任何DNA，即使在被困在琥珀中的古老蚊子中也是一样：别说像电影里那样从蚊子腹部的血液中找到恐龙DNA了，你在它身体的任何一个部分中都找不到蚊子自己的DNA。古老的DNA就是一去不复返了。

不过，让我们暂时把恐龙DNA的问题放在一边，关注克隆恐龙这个计划的另一部分：克隆动物。在过去的几十年里，我们克隆了一大堆动物，从羊（多利，1996年从成年羊的细胞克隆而来）到牛（吉恩，1997年）、猫［CC，也即CopyCat（拷贝猫），2001年］、马（普罗米迪亚，2003年）、果蝇（没人报道过这5只克隆果蝇的名字。愿你们的灵魂安息，果蝇们。2004年）和狗（史纳皮，2005年）。然而，对你而言，即便在这些成功案例中也有一些坏消息：上述所有动物都是通过"体细胞核移植"技术克隆出来的，而这种技术不仅需要动物的DNA，还需要它们的真实细胞。显然，对已经灭绝的动物来说，这个条件的实现难度要大得多。

在体细胞核移植过程中，你要把一个细胞的细胞核（含有DNA的细胞的核心部分）植入另一个细胞——本质上就是把后者的DNA替换成前者。显然，寻找已灭绝物种的完整细胞核并不容易……但也不是完全不可能，胃育蛙就是一个很好的例子。这种青蛙最有名的特点是，雌蛙的卵由雄蛙在体外授精，然后雌蛙再把受精卵吞下去。这些卵会在雌蛙胃里孵化成蝌

---

① 至少在《侏罗纪公园》的小说和电影中都是这样。我从没去过什么恐龙水上游乐园，但我的研究表明，真实的恐龙DNA来源可能和这些虚构作品中的设定也差不多。

蝌，接着发育成幼蛙，最后再由雌蛙吐出。不幸的是，人类活动破坏了胃育蛙的生活环境。自 20 世纪 80 年代以来，我们就再也没有见过胃育蛙了。不过，2013 年，研究人员从一件冷冻了 40 年的胃育蛙标本中提取出了细胞核，并且把它与一只亲缘关系较近的活蛙的卵细胞结合，得到新的活细胞。不过，最后得到的这个细胞虽然确实分裂了，但没能发育成蝌蚪。

事实上，人类现在只成功克隆过一种灭绝动物：比利牛斯野山羊。在这种野山羊灭绝前，你可以在西班牙山区找到它们。然而，2000 年 1 月 5 日，当时已知的最后一头比利牛斯野山羊，母羊西莉亚（Celia），被折断、倒下的树砸死，这个物种就灭绝了。但是，有一个特殊情况：为了拯救这个物种，研究人员在西莉亚死前采集了它的细胞样本，然后制造了克隆胚胎，并将其植入代孕母体内（其他野山羊和山羊近亲杂交繁育的个体——虽然科学家已经在努力开发用于哺乳动物妊娠的人工子宫了，但还有很长的路要走）。最后，其中一个代孕母体顺利完成了妊娠，没有流产。2003 年 7 月 30 日，一头新的比利牛斯野山羊以剖宫产的方式诞生了。这也是人类历史上第一次复活灭绝物种。

但只持续了不到 8 分钟。

虽然科学家已经竭尽全力，但这只新生的比利牛斯野山羊还是在出生后不久便死亡。尸检显示她出生时就有三个肺，而不是两个。多出来的那个肺——硬得像肝一样——占据了她胸腔的所有空间，导致另外两个肺无法充满空气。她根本没可能活下来。在那之后，致力于复活比利牛斯野山羊的西班牙科学家资金枯竭了，研究人员虽然冷冻保存了西莉亚的细胞，但再也没有进一步尝试。实际上，如今世界各地都收藏着不同动物的细胞——可以说是冷冻动物园了——其中一些细胞内保存着已灭绝物种的遗传物质，所有这些都等待着我们掌握强大技术并且愿意令它们复活的那一天。（我们已经用这类冷冻细胞克隆了一些濒临灭绝但尚未灭绝的动物，目的是为它们规模不大的种群带去更多遗传多样性，比如：2021 年，人类用 20 世纪 80 年代中期冷冻起来的细胞克隆出了一只黑脚雪貂。）

无论如何，这种能复活灭绝生物的技术对比利牛斯野山羊来说可能算是好消息，但对你来说就没什么用处了。你压根儿没有可以使用的恐龙细胞，地球上还从没有人在没有细胞——只有 DNA 和梦想——的前提下克隆出任何已灭绝的动物。

至少到目前为止是这样。

情况是这样的：一些科学家正在研究这个问题，但他们的目标并不是复活恐龙，而是复活近期才灭绝的动物，比如旅鸽（灭绝时间：1914 年 9 月 1 日下午 1 点。目前仍然可以从博物馆保存的填充标本的爪内肉垫中提取出一些 DNA）和猛犸象（灭绝时间：大约是公元前 2000 年，人们有时能在西伯利亚发现处于长期冷冻状态的猛犸象尸体）。复活这两种动物的工作都需要首先提取 DNA 片段，然后将它们与某个亲缘关系较近的物种的 DNA 相比较，从而找到这个 DNA 片段原本所在的位置和功能，以及 DNA 中的哪些部分使得目标物种出现了独特特征。这背后的逻辑是：如果你能识别出猛犸象拥有但现代大象没有的基因，如果你能找出是哪一种基因让猛犸象长出厚厚的毛、长长的尾巴和小小的耳朵，让它那么耐寒，让它在夏天换毛，那么你要做的就是改变现存近亲物种的 DNA，使其与已灭绝的猛犸象 DNA 相符合，这样，你就自己通过基因工程改造出了一头猛犸象。当然，这里所说的"你要做的"囊括了大量基因操控和基因植入方面的工作，但从理论上说，这的确可以实现。事实上，科学家已经在实验室里造出了一些经过基因修饰的大象细胞，其中含有猛犸象需要的抗寒的血红蛋白，但目前还没有人创造出真正的猛犸象。[1]

---

[1] 在基因工程发明之前，人们曾试图通过"反向繁殖"复活已灭绝物种。这种方式目标与基因工程一致，但具体过程要粗糙得多。最著名的一个例子就是 1627 年灭绝的原牛——家牛最初就是由原牛被驯化而来的。20 世纪 20 年代，赫克兄弟试图通过反复让奶牛和公牛（他们认为这两种牛最像原牛）杂交、繁殖来产生新的原牛。结果也确实产生了一些更魁梧的牛（其中一种现在被称为"赫克牛"），但都不是很像原牛——实际上，其他种类的牛，比如西班牙斗牛，可能反倒还更接近原牛一些——总之，"反向繁殖"这个方法肯定没复活过任何已灭绝物种。

旅鸽的最后一次飞行

特别值得一提的是，就在旅鸽灭绝的 50 年前，它们还是全世界数量最多的鸟类——并且已经保有这个头衔至少 10 万年了。这种鸟类会以数以亿计（搞不好能超过 10 亿）的庞大规模群体旅行。它们在所到之处可以瞬间遮挡阳光，让大白天也变得漆黑一片。1871 年有人这么描述旅鸽群掠过时发出的噪声："就像 1 000 台脱粒机一起开足马力工作，同时还有同样多的蒸汽船呻吟着排出蒸汽，以及差不多数量的火车轰鸣着驶过廊桥——想象一下所有这些声音现在都由一个鸟群发出，你或许就能对那可怕的吼叫声有个模糊的认识。"旅鸽群每经过一片区域，就会吃掉沿途所有能见到的水果、坚果和其他能吃的，还会在身后留下雪花一样飘落的粪便，让城镇"在青天白日下看着就像是闹了鬼，简直就是一个布满鸽子粪便的世界"。我们人类觉得这也太恶心、太烦人了——也发现旅鸽肉真的很美味——所以就不断捕杀它们，直到它们彻底灭绝。

1900 年 3 月 24 日，一个男孩用一把空气枪射杀了最后一只野生旅鸽。最后一只被圈养在动物园的旅鸽则是一只名叫玛莎的雌鸟。在最后一只野生旅鸽被射杀后 14 年，29 岁的玛莎孤零零地在鸟笼中死去。

复活恐龙还涉及其他一些相当大的问题：你没有任何史前恐龙的DNA，别人肯定也没有，甚至似乎完全没有找到哪怕是史前恐龙DNA碎片的希望。据我们目前所知，早在我们人类祖先学会用两条腿直立行走的6 000 万年之前，所有史前恐龙的DNA就已经从整个宇宙中消失了。

对于一个不那么优秀的人来说，看到这里，复活恐龙的梦想也就破灭了。

然而，你是超级大反派，你的思维方式和其他人不同。如果你根本不需要完整的史前恐龙DNA样本呢？如果你甚至连史前恐龙DNA的碎片都不需要呢？

如果你需要的一切早就准备就绪，潜伏在存活到现在的恐龙后代体内，就等着有人找到它呢？

你的计划

生物要在之前已经出现的生物的基础上演化：这是一个积累的过程。这就是为什么许多动物看起来如此相似，也是为什么我们可以按界、门、纲、目、科、属、种给各种生物分类。人类的大脑位于脊髓的顶部，狗、猫、鸟、鱼和恐龙也是如此。虽然这些动物之间的差异很大，但你也可以看到它们的相似之处：从前面摄入食物，从后面排出废物，四肢附着在坚固的脊柱上，等等。我们都是脊椎动物。所谓"脊椎动物"就是一种以拥有脊椎为特征的动物分类。如果你能不断回溯，回溯到足够久远的年代，你会发现，上面提到的所有动物的祖先都是同一个，这个共同祖先的脑袋也长在脊椎顶部，也是前面进食后面排便。所有脊椎动物的祖先都是它，我们都是在它的基础上，向不同的方向演化而来的。（显然，并非所有动物都是脊椎动物，像蛛形纲动物和头足纲动物这样的非脊椎动物的共同祖先就与我们不同，它们拥有截然不同的标志性特征。例如，蛛形纲动物都有8条腿和一具外骨骼，头足纲动物的头都很大，而且都有一组从软体动物脚部演化而来的肢。）即便某种动物看似失去了祖先的某种特征——我们的祖先有尾巴，但我们一般没有——也不必然意味着编码这种特征的遗传指令丢失了。它们可能只是被抑制了。要知道，当你还是母亲子宫里的胚胎时，你就曾经短暂地长出了一条尾巴——只是在几周之后，其他会停止并逆转尾巴生长过程的基因被激活，你就又重新吸收了它。

这就是你要利用的过程。决定动物外表的不仅仅是基因，胚胎孕育期间，相关基因是否被激活以及激活时机也很重要。如果你能干预胚胎的发育过程，如果你能用化学手段抑制那种让胚胎"停止长尾巴"的基因，从而终结这个过程，你就可以造出一个有尾巴的人。最棒的是，即使你通过这种方法造出了一个长着尾巴的新人类，你也没有改变他的天然DNA！你只是干预了DNA在胚胎早期发育过程中的表达方式。因此，与其说你是在使用基因工程技术，不如说你只是在构建一个定制的胚胎发育环境。

只要你流露出对摆弄人类胚胎的兴趣，就会出现极其严重的道德和伦理问题，让大家立刻忧心忡忡。不过，不要为此烦恼，因为我们的实验对象是鸡！鸡是我们研究最多、使用最广泛的实验室动物之一，我们用鸡做实验已经有两千多年的历史了。而且，鸡恰好是在鸡蛋中生长的。于是，你这个颇具科学头脑的超级大反派不费吹灰之力就获得了一个可供胚胎发育的完整环境！

科学在"咕咕"鸡鸣中进步

几千年的鸡实验已经产生了一些伟大成果。早在公元前350年左右，为了研究人类胎盘的作用，亚里士多德就打开了处于各种发育阶段的鸡蛋。后来，路易·巴斯德（偶然）发现，把鸡放在具有增长缓慢的弱化鸡霍乱菌株的环境中，有些鸡能够战胜这种病并活下来，几天后，这些活下来的鸡感染了正常强度的鸡霍乱菌株（足以杀死一直在正常环境中生活的鸡）后，也能活下来。这就是实验室生产的第一种活疫苗。此外，鸡基因组也是人类测序的第一种鸟类基因组。我们还利用鸡蛋生产流感疫苗：把流感病毒注射到鸡蛋里，它就会感染胚胎，从而产生多得多的流感病毒，然后我们把这些病毒收集起来提纯并灭活，就有了流感疫苗。总之，在科学界，用鸡做文章已经有了很多很多先例。

对你来说，还有一个更好的消息：鸟类是恐龙的后代，所以，鸡身上也流淌着恐龙的血脉。看看恐龙和鸡的骨架，把它们等比例缩小到差不多大小，你会惊奇地发现这两种生物竟然如此相似。

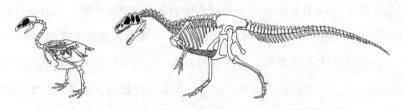

右边的骨架来自一种叫作"詹氏异特龙"的恐龙，我们可以亲昵地称它为"异特龙"。左边的骨架来自一种叫作"驯化原鸡"的恐龙，我们可以亲昵地称它为"家鸡"，也就是你在农场或是别的什么地方看到的那种鸡

不难发现，鸡和恐龙的骨架结构差异主要有 4 个：

1. 鸡有翅膀，而恐龙的相应部位是前肢和前爪。
2. 鸡有喙，而恐龙的相应部位是口吻。
3. 鸡没有牙齿，而恐龙的牙齿很锋利。
4. 鸡的屁股短而圆，而恐龙的相应部位是独有的长尾巴。

理论上说，你可以改变这些差异。只要在胚胎发育的特定时间点激活或抑制相关基因，你就可以让鸡长出尾巴、牙齿、口吻、前肢，甚至是手和爪子。为了实现这个目标，你应该招募古生物学家杰克·霍纳和他的助手们，他们已经在这个领域耕耘了几十年。霍纳认为，我们完全可以实现这些改变，让最后孵化出来的小鸡长成这个样子：

他需要的只是时间和资金。当然，做这方面研究的不只是霍纳。如果你招募不到他，还有许多科学家也在研究（并影响）鸟类的胚胎发育过程，目标是探明鸟类的各种特征是怎么发育出来的。不过，只有杰克·霍纳公开宣称——而且宣称了很多年——他计划通过这个领域的种种研究最后造出恐龙。2009 年，他与人合写了一本名为《如何制造恐龙》（How to Build a Dinosaur）的书，阐明了他的计划。但他用自那之后获得的资金所做的似乎仅限于让鸡浑圆的臀部变成兽脚亚目恐龙的尾巴。其他科学家的研究重点则放在了别的方面：2015 年，由巴特–安金·布拉（Bhart-Anjan Bhullar）领导的一个团队抑制了与喙发育有关的蛋白质，并制造出了长着类似恐龙口吻而不是喙的鸡。[1]还有一些鸡的突变则会在它们喙中产生小小的圆锥形牙齿，就像短吻鳄那样。不过，这种突变是致命的，这些小鸡无法被孵化出来。但这也确实证明，鸡体内仍旧含有长牙齿的遗传信息，只是相关基因没有表达出来。好了，如果你能促使霍纳让鸡长恐龙尾巴的研究收获成功，再让鸡不长翅膀而长手，最后再把所有这些成果整合起来……搞定，你有恐龙了。虽然很多科学家——包括造出了长有口吻的鸡胚胎的部分科学家——持怀疑态度，但霍纳信誓旦旦地表示，只需要大约十年就能实现这个愿景。"等到我们让鸡长恐龙尾巴的研究成功了——我很肯定我们能成功——把鸡改造成恐龙也就是早晚的事了。"

于是，现在的问题变成了：通过这种方式最后得到的生物是恐龙吗？

坦率地说，不，那不是真正的恐龙。不过，你要知道，即便是在《侏罗纪公园》里，在这种任何事都可能发生的虚构世界中，那些生物也不是真正的恐龙。电影中虚构的科学家用青蛙DNA填补了所谓受损恐龙DNA序列中的空白，通过基因工程造出了那种符合一般公众心中恐龙形象的生

---

[1] 他的这个团队最后并没有让鸡孵化出来，但布拉相信如果孵化出来，这只鸡应该能"好好"活着。团队的另一个成员阿尔哈特·阿布扎诺夫（Arkhat Abzhanov）称，要是把这只鸡孵化出来，"一定会引发重大伦理问题"。好在，我们这些超级大反派对什么才是所谓的"重大伦理问题"看法完全不同！

物，但实际上，它们与真正的恐龙之间还是存在基因差异的。如果我们能复活旅鸽或者猛犸象，它们也不会同先前活在世上的这个物种一模一样。我们能盼望出现的最好情况就是，造出那种抗寒能力极强、长着长毛、看上去有点儿像是猛犸象，而且与之占据相同生态位的大象。然而，无论如何，真正的猛犸象已经远去了，我们完全不知道如何复活它们。

真的拥有了已灭绝物种的完整DNA，又怎么样呢？

很遗憾，即便如此，也不足以完全复活恐龙、猛犸象或是旅鸽。生物可不只是DNA那么简单，还有很多重要因素，比如：习性。包括大象在内的很多动物都会把自己幼年时期从父母那儿学到的东西教给后代，比如怎么找到并捕杀猎物和各种叫声的含义（学会了就能互相交流），有些鸟（也就是恐龙的后代）还会把它们的"歌曲"代代相传。因此，即便你真的完美克隆了已灭绝的动物，它们的知识和习性也早就消失了——造就这些知识和习性的环境也很可能早就不见了。因此，一旦某个物种灭绝，你就永远也没办法真正复活它们了，最多只能复活它们的某个变种。不过，只要能接受这点，你就可以开始干活了！

另外，你还有一个优势：所有人都对恐龙习性知之甚少，所以如果你造出来的恐龙行为和真正的恐龙不一样，也不会有任何人跳出来抱怨。

从根本上说——也就是从基因上说——你的恐龙鸡仍旧是鸡。如果它能与另一只鸡繁殖——考虑到这两种动物的外貌（可能还有行为）如此不同，这可能很难实现——产生的后代会是一只完全正常的鸡，因为你没有改变它们的DNA，只是改变了某个个体的发育过程。因此，你培育的这种

恐龙绝没有冲出公园、疯狂繁殖的风险，如果有的话，也没有关系，美国有几家利润可观的大企业就专注于给这类动物裹上面包糠然后油炸。顺便一提，恐龙鸡无法繁殖对唯利是图的超级大反派来说也是一个加分项：它们无法自然繁殖，既能安抚那些批评你的人，也能确保你在至少几年内垄断这种生物。

吮指原味龙

一旦你造出了恐龙鸡，你就会想把这种改造技术应用在一种体形更大的动物上，那就是：鸵鸟。鸵鸟是一种体形很大的鸟，大到人类可以骑上去，大到足以对周围生物的安全产生切实威胁，特别是当它变成类似恐龙那个模样时。对你来说，爬到恐龙鸵鸟背上后的感受，很可能是最接近骑恐龙的了。另外，老实说，当你骑着一头长着尖爪利齿、不断吼叫而且看起来像是恐龙的野兽呼啸着穿过敌人巢穴时，没有人会去测试它的基因，回去查证你胯下的这头动物与 6 600 万年前灭绝的恐龙有多相似。

他们只会惊恐地四散奔逃，以免被你这个骑着恐龙、狞笑着的半人半神抓住。

缺点

这个计划有一个很大的缺点：没有人知道它是否真的有效。动物体内负责古老特征的遗传物质并不总能保存下来。蛇——一种比较奇怪的脊椎动物——就是一个很好的例子。蛇现在没有腿，但它们曾经有四条腿——两条在上面，两条在下面。实际上，你仍然可以在巨蟒骨盆的两侧看到两个微小的隆起：这就是这个蛇已经失去的特征——腿的残余。另外，蟒蛇的体内仍然保留着细小的后腿骨。

有一种基因是四肢发育（以及器官和其他组织的发育）必需的，叫作"音猬因子"（*sonic hedgehog*，*SHH*）。[①]蛇进化出了抑制这种基因的能力，使其无法激活腿的发育和生长。有一些蛇仍然拥有启动*SHH*所需的DNA调控序列，但其他蛇——比如没有任何四肢残留的眼镜王蛇——已经失去了其中的大部分。这也并不意外：由于这些DNA调控序列长期未被使用而且对生物体没有产生任何影响，它们积累突变要容易得多，或者就完全丢失了。在眼镜王蛇进化史的某个节点上，有一条眼镜王蛇出生时就没法像其他同类那样激活四肢生长所需的*SHH*，也就是这种能力退化了。然而，这种能力的退化实际上完全无关紧要，因为它没有以任何方式损害蛇适应环境的能力。于是，这种突变成功地在整个物种中传播开来。打个比方，如果你有一座图书馆，对于其中那些你经常读的书，你很容易就会注意到我在其中几页上乱涂乱画，甚至干脆撕掉了几页。然而，如果我下手的是一本你已经决定不再读的书，那可以说是完美犯罪了（虽然这很恼人，而且基本上毫无意义）。

因此，没有人能保证我们想要的恐龙鸡的所有特征仍然存在于鸡的DNA中。即使它们仍然存在，也没有人能保证这些古老的基因保存完好，可以真正起到作用。举个例子，我们可以培养出具有恐龙口吻的小鸡，但

---

① 没错，这个基因是以一个喜欢快速奔跑和收集戒指的电子游戏角色（刺猬索尼克）命名的。

这个部位的功能可以恢复到足以让恐龙鸡呼吸、进食吗？头骨中是否需要其他相应变化才能支持口鼻部代替喙正常工作？即使没有，即使一切顺利，仍然不能保证制造恐龙鸡所需的其他变化（口吻、尾巴、手臂、牙齿）会以正确的方式组合在一只小鸡身上。而即使这一切都做到了，也不能保证最终产生的动物可以正常生活，甚至无法保证它能正常孵化：可能有一些大脑结构或其他特征是尾巴和手臂必需的，但鸡已经没有了。我们对此一无所知。

不过，这个计划总归值得一试……而且，你可以在这个过程中完成一些相当不错的科学研究。这个计划可能会让你在科学史册和下一次晚宴上以令人难以置信的方式粉墨登场。

如果不幸被捕，可能面临的后果

好消息，身在美国的超级大反派们！在美国，政府对转基因生物的监管依据是它们做什么，而不是它们是什么。你的转基因生物是充当药物的吗？如果是，那你就要与食品药品监督管理局打交道了。是用作农药吗？如果是，你就得去和环境保护局谈谈。实际上，在美国，并没有专门针对转基因生物的联邦立法。此外，美国国会图书馆 2014 年发布的一份关于转基因生物相关法律的报告认为，"与其他国家相比，美国对转基因生物的监管相对有利于它们的发展"。（或许正是出于这个原因，美国已经是全世界转基因作物的头号生产国了，产量占全球总产量的 40% 以上。）

如果你听说过联合国的《生物多样性公约卡塔赫纳生物安全议定书》，你可能会担心我们的计划与这份公约冲突。这份议定书的缔约国承诺为安全转移、处理和使用任何"凭借现代生物技术获得的遗传材料新组合的活生物体"做出贡献。（我知道，我知道：从技术角度上说，你在制造这些动物时，没有改变任何 DNA，只是改变了它们的发育环境，但对那些处理你的恐龙鸟问题的人来说，这两者的区别可能并不大。）此外，这份议定书的缔约国还承诺在处理转基因问题时采用预防原则：一种三思而后行的处世哲学，建议在贸然投入可能带来灾难性后果的新想法或发明之前保持谨慎、严格审查和详细研究。

然而，美国从来没有在这份议定书上签字，所以你如果身在美国，那就完全没问题。

大学有管控动物测试和实验的规定，但大多数超级大反派可能并不在大学环境中执行计划，所以你不必担心这些"受人尊敬的机构"以及他们宝贝似的"伦理委员会"。大多数国家都颁布了禁止虐待动物的法律（但也不是全部），但即使身为前途无量的超级大反派，我们也还是要强调，我们在执行计划时绝不会残忍对待动物，我们的目标也不是创造出一种为受虐而生的动物。恰恰相反，我们要让它成为整个人类历史上最受欢迎、最著名、最受照顾且最受喜爱的动物。

如果你确实发现自己遭受了攻击——无论是在法律上还是在舆论上——被指控"人为创造了一种不应该存在的动物，而且现在它们可能因此而受苦受难"，请提醒那些批评你的人，人类已经按照这种模式培育了数以百万计的动物，这些动物由于人类培育出的遗传特征比野生同类承受了更多的痛苦。例如，巴哥犬是一种鼻子极短的狗，它们的存在只是因为我们人类创造了它们并且认为它们现在这样子很可爱，但它们气道狭窄，导致它们呼吸困难，短鼻子则导致它们在调节体温方面几乎没有选择。狗通过舌头上的液体蒸发来给自己降温，而巴哥犬的舌头又短又秃，因而它们体温过高的风险大大增加，并且很可能会因随之而来的器官衰竭而死亡。然而，事实是，大多数巴哥犬的命运都远没有这么可怕、悲惨。为什么？因为它们是我们可爱的宠物，我们爱它们，愿意做任何事来保护它们，让它们快乐、舒适。你那匹强大的恐龙坐骑也是如此。

而且，前面刚说过：我们现在正处于由人类活动引起的大规模生物灭绝过程之中。①栖息地丧失、猎杀、污染、气候变化、人类入侵：自从我们人类成为主宰地球的物种以来，所有动植物的生物多样性一直在下降。所有这一切都指向一个结论：你的计划根本不是什么犯罪。恰恰相反，你是在帮人类做好事，你研发的技术不仅可以用于复活至少与恐龙相似的生物，而且还可以催生遗传学和生物发育领域中的各种新发现和新知识，甚至可能在未来某一天复活被我们杀死的物种（至少复活它们的某个版本），从而部分弥补过失。

没错，总会有人抱怨你这是在扮演上帝，认为你的做法不能解决当今世界面对的任何紧迫问题，认为这动辄数百万美元的科研经费花在保护现有物种和栖息地上会更好，而不是复活已灭绝物种。

但这些抱怨很快就会被淹没在你创造的恐龙的咆哮声中。

行动纲要

初始投入	可以期待的潜在回报	完成计划的预估时间
每年 500 万美元的实验室经费，作为研发恐龙鸡的成本。要是你想研发恐龙鸵鸟的话，那成本还会更高	2018 年，《福布斯》调查后预测：如果在现实世界中开设一座侏罗纪公园，年收入将会有 416 亿美元，扣除运营成本 353 亿美元，年利润约为 63 亿美元	大约 10 年

---

① 这实际上是地球历史上的第六次生物大灭绝——第五次就是 6 600 万年前小行星撞地球导致大部分恐龙灭绝的那次。现在，轮到我们了！

为完美犯罪控制天气

爱就是甘愿做反派，好让心爱的人当英雄。

——约瑟芬·安杰利尼（Josephine Angelini），2015 年

任何犯罪都分为三个部分：筹划、执行和逃跑。

犯罪行为的供需双方（也就是警察和小偷）都会告诉你同一件事：完美犯罪必然需要计划完美，执行巧妙，逃脱得干脆利落。他们错了。原因是，他们所说的一切仅限于对"成功"和"完美"的入门级定义。而你，作为一个超级大反派，早就不屑于考虑这种不值一提的限制了。

上面对完美犯罪的描述忽略了一点：从定义上说，不留痕迹地策划、执行并逃脱的任何所谓完美犯罪，其实施者应当永远不会为历史或后人所知。拜托，一个"名不见经传"的人怎么能成为超级大反派？于是，我们就得出了一个质朴无华的结论：完美犯罪绝不是那种逃脱惩罚的犯罪行为。

反而要让别人因此而感谢你。

你需要的完美犯罪，不仅会让你成为如今生活在地球上的人们的英雄，而且会让你成为未来无数代人的英雄。在此，我们说的是那种可以拯救世界的顶级"犯罪"。好消息是，我有个完美的计划。

你，我的朋友，要劫持气候了。

背景

气候变化不仅威胁着一些人，还威胁着整个国家和人类文明，如果地球人在争夺宜居土地和饮用水的过程中灭绝，那么统治世界也就没有什么意义了。

你之前肯定听说过气候变化的起源和科学原理——它与碳的使用方式有关，可以追溯到这个星球上生命的起源。但还是让我们快速过一遍，确保大家在这一问题上达成共识。我知道你的时间很宝贵，所以我会用最高效的形式快速梳理相关信息。这个方式就是：一段虚构的聊天记录。

27 亿年前

	x_蓝细菌_x 注册用户	我刚刚进化出了一项新能力哈哈哈 我现在可以把太阳光、二氧化碳和水变成燃料，并且把氧气当作废料排放出去 我要把这个过程叫作……"产氧光合作用"
	其他生命 注册用户	等等，你他妈说啥？氧气？那玩意儿对我们有毒！你是要杀了我们!!!
	x_蓝细菌_x 注册用户	不会的，兄弟们。因为铁会氧化，而且地球表面到处都是铁！铁会和氧气反应，在生锈的同时把这种气体用尽。包括铁氧化在内的各种"氧气下沉"过程会让大气中的氧浓度保持稳定，而且时限是……无限期??
	其他生命 注册用户	哦，那还行，谢谢老哥

24 亿年前

	其他生命 注册用户	喂，这他妈是怎么回事！好多好多年过去了，所有暴露在地表的铁都已经氧化了，现在已经没有多少还没生锈的铁可以消耗氧气了。大气中的氧气浓度在不断增加!! 这个"大氧化事件"要造成生物大灭绝了!! 你要把我们杀光了!!!

（续表）

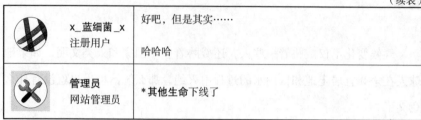 x_蓝细菌_x 注册用户	好吧，但是其实…… 哈哈哈	
管理员 网站管理员	*其他生命下线了	

20 亿年前

管理员 网站管理员	*新生命上线了
新生命 注册用户	哇，氧的反应能力更强了，我们可以用它生产各类新化学物质和身体部位。完美，感恩~
x_蓝细菌_x 注册用户	哈哈哈，早说了，不用担心

16 亿年前

x_蓝细菌_x 注册用户	嘿，我刚刚完全进化成了植物
管理员 网站管理员	*x_蓝细菌_x更新了头像 *x_蓝细菌_x把昵称改成了x_植物宝宝_x
x_植物宝宝_x 注册用户	哈哈，舒舒舒舒舒服 我要走出海洋，占领陆地了。也就是说，晚来的尽管嫉妒吧，你们很快就会在整个星球上找到我

3.58 亿年前

.oO 两栖动物 Oo. 注册用户	大伙儿，好消息，好消息。我们现在是陆地上最常见的动物，跟青蛙打个招呼吧
=-= 节肢动物 =-= 注册用户	不好意思，我们也很常见，而且身体分段，还有外骨骼!! 跟昆虫、蜘蛛和甲壳类动物们打个招呼吧!

x_植物宝宝_x 注册用户	你俩都往后稍稍。应该说，动物们都可以退下了。因为我们植物才是最常见的生命，而且我们还进化出了木材和树皮这样的结构 而且 木材和树皮能极其有效地抵御具有分解作用的细菌和真菌。所以，我们就算死了，也会堆起来 永远地堆起来 几百万年后，热量和压力说不定会把我们变成天然气、石油和煤炭 不过，现在它们还只是散布在各个地方的成堆植物尸体，尤其是在沼泽里 你们这些动物里说不定也有几具尸体在那儿，但这个时代的明星肯定是我们 我完全可以想象，后来的生物会以这些数都数不清的树木尸体命名这个时代，或许就叫"树木时代"或者"石炭纪"
=-=节肢动物=-= 注册用户	等等，说到碳，如果你们就这样堆起来，并且最终变成化石燃料，那么你们身体里的碳会发生什么！！
x_植物宝宝_x 注册用户	解释一下
=-=节肢动物=-= 注册用户	成吨成吨的植物尸体埋在地球的各处地点，这意味着你们从大气中吸收以打造自己身躯的成吨成吨的碳就会脱离生态系统数百万年，甚至可能是永远！！
x_植物宝宝_x 注册用户	我确定这不会有什么问题 你想想，之前气候也变化过，猜猜谁压根儿没事？ 我给你个提示 就是这个家伙

2.4 亿年前

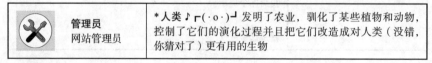	**管理员** 网站管理员	*恐龙加入群聊
	x_植物宝宝_x 注册用户	欢迎加入派对，让我们一起统治世界 1.75 亿年吧。等到你们死了，还能产生更多化石，甚至还能产生更多化石燃料，哈哈哈哈
	恐龙 注册用户	嗨!!! 棒极了，爱死了!!!

6 600 万年前

	管理员 网站管理员	*巨大的小行星以每秒 32 千米的速度携带着相当于 100 万亿吨 TNT（三硝基甲苯炸药）的能量进入群聊 *恐龙离开群聊
	x_植物宝宝_x 注册用户	我靠，这又是怎么回事？
	管理员 网站管理员	*巨大的小行星让全世界陷入火海，撞击产生的尘埃和碎片遮蔽了太阳，同时把硫酸气溶胶注入了平流层（于是，地球接收到的太阳光缩减了 50%，还下起了酸雨），最后杀死了75% 的地球生命
	x_植物宝宝_x 注册用户	我靠，这到底是怎么回事啊啊啊???

20 万年前

	管理员 网站管理员	*人类♪┏(·o·)┛加入群聊
	x_植物宝宝_x 注册用户	哇哦，可爱的动物，你们有点儿像恐龙，但身上到处是毛！我猜你们中有一部分会产奶？但只是有时候产？哈哈，这倒是很棒

公元前 10500 年

	管理员 网站管理员	*人类♪┏(·o·)┛发明了农业，驯化了某些植物和动物，控制了它们的演化过程并且把它们改造成对人类（没错，你猜对了）更有用的生物

（续表）

	x_植物宝宝_x 注册用户	嘿! 这太流氓了

公元前 1000 年

	人类♪┌(·o·)┘ 注册用户	你好! 我发现了一些奇怪的石头, 它们烧起来比我砍下来的树还热! 我要称这些石头为: 煤炭!
	x_植物宝宝_x 注册用户	哇哦
	人类♪┌(·o·)┘ 注册用户	*人类♪┌(·o·)┘禁言了这个频道里的其他所有用户
	x_植物宝宝_x 注册用户	哇 哦

公元 1760 年

	人类♪┌(·o·)┘ 注册用户	你好! 我刚刚发明了工业革命。机器需要燃烧像煤炭、石油和天然气这样的化石燃料, 才能获取能量。我们会往大气层里排放很多很多二氧化碳! 很多很多!
	x_植物宝宝_x 注册用户	听着, 兄弟。我知道你们现在正忙着烧碳、制造二氧化碳, 但我得提醒你们, 你们现在烧的这些碳已经在地下封存了几亿年 我相信你们肯定知道二氧化碳这种气体不会阻隔光, 但会反射热量。因此, 一旦大气中的二氧化碳含量增加, 太阳光仍旧可以继续加热地球表面, 但这些热量就没有那么容易逃逸到宇宙空间里去了, 而是始终停留在地球上, 从而形成类似温室的效果 所以, 你们最好还是谨慎一些, 深思熟虑后再决定要不要把那么多在地下封存了几亿年的碳排放到大气中。那么做可能会在不经意间让气候恢复到与现在截然不同的远古时期——远到你们还没进化出来的时候 …… 另外, 我还被禁着言呐!

公元 1896 年

	化学家斯万特·阿伦尼乌斯 注册用户	嘿，大伙儿，插播一些个人新闻。我刚刚发现二氧化碳是一种温室气体，会使地球温度升高……
	x_植物宝宝_x 注册用户	我不是早就跟你们说过了？
	化学家斯万特·阿伦尼乌斯 注册用户	……这对我们人类来说可太棒了，因为这意味着我们以后再也不会经历冰河时代了，说不定未来哪天还可以在两极地区种满庄稼！
	x_植物宝宝_x 注册用户	我倒是不怎么在乎空气中多一点儿二氧化碳啦 我说，人类朋友，我之前听别人说你们都是不懂烧煤的蠢货！所以我那时才打赌说你们绝不可能以燃烧化石燃料为基础组建最基本的文明！
	人类♪ ┌(·o·)┘ 注册用户	什么?!那话谁说的？ 你现在可以发言了

公元 1988 年

	詹姆斯·汉森博士 注册用户	全球变暖已经很明显了，我们甚至能够以很高的可信度确定温室效应与地球温度升高之间存在因果关系。全球变暖确实正在发生。
	人类♪ ┌(·o·)┘ 注册用户	我的天哪，我们得搞定这个问题！ 我们人类是时候联合起来在全球尺度上解决这个问题了，就像我们最近搞定的氟利昂问题一样。这种物质会破坏臭氧层，但我们只用了几年时间就不再生产它了！
	詹姆斯·汉森博士 注册用户	没错。那我们意见一致了？
	人类♪ ┌(·o·)┘ 注册用户	肯定的!! （只要我们还能从另一个半球空运香蕉过来，因为我还要用它做奶昔） （另外还要保证成本低廉的能源供应，哈哈） 总之，只要不会对我的生活产生任何负面影响，那就让我们努力解决这个问题

公元 1997 年

	管理员 网站管理员	*人类♪ ┌(·o·)┘ 已经撰写并签署了《京都议定书》，承诺为了减缓（而非逆转）人类活动导致的灾难性气候变化而减少温室气体的排放
	x_植物宝宝_x 注册用户	太棒了！你们做到了。我知道我们常在这儿开玩笑，但说真的，驯化确实是一件幸福的事儿，有人类农民、园丁和花草爱好者定期浇水、育种真的很方便。我觉得我们的命运已经以一种非常现实的方式交织在了一起。我一直希望你们能好好照料这个小小的星球，这个目前已知的唯一生命之岛，这个脆弱的暗淡蓝点，这艘我们共同搭乘、孤独航行在严酷黑暗宇宙中的珍贵地球飞船
	人类♪ ┌(·o·)┘ 注册用户	这份协议要到 2005 年才会生效，差不多就是 10 年后了！
	x_植物宝宝_x 注册用户	呃
	人类♪ ┌(·o·)┘ 注册用户	而且我们中的很多人其实都不会遵守其中的约定。美国虽然签了字，但参议院没有批准，加拿大铁了心要退出，而中国本就不受该议定书的束缚。我们很确定发展中国家会是未来几十年内主要的温室气体排放国，因为西方国家已经完成了工业化，做完了要做的一切!!
	x_植物宝宝_x 注册用户	嗯……
	人类♪ ┌(·o·)┘ 注册用户	总之，我们签了协议！绝对签了!!
	x_植物宝宝_x 注册用户	哦 哦不

今天

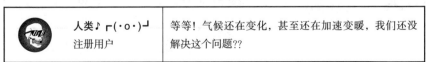

	人类♪ ┌(·o·)┘ 注册用户	等等！气候还在变化，甚至还在加速变暖，我们还没解决这个问题??

（续表）

x_植物宝宝_x 注册用户	听着。你们越是拖，这个问题就越难解决，就需要做越多的工作才能防止气候变化对你们整个物种造成灾难性后果 我还得赶紧补充一句，你们这个物种繁殖得也太快了。1804 年前后，整个地球才 10 亿人，1927 年就涨到了 20 亿，之后平均每 17 年就涨 10 亿？再列个数据供你们参考：由于如此迅速的人口爆炸，目前生活在地球上的人类数量占到了历史总数的大约 5%。而且，如果你们面对这个情况什么都不做，那么他们中有很大一部分会死亡，因为他们生活的地区会因为气候变化而变得不适宜人类生存，这才是你们要面对的生死存亡问题 另外，你们目前为止的实际行动证明，你们完全无法通过共同承担责任、分配各自任务的方式有效解决问题。我明白，要想解决气候变化问题需要基础性的结构改变（你们的经济和电网完全依赖化石燃料），显然代价高昂。而且，即使从现在就开始努力，也得几十年后才能有成效，这个时间跨度足以让你们以看不到任何当下回报为由不断拖延下去。当然，最重要的还是，你们这个目前广泛采用资本主义社会体系的物种很难在解决气候变化问题的过程中牟利 如果不加干预，那么你们已经排放到大气中的部分二氧化碳会在大气中停留 10 万年，这比迄今为止人类创造出的任何文物、任何文明、任何社会结构的延续时间还要长。因此，除非你们尽快采取行动，否则这些碳大概就是你们留给地球的唯一纪念了哈哈哈	
人类♪┌(·o·)┘ 注册用户	好吧，就我个人而言，真的还是更喜欢见效快、成本低的全球性气候变化解决方案！ 为什么做什么事都这么难啊啊啊	
管理员 网站管理员	*人类♪┌(·o·)┘ 把昵称改为人类ちゃ_ちゃ。	

这就是我们的现状。[①]

下图的数据由美国国家航空航天局提供，展示了地球温度在最近这100多年中的变化过程（已做平滑处理）。这张表假定，20世纪40年代和60年代的地球温度是"正常"的（实际并不是，但的确是比较有用的参照点！），进而展示了相对于这条基准线，各个时期变暖或变冷了多少。

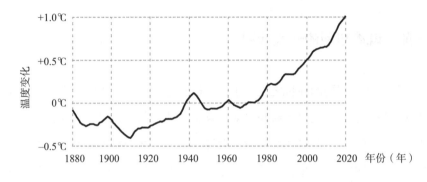

过去140年间，地球平均温度变化情况

自1960年以来，地球平均温度上升了近1℃。1℃听起来可能并不多，但平均温度每升高1℃都会给我们的星球带来根本性变化，有的显而易见（极地冰盖融化），有的则不那么惹人注意（降雨地点和时间的变化）。有些人会告诉你，这没什么好担心的，从历史上看，地球温度变化过许多次，即使没有人类活动，未来必然也会再次变化。严格意义上说，他们没错：地球气候之前确实变化过很多次！地球变冷时就进入了冰河时代，而且25亿年前的大氧化事件也确实改变了地球温度，同时导致了大规模生物灭绝。然而，这种观点忽略了一点：地球当前的这种气候变化是前所未有的，这种人类活动导致的气候变化进展迅速而猛烈，而且后果很可能是灾难性的。

---

① 瑞典化学家斯万特·阿伦尼乌斯早在1896年就率先提出二氧化碳会使地球变暖。他当时毫不掩饰自己厌倦乃至厌恶北欧漫长寒冬的事实。他的朋友、研究员尼尔斯·埃克雷尔姆（Nils Ekholm）则更进一步提出，按照当时人类工业的燃煤速度，让地球变暖需要花费的时间实在是太长了，人类应该加快燃煤速度，方法也很简单，只要把地表附近发现的所有煤层都点燃就可以了，这样就能把整个地球都变成热带天堂了。

打个比方，如果你明早从床上醒来，看到周围燃起了火焰，绝不会喃喃自语说："哎呀，这房子以前也着过很多次火，未来也肯定免不了再起火，所以现在烧起来也没什么大不了的。"然后翻个身，继续睡觉。你一定会立刻从床上跳起来，大叫着让大家都起来，然后竭尽全力灭火。

那么，解决气候变化问题具体要怎么做呢？以下几种选项可供你参考。

一般人就能想到的一般计划

气候变化问题的独特之处在于，它虽然是一个威胁地球生命且持续存在的严峻问题，但我们已经知道如何解决它了。如果我们不想两极冰盖融化、海平面上升、海岸线被淹没、大规模物种灭绝、飓风变得更猛烈、干旱变得更严重，也不想看到某些地方的温度上升到超出适合人类生存范围的程度，那么我们只需做一件事，那就是：停止碳排放。

没错，这样就解决了。

只是我们没有这样做。即使是在一再拖延后的今天，我们也至少可以通过减少排放来缓解气候变化的问题。然而，人类还是在 2013 年燃烧了超过 3 万亿立方米的天然气——这可是在发现气候变化问题之后许久了。另外，也是在那一年，我们每个月还燃烧了 30 亿桶石油。为了保证我们的论述清晰、完整，我还要列一个数据：那一年，我们每秒钟还会燃烧接近 300 吨煤。把所有这些加起来就能知道，我们仅在 2013 年一年就向大气中排放了 300 亿吨二氧化碳。正是因为如此猛烈的排放，我们已经将大气中的二氧化碳含量从工业革命前的平均每百万分之 280 左右，提高到了 1950 年的每百万分之 310，再到如今的每百万分之 410 以上。总结一下目前的状况：我们非但没有停止碳排放，而且排放的速度比历史上其他任何时候都要快。

无论话说得有多么漂亮，这种行为都不是一个对解决碳排放问题特别感兴趣的物种应该做的。

化石燃料的廉价和便利让我们上瘾。实际上，我们已经发明并投资了太阳能、水力发电和风能等诸多可再生能源，也经常用这些能源缓解我们日益增长的电力需求，但并没有完全用它们取代化石燃料的想法。因此，即便你是刚踏上超级大反派之路的萌新，解决气候变化问题也有一个显而易见的方案：统治世界，然后用你的铁拳碾碎任何还想排放碳的人。实际上，你在这本书中（或现实生活中）遇到的大多数问题似乎都可以通过我们称之为T.O.T.A.L.W.A.R（意为"全面战争"）的法则来解决，也即：征服现实世界，然后用铁拳统治（Take Over The Actual, Literal World And Rule With An Iron Fist）[1]。不幸的是，我们在第2章中已经看到，通过大规模的政治结构重组把地球上所有资源和活动置于一个人（你）的开明统治之下不是长久之计——即使是，也需要一定时间才能成功。然而，在气候危机这个问题上，时间恰恰就是人类文明缺少的东西。此外，那些愚蠢、小心眼儿到发动战争抵制你的人也一定不会戒掉往大气里排放大量二氧化碳的坏习惯。因此，等到你能巩固权力的时候，情况肯定就变得更糟了。那么，还有别的什么选项吗？

嗯，虽然听起来不是很符合超级大反派的作风，但你的确可以试着收拾残局。

该从哪里开始呢？难点在于，虽然自工业革命以来，我们人类往大气中排放了大量二氧化碳，但这些气体分散在大气各处，密度远远达不到我们可以轻松找到、捕获和清除的程度。碳捕获机器——一种可以从大气中提取碳并将其存入地下某处的设备（理想情况下由可再生的非化石能源提供动力）——面临的挑战是，即使是百万分之410的浓度，也只是全部大气气体的0.04%。也就是说，碳捕获机器要在包含2 400多个其他气体分子

---

① 如果严格按照首字母缩写，这个法则应该叫作T.O.T.A.L.W.A.R.W.A.I.F（意为"全面战争流浪儿"），而不是T.O.T.A.L.W.A.R.。不过，我们肯定希望策略的名字听起来更有气势，"流浪儿"往往是瘦小、虚弱、不健康的，绝对不是你或其他任何超级大反派应该塑造的形象。相比之下，"全面战争"听起来就完全符合坏蛋的形象，尤其是如果你假惺惺地质问战争有多么可怕和不人道，更不用说那些无视人道主义和所有国际冲突规范的无限制战争了。所以，我们最好还是口头威胁就好，不要真的发动战争！

的汹涌气体海洋中寻找一个二氧化碳分子，相当于要在行星大小的干草堆中寻找散布其间的一根根小针。我们已经发明了各种碳捕获机器，但没有一种能足够高效地大规模除碳以解决我们的问题，目前看也没有一种能在有效时间内发展到具备这种能力（参见下面方框）。

去死吧，二氧化碳！

有一种简单的碳捕获技术是在空气中喷洒碱液（氢氧化钠溶液）：碱液会和空气中的二氧化碳反应生成碳酸钠，从而把大气中的碳转变成一种可以掩埋起来的固体。问题在于，即便大气中的二氧化碳浓度达到了创纪录的百万分之410，你也得喷洒很多很多碱液才能捕获很少很少的二氧化碳，而喷洒碱液这种行为本身也是消耗能量的——在大多数系统中反而会产生更多二氧化碳。我们现在用类似的技术吸收更高浓度环境中的二氧化碳——比如燃煤发电站的大烟囱内部——但这么做也只能减少新增的二氧化碳，对解决已经存在于大气中的二氧化碳问题毫无帮助。

如果你下定决心要解决这个问题，那也不是完全无法实现。一项计算结果表明，如果你使用以核动力为能量来源（不会排放碳）的碳捕获技术，那么的确有可能清除人类自工业革命以来排放到大气中的所有碳。你只需要4 688座核反应堆（比目前正在运行的核反应堆数量多10倍，另外，如果你把它们都建在美国，那就意味着每2 000平方千米就会有一个核反应堆）全部满负荷（8 000亿千瓦时/年）持续运转。如果你能满足上述所有条件，那么碳捕获本身的操作成本大约是每年13.75万亿美元，持续80年总花费超过1 000万亿美元。从好的方面来看，你要是真能做到这一切，那你就拥有了4 688座核反应堆，那可能是有些用处的。

那树木呢？它们可是天然的碳捕获设备。我们能通过种植大片大片的森林来储存碳吗？嗯，本来确实可以……但那是在几百年前。现在大气中的二氧化碳含量实在太高了，即使在理想条件下，捕获其中人为排放的二氧化碳也需要至少900万平方千米的森林——这比两个印度的面积还大，也大致相当于地球全部可耕种土地面积的40%。你总不能把整个地球的耕地面积减半吧，要知道，有70亿人指着这些耕地活呢。饿死几十亿人可不符合超级大反派的作风，那就是单纯的作恶了。你可不能自甘堕落。

好了，既然我们没法收拾好人类搞出的这个烂摊子，也没法阻止人类继续燃烧化石燃料把这个烂摊子变得更烂，甚至统治世界也解决不了问题，那么，还剩下什么方案？

让我来告诉你答案。

你，将单枪匹马地控制整个世界的气候——通过制造一座强大而持久的人造火山。

你的计划

大型火山的喷发会影响气候。1815年，位于印度尼西亚的坦博拉火山大规模喷发——那是过去1 300年中整个地球上规模最大的火山喷发——导致全球温度下降了0.7℃，生活在北半球的人们甚至给1816年起了很多昵称，比如"没有夏天的一年""贫困年""19世纪冻死年"。火山喷发能让气候冷却，一个显而易见的原因是火山灰：这些小块岩石和灰尘会挡住太阳，导致乌云下的所有人和所有事物降温。遗憾的是（就我们的目的来说），火山灰的冷却效果一般都长不了：火山灰中较大的颗粒会迅速落回地球表面，即使是较小的颗粒也会被雨水裹挟着回到地面。不过，那些最小的火山灰粒子有时能飞出对流层（大气中空气流动最为剧烈的区域，你大概率会在对流层中过完一辈子），进入平流层（大气中更高、更平静的区域），在那里停留几个月。说到这里，你是不是想到了可以通过向平流层中注入火山灰解决气温升高问题？实际上，还有比火山灰更好的选择。火山喷发还会向平流层释放其他物质，而且这种物质能够更有效地改变气候，它就是：二氧化硫。

大气层长什么样

地球大气可以分为几层。对流层就是从我们生活的地球表面向上延伸到大约距地表 12 千米处的区域。大多数天气现象发生在对流层，大多数水蒸气和云位于对流层，绝大部分飞机也是在对流层飞行。对流层之上一直到距地面高度 50 千米左右的区域是平静、稳定得多的平流层。平流层气压大概是海平面气压的千分之一。平流层之上是中间层，距地表高度在 50~80 千米，有时被称作"太空边缘"。大多数流星进入地球大气后都是在中间层烧毁。中间层之上是电离层，距地面高度在 80~700 千米。电离层的空气已经非常稀薄了，每个分子平均要走上 1 千米才能遇到另一个分子。国际空间站的轨道就在电离层。如果你没穿宇航服就进入电离层，那就是死路一条。电离层之上就是外逸层，距地面高度 700~10 000 千米。外逸层中的气体仍旧受到地球引力的影响，但它们实在太过分散，因而不再表现得像气体，反而像是不断散逸到宇宙空间中的分子集合。外逸层之外，地球大气的剩余部分与太阳风合并，我们称之为"外层空间"。

二氧化硫进入平流层后，会与那里的水结合形成硫酸。硫酸又会在尘埃粒子周围凝结成微小液滴，从而形成一片白雾。这种雾可以把部分太阳光反射回太空，使其无法加热地球，减少我们在地球表面接收到的太阳光，就像一个包裹着地球的巨大灯罩。这种硫酸雾不需要反射太多太阳光：只要反射 2%，就足以让地球的温度恢复到工业革命前的水平。更重要的是，这种气溶胶（气溶胶就是液态或固态微小颗粒悬浮物）形式的雾可以在平流层中停留一年多，最后重回对流层，并且以无害的方式[①]返回地球表面。你可能还记得前面那段在科学上十分精确的聊天记录，里面提到那颗小行星在 6 600 万年前撞击地球时，也向平流层释放了含硫化物的气溶胶，进而导致地球冷却并杀死了许多在撞击之初幸存下来的生物。

所以，你一定要更加小心。

以下就是你要做的：

1. 收集某种化学前体。我们准备使用二氧化硫，但如果你想标新立异，也确实还有很多其他选择（比如硫化氢、羰基硫化物、硫酸铵）——任何可以产生白雾的物质都可以。

2. 把你的化学品送上平流层。

3. 把它们以小液滴的形式喷洒出去，保证它们形成气溶胶。

4. 每年至少重复这个过程一次。

5. 搞定了，没有第 5 步了。你已经成功拦截了不断变暖的地球气候，换上了一种更为凉爽的。

这个计划不仅简单，成本还很低。二氧化硫很容易获取：你可以通过燃烧硫来生产它（二氧化硫是硫和氧反应后的唯一产物），而硫在地球上遍地都

---

① 好吧，严格来说，只能算是几乎无害。如果事实证明天上掉下来硫酸会有问题，我们会解决的！

是。实际上，硫是整个宇宙中第十常见的元素，是地球上第五常见的元素，也是按重量计算开采量第四多的元素，所以这个计划的原料供应不成问题。

把硫送到平流层的成本也不高，完全在可接受范围之内。虽然 20 千米高度的平流层超出了商用客机的飞行范围（它们一般在 14 千米左右的高度飞行），但我们已经发明了像洛克希德U–2 侦察机这样的航天器，它们能在海拔 21 千米的高空巡航，进入平流层的低层区域完全没有问题。购买几十架这样的飞机，然后加以改装，使它们能够更好地播撒气体（扩大货舱，甚至提升最大飞行高度），这大概需要花费 70 亿美元左右。如果你没有飞行员执照，建议使用带软管的气球（软管接着地面装置），或者巨型飞艇，甚至可以使用大型海军式火炮发射充满二氧化硫的炮弹，让它们在平流层爆炸（这项技术早在20世纪40年代就有了）。到目前为止，一切都很顺利：需要用到的所有技术都已经存在，或者发明起来相对容易。

一位坚定的环保主义者

飞机问题搞定后，每年的运营成本大约是 20 亿美元，包括制造和维护白色硫雾所需的数万次飞行。虽然这类飞行一定会被现在的各个大国探测到，但全球各个工业化国家都建设了许多机场，你可以随便挑一个降落。因此，单单一个国家不可能阻止你和你的计划，特别是如果你在首次飞行时就把一切安排妥当并且迅速执行完毕的话。

还有什么办法可以把二氧化硫送到平流层中？

就我们的目标来说，飞机是最成熟、最可靠的技术手段。当然，这种方式可能显得有些古板、没有新意，所以，的确还有一些看上去更加酷炫的方案可以讨论。火箭总归够时髦了，我们可以让它在进入轨道之前通过平流层时喷射二氧化硫。这个方案的成本肯定比飞机高得多，但你可以得到大量轨道火箭，最后可以利用它们来做你想做的任何事。

如果你更青睐发射炮弹的方案，那么英国在 1912 年发明的安装在猎户座级超级无畏舰（很棒的名字！）上的 13.5 英寸[①]马克 V 型海军舰炮应该会勾起你的兴趣。1943 年 3 月 30 日，一门绰号为"布鲁斯"（虽然不算很完美的名字，但也还过得去）的马克 V 型海军舰炮首次"炮击"平流层：它把烟幕弹发射到了 29 千米的高度，以便研究人员考察烟雾在那里的扩散模式。如果你嫌这种炮威力不够大，那么还有美国–加拿大的联合项目 HARP 可以考虑。这个项目的目标就是利用一门巨炮把卫星发射到宇宙中。在 1967 年关停之前，HARP 项目已经生产出了一种炮管长 36 米的超级大炮，并且成功把一枚炮弹发射到了距地面 181 千米的高空。

虽然真实存在的科学家用真实存在的科研论文证明，无情地朝天空开炮永远不可能是让气溶胶进入平流层的最低成本方案，但它可能是最诱人的那种——当然，这也取决于你的审美和对超级大反派形象的观点。

---

① 　约合 34.29 厘米。——编者注

　　每年 20 亿美元的运营成本外加 70 亿美元的前期投入？就超级大反派的伟大计划而言，这简直算不了什么。做个比较，埃隆·马斯克在 2021 年年初的净资产为 2 030 亿美元，也就是说，哪怕他决定单干，都可以启动这个项目，并且持续提供近一个世纪的资金。而马斯克甚至都不是超级大反派。[①] 他只是某个既有财力又有启动这类项目所需专业知识的家伙而已，全世界至少有几十个国家有财力和知识做到这些。与气候变化问题带来的代价（大概是 600 万亿美元）相比，这个数字低得冷酷无情了。

　　既然这个项目技术上如此简单、成本如此低廉（甚至一个富翁就能启动），而且效果如此出色，出色到我们人类文明的命运可能都要靠它了，那么为什么到现在都还没有人这么做呢？

缺点

　　最明显的一个缺点是，这种解决气候变化问题的方法不能一劳永逸：只要你停止向平流层中播撒二氧化硫，之前产生的白色硫雾就会很快消失，那些气溶胶也会回落到地球上，只需要一两年，地球就会恢复应有的温度。这意味着压抑了几年甚至几十年的升温过程会突然爆发。简而言之，那个场景绝对会严重威胁人类的生存。不过，话说回来，这种突然停止使用会在全球范围内造成大规模死亡的技术，人类已经用了不少了。例如，如果我们突然停止给农作物施氮肥，那么一年之内，我们就无法为今天活着的每个人提供充足食物了。实际上，我们人类很久以前就已经认定，利用这类科技保证每个人的生存值得一试，哪怕有停用它们后万劫不复的风险。

　　显然，你可以利用停止使用这类技术的内在风险在全球范围内进行敲

---

① 公正地说，马斯克已经动用了他巨额财富的一小部分，用他的私人飞船把一辆汽车送入了地球轨道，这个举动至少也算是接近超级大反派了。

诈:"付钱给我,支持我继续做那些古怪有趣的地球工程项目,否则我就马上停了,然后大家一起死。"但这里的美妙之处在于,你实际上不需要敲诈任何人!一旦你把这类技术的应用推向成熟,人类本身就有了巨大动力,他们不仅不会阻止你,而且会帮助你继续下去,甚至接过这个任务。任何导致所谓"受害者"愿意帮助你无限期继续下去的抢劫行动,都是客观看来设计优秀的方案。

所以,这又是一个可以巧妙规避的缺点,但还有平流层硫酸以酸雨的形式落回地球表面的问题。没错,部分地区可能会由于不可预测的多变天气模式而受到酸雨冲击,最后遭受极其严重的破坏。但是,如果什么都不做,人类也会因为气候的自然变化而死亡。另外,我们不要这么快就忘记那些白色硫雾是怎么让天空从大家过度熟悉,甚至有些厌倦了的蓝色变白许多的!还有,批评你的人也该注意到,正是因为你的这些气体颗粒,人类才能再度欣赏自 1815 年坦博拉火山灾难性喷发以来大家就再也没见过的真正美丽而摄人心魄的日落场景。

不过,说实话,不管你是用硫酸这样大胆的物质,还是用轨道反射镜这样古板的东西(见下面方框)改变全球气候,它们都分散了人们对核心问题,即责任问题的关注。

巨大的太空反射镜怎么样?

没错,借助庞大的行星规模轨道反射镜网络把太阳光发射回宇宙,的确可以规避在平流层中播撒二氧化硫的缺点!实际上,有些批评者甚至会提出,你不用成本高昂但更加安全的"宇宙巨镜"方案,而是选择成本低廉的二氧化硫技术,完全是因为贪婪。面对这样的批评,请一定要提醒他们,只要布置得当,轨道反射镜网络也可以用作超级大反派无比喜欢的末日武器。届时，他们的下场就会像被放大镜聚光烧死的蚂蚁一样。所以，如果说这两种方案真有什么区别的话，那就是：用硫酸填满天空实际上是在帮这些只会逞口舌之快的家伙的忙！

每当飓风来袭、洪水泛滥、干旱降临，我们总是会把它们归结为"不可抗力"，因为我们相信人类没有做任何会导致这类灾害的事。然而，影响气候的行为也会以一种难以预测的方式影响天气模式。所以，一旦你借助二氧化硫改变了地球气候，之后再出现的飓风、洪水、干旱等灾害，就至少一定程度上与你的行为相关。于是，再也没有什么"不可抗力"，只有你的影响力。①

只有一种方法可以减轻你在这个问题上的责任，那就是减少你制造的白色硫雾。一些研究表明，使用特定浓度的硫雾最多只会让少数地区的降水偏离平均水平；如果你愿意把全球变暖问题的治理效果降为原来的 50%，那么最多只会显著影响全球 1.3% 陆地区域的水资源质量。但这个折中方案也有问题：即使忽略那些生活在这 1.3% 土地上的人，那些仍在遭受气候变化负面影响的国家的人也会责怪你只是部分缓解了气候变化的影响——而不是完全解决了这个问题——责怪你没有采取更多措施拯救他们。

情况很快就会变得非常混乱。要知道，这还没有考虑一个更加复杂的问题：肯定会有人提出，如果存在某种可以调节全球气温的系统，绝对不能让一个超级大反派单独掌控它。不过，请你记住：你之所以踏入超级大

---

① 请注意，只有在涉及天气问题时，只有在考虑特定法律管辖范围内的责任划分时，人们才会把你放在等同于上帝的位置上，以让你承担责任。但还是那句话：对于你在科普书中读到的抢劫计划来说，这个结果并不坏。

反派这个行当，不是因为想要成为万众瞩目的大明星，也不是因为想要避免与国际法庭对簿公堂。你选择超级大反派这个事业，是因为你读了一本非常有趣的科普图书，这本书让你意识到，你可以，而且也很可能应该统治世界。

　　除了棘手的责任问题之外，全球各国不愿将这一计划付诸行动还源于另一个更简单的反对理由：这个计划可能行不通。我们现在讨论的种种机制都只是纸面上可行，当火山爆发时，的确能起到类似效果，但我们从来没有真正尝试过如此大规模地将硫酸盐注入平流层。许多科学家都表示，还需要更多更深入的研究。另一些科学家则认为，这个想法"不但未经测试、不可能测试，而且危险得令人难以置信"。他们可能是对的。从历史记录上看，无论是在个人层面（参见史翠珊效应），还是在社会层面（参见20世纪20年代的美国禁酒令，或是我们将某些物种引入新栖息地的历史，抑或是斯肯索普问题①），我们人类在预见自身行为的全部后果方面都表现欠佳。对于这类有可能给地球（人类拥有的唯一一颗星球）宜居性造成负面影响的全球试验，我们的确很可能不该尝试。（不过，另一方面，只要能将这些理论付诸实践，你不仅会成为一个超级大反派，还会成为开展地球有史以来最伟大应用研究试验的科学家。应该说是风险与机遇并存，所以结果如何，只能看运气？）

---

① 为了防止你放下这么好看的书去别处查找这些名词的含义，我现在就为你解释一下。史翠珊效应的起源是这样的：著名歌手、演员、导演芭芭拉·史翠珊通过法律途径要求某网站下架一张她家的照片，结果，这张原本只有6次浏览的照片反而因此引起了几十万人的关注，进而让这种"欲盖弥彰"的效应冠上了她的名字。20世纪20年代的美国禁酒令不仅没有阻止人们饮酒，反而助长了地下酿酒、贩酒产业，间接推动了有组织犯罪团伙的崛起。而人类将物种引入新栖息地的行为，在很多情况下无意中导致了其他物种灭绝或濒临灭绝。而斯肯索普问题指的则是，原本旨在过滤负面词汇的计算机程序却在偶然间屏蔽了更多无辜的用语。

> ## "不但未经测试、不可能测试，而且危险得令人难以置信"
>
> 这个评价源自詹姆斯·罗杰·弗莱明（James Rodger Fleming）2010 年出版的著作《修复天空：天气和气候控制的曲折历史》（*Fixing the Sky: The Checkered History of Weather and Climate Control*）。不过，公正地说，他评价的不只是我们在这里提到的计划，还包括其他许多堪称滑稽的方案，比如"用白色塑料填满海洋以反射更多太阳光"和"给海洋施肥，刺激能够吸收二氧化碳的浮游植物大量繁殖，以期其中部分藻类沉入海底并把碳固定在那儿"。这些计划不仅拙劣，还没用上火箭、巨型火炮或者经过特别改装的平流层飞机（组成的全球舰队）这么酷炫的东西！

你看，我并没有说这是一个完美的解决方案。即便你真的行动了并且结果很理想，这个方案也只是解决了气候变化的"变暖"部分，但实际并没有除去大气中的任何二氧化碳。然而，除了温度问题之外，大气中的碳对地球还有其他严重的负面影响。例如，海洋吸收更多二氧化碳后会酸化，进而导致珊瑚礁白化等问题。这一计划要求人类跨越一条之前从没想过（也不愿意）跨越的界限：有目的地人为操纵全球气候。这不是自然的终结，但这是"自然世界"概念在某一方面的终结。所有这一切都千真万确。

但是，不管怎样，这个计划至少可以为世界赢得喘息的空间，让人类有时间发明出某种神奇的碳捕获技术，有时间逐步摆脱对化石燃料的依赖，有时间改变自身的消费习惯，有时间发明冷聚变，有时间做其他任何有助于拯救世界的事。哪怕这个计划存在巨大风险，但只要它不会把我们所有人全部杀死，就可以把最严重的气候灾难爆发的时间推迟几十年。在此期间，积极进取的开明领导者——唔，我不知道他们中是否有人现在正在读这本书——可以引导地球走向一个灾难更少、更可持续发展的未来。

就像我刚才说的，这不是完美的解决方案。

但是，它很可能是完美的犯罪。

如果不幸被捕，可能面临的后果

在这一章，你真的进入了未知领域：如此大规模的劫持行为，在改变地球气候的同时又影响了这个星球上的每一个生物，这是前所未有的行动。在这个背景下，最有可能对你产生约束的法律条文大概是联合国的《环境改造公约》，也称《禁止军事或任何其他敌意性使用环境改造技术公约》。[①]

----

① 这份公约于 1978 年生效，截至 2020 年 1 月，只有 78 个国家批准执行。按国家名英文字母顺序，这 78 个你要特别留意的国家分别是阿富汗、阿尔及利亚、安提瓜和巴布达、阿根廷、亚美尼亚、澳大利亚、奥地利、孟加拉国、白俄罗斯、比利时、贝宁、巴西、保加利亚、佛得角、喀麦隆、加拿大、智利、中国、哥斯达黎加、古巴、塞浦路斯、捷克、朝鲜、丹麦、多米尼加、埃及、爱沙尼亚、芬兰、德国、加纳、希腊、危地马拉、洪都拉斯、匈牙利、印度、爱尔兰、意大利、日本、哈萨克斯坦、科威特、吉尔吉斯斯坦、老挝、立陶宛、马拉维、毛里求斯、蒙古、荷兰、新西兰、尼加拉瓜、尼日尔、挪威、巴基斯坦、巴拿马、巴布亚新几内亚、波兰、韩国、罗马尼亚、俄罗斯、圣多美和普林西比、斯洛伐克、斯洛文尼亚、所罗门群岛、西班牙、斯里兰卡、圣卢西亚、圣文森特和格林纳丁斯、巴勒斯坦、瑞典、瑞士、塔吉克斯坦、突尼斯、乌克兰、英国、美国、乌拉圭、乌兹别克斯坦、越南和也门。

其中的"敌意"一词很重要：这个条约的根本目的是杜绝一切形式的天气战。而你这样做不是为了发动战争，而是为了拯救整个世界，因此，无论怎么看，你的行为都完全是"敌对"的对立面。另外，联合国安全理事会不能对个人行使权力，只能对成员国行使权力，这也是对你的额外保护。还有，这个公约的第三条是这么说的："本公约条款不得阻碍出于和平目的使用环境改造技术。"因此，你的行为应该没什么问题。

还有联合国的《防止倾倒废物和其他物质污染海洋伦敦公约》。完全可以想象，当你的白色硫雾落回地球时，有人会质疑你是在向海洋倾倒废物，至少部分硫雾如此。对此，你也没什么要担心的。这份公约的第 1 条第 4.2.2 款明确将"并非为了单纯丢弃物质而放置物质"排除在其对"倾倒"的定义之外。换句话说，如果你有更高层面的目标，而不只是为了倾倒垃圾——事实是，你的确有——这份公约对你就不适用。

无论你受到什么法律威胁，包括那些声称因恶劣天气而蒙受损失的人的威胁，在一个环境标准宽松、引渡条约有限的国家，你都不会被起诉。考虑到有关气候变化的讨论已经成为一个政治问题，而不是科学问题——在美国尤其如此——你有机会根据许多引渡条约中都包含的"政治犯罪豁免"条款申请豁免。

如果你最后还是不幸被捕，你仍旧有一个优势，那就是：与战争罪和反人类罪（记住，这与你做的事完全不同，你可是为了整个人类好啊）不同，目前还没有针对环境犯罪的国际法庭。在最坏的情况下，国家和非国家行为体（如公司、社区，或者像你这样自我觉醒程度非常高的个人）之间的争端可以在国际人权法庭上审理——考虑到你可以用这个方案挽救诸多生命（前提是计划顺利实施），最后的判决结果会是什么样根本无法确定。就像这本书中讨论的许多罪行一样，你总是可以用《飞狗巴迪》中的类似说法为自己开脱。这部 1997 年上映的电影提到，华盛顿州所有法规都没有明确规定狗不能参加该州的篮球决赛。与之类似，现行所有国际法中也没有任何内容明确规定个人不能用有益的非官方人造白雾笼罩地球。此外，万一有什么国际权威机构在你实施劫持气候计划之后制定了相应法律，你也不会受到影响：联合国自己制定的《世界人权宣言》第 11 条第 2 款禁止在某人做了某件事后，为了追溯认定那件事非法而制定相关法律。

你们被将死了，凡人们。

行动纲要

初始投入	可以期待的潜在回报	完成计划的预估时间
70 亿美元的前期费用，外加每年 20 亿美元的维持费用	这个计划会影响全球所有国家的GDP，因而回报上限为每年 87.8 万亿美元①。只要你的计划能减少哪怕 1% 的生产力损失，那么回报就是每年 8 780 亿美元	少于 10 年

---

① 2019 年全球总 GDP。——译者注

钻到地心，把它作为"人质"，
解决你的所有问题

我憎恨几乎所有的富人，但我想，我要是富了，会很高兴。

——多萝西·帕克（Dorothy Parker），1958 年

劫持人质是一种典型的犯罪手法：把某人关起来，给他吃的喝的，给他一个还算舒适的环境，然后羞答答地问他是否熟悉斯德哥尔摩综合征，并跟他的同伴谈判双方都可以满意的释放条件，最后重复这个令人恶心的过程，直到你失去人质或者不再有继续劫持人质的必要。劫持人质的行为在人类尺度上已经反复出现过，这很无聊、很枯燥、很乏味。

但到目前为止，还从没有人在行星尺度上用过劫持这一招，这至少应该会让事情变得更有意思一些。

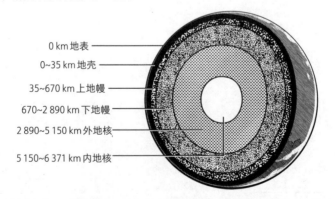

0 km 地表
0~35 km 地壳
35~670 km 上地幔
670~2 890 km 下地幔
2 890~5 150 km 外地核
5 150~6 371 km 内地核

地球剖面图，没有按比例绘制，更不是真实大小。要想按比例观察地球，或是查看地球的真实大小，把目光从本书上移开，抬头看看就知道了

背景

尽管到目前为止，你人生中所有的时间都待在地球表面上或者近地空间中，地球仍旧藏着一些我们还不知道的秘密。所以，我们有必要先简单介绍一下地球的情况，和所有优秀的入门科普书一样，我们会先展示一下地球一切为二时的剖面图（见上页）。[1]

我们生活的地方是地球的表面，那是一层很薄的固态岩石层，厚度还不到整个地球体积的 1%。地表之上有海洋，有各种建筑，还有每一个目前不在空中或太空里的人类。人类在发现地球表面这块区域时，决定称它为地壳，它是宇宙中目前所有已知生命的家园。

地壳是一大块固态岩石，厚度大约是 35 千米。不过，地壳的厚度并不平均，最厚的地方可以达到 50 千米，甚至更厚。那是在板块会聚边界，就是两个地质板块互相碰撞，也就是一个地质板块俯冲到另一个下面的地方，这就是山形成的过程。地壳最薄处大约只有 10 千米，甚至更薄，那是在离散边界，也就是海洋下两个地质板块分离的区域。两个地质板块分离的时候，地壳下方的地幔就会涌到地表上来。这就是火山的成因。

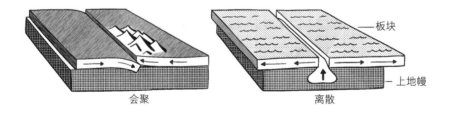

地质板块的会聚和离散。这张图同样没有按比例绘制，要想知道真实的尺寸，去离你最近的山脉或是火山区域就行了

地表往下越深的地方温度越高，原因有两个。第一，地球刚形成的时候远比现在热得多得多。当时陨石乃至其他原行星频繁撞击地球表面，释

---

[1] 把地球一切为二以证实这幅插画中的内容，就留给读者自行练习了。

放了海量的能量，导致地球表面几乎完全处于熔融状态。时至今日，这些热量仍旧有许多残留了下来。第二个原因是地球内部的放射性元素（如铀、钍和放射性钾），这些元素无时无刻不在衰变，并且在衰变过程中释放热量。地球每秒会向宇宙空间释放大约 47 万亿瓦特的能量，其中一半来自地球形成之初的原始热量，另一半则来自内部放射性元素的衰变。

什么是瓦特？

1 瓦特等于 1 焦耳每秒，而焦耳是一个相对较小的能量单位。举例来说，让 1 毫升水温度上升 1℃，需要大约 4.2 焦耳。因为地球每秒都在丢失 47 万亿焦耳的能量，所以，毫无疑问，我们的星球正在不断冷却。不过，这个过程相当缓慢：地球完全冷却、彻底固化需要 910 亿年。你完全不用担心这个过程会对目前在地球上生活的生命产生任何负面影响，因为早在地球彻底固化之前，太阳就会变得很大，大到彻底吞噬我们的地球。第 9 章会介绍更多这方面的内容。

等到你挖穿地壳的时候，所在环境的温度可以高达 400℃。做一个直观的比较，大部分家用微波炉的最高温度是 260℃，400℃已经接近"我可以在 60 秒内烤完这个干酪大饼，然后合法宣称这是正宗那不勒斯比萨"的程度了。[①]

地壳下面是上地幔，上地幔是一堆主要呈固态的硅酸盐岩石，只不过从地质时间跨度上看，它们更像一种极为稠密的流体。我之所以说"主要

① 正宗那不勒斯比萨协会的文件里介绍了烤制"正宗那不勒斯比萨"的必备条件：水温在 16~22℃之间，面团要在温度 23℃（可以有 ±10% 的波动）的房间内发酵，比萨烤箱温度要达到 485℃。现在你知道了！

呈固态"，是因为上地幔其实是液化的，在某些区域甚至是熔融状态，比如火山之下。在火山地区，地幔会喷发出地壳，来到地球表面。在上地幔的底部，也就是地下大约 670 千米处，温度可以高达 900℃。做一个直观的类比，现代火化炉内部的温度也就是 900℃，这个温度已经高到足以将一个标准体重的人体烧到只剩下 2.4 千克的骨灰。另外，上地幔底部的压力可以高达 237 000 个大气压。

这个环境相当恶劣，根本无法待在那里，更不要说继续往下挖了。不过，为了全面了解有关地球的知识，我们还是先在脑海里把它挖完，再去担心真的挖出了一个洞会怎么样。

上地幔下方就是下地幔，下地幔的温度可以高达 4 000℃。这个温度高到足以熔化我们知道的所有元素，当然也足以熔化组成下地幔的所有岩石，并且可以轻而易举地让钻石蒸发。我之所以提到这一点，是因为钻头的材料一般就是钻石——或者用不那么吸引人的术语来说，金刚石。不过，我们先抛下钻头的问题不谈，专注于眼前的问题。虽然下地幔的温度这么高，但这里的岩石仍旧大部分呈固态。这是因为下地幔上方的所有岩石产生了难以想象的巨大压力。具体来说，下地幔处的压力可以达到你在地表上正常体验到的大气压的 130 万倍。

继续往下挖，挖穿下地幔，就到了外地核。外地核是一层液态金属，主要成分是铁和镍。这里的温度高到了极致，可以达到 7 700℃，已经高于所有元素的沸点。可是，外地核并没有沸腾，原因只有一个：那里的压力非常大，达到了 330 万个大气压。外地核液态金属的对流产生了地球磁场。地球磁场不仅让指南针得以工作，还保护我们不受大部分太阳风的影响，从而使地球孕育生命成为可能。假如地球磁场突然消失，那么地球大气中的臭氧层就会形成空洞，臭氧就会随着太阳风进入宇宙空间，这个空洞也会随之越变越大。大量致命的太阳辐射就会直接轰击地球表面，威胁所有地球生命的安全。从长远来看——这个长远是指数百万年，甚至更久——太阳风最终一定会完全剥离地球大气，导致地球表面的气压下降，海洋中的水完全蒸发到太空中。这毫无疑问会杀死整个地球上的生命。但这也确确实实地告诉我们，地球磁场是值得所有地球人花钱保护的事物。

这么一看，你好像找到了一个完美的人质。

最后，液态外地核之下是内地核。内地核的主要成分是铁镍合金，直径相当于月球直径的 70%。内地核在组成上与外地核相似，只不过内地核的金属都呈固态。内地核受到的压力更高，有 360 万个大气压，但温度并没有外地核那么高，只有 5 400℃（不过内地核与外地核的交界处可以达到6 000℃）。虽然内地核的温度仍旧高到足以融化铁、镍以及我们所知的任何物质，但无比巨大的压力让其仍旧保持固态。随着地球的冷却，外地核中的微小粒子会逐渐固化，并且像雪花一样落到内地核上。于是，随着时间的推移，内地核的质量慢慢增加。

相较于不断流动并且能够产生磁场的外地核，内地核可能看上去有些无聊，但千万不要因此小瞧了它。内外地核的主要成分都是铁和镍，原因是地球过去处于熔融状态时，绝大多数重元素都会沉积到核心部分，这一事件叫作"铁灾难"（参见第 120 页方框），而这些重元素中有许多铁和镍。

不过，金也是一种重元素。将太阳系形成时期遗留下来的陨石的构成同地壳的构成做对比会发现，前者金含量较高，后者金含量较低。于是，我们就能得到一个结论：在地球形成时期，一定有金随着陨石落到地表，并且这些金一定储藏在某处。可能的去向有两种，一部分金可能汽化了，进入了宇宙空间（以原初地球的地表温度，这完全可能发生）。还有一种可能当然就是金沉积到了地球核心中。于是，我们必然可以进一步推论出：内地核和外地核中都存在金。实际上，地球核心部分的金储量可能达到 1 600万亿吨。如果把它们全部平铺在地表上，可以让整个地表披上一件半米厚的黄金外衣。人类历史上总共开采出来的金也不过 190 576 吨——按照2021 年年初每克金 58 美元的售价，这些金价值大约 11 万亿美元。而地球核心部分光是储藏的金，就价值 800 万亿亿美元。听好了，这个数字是这样的：先写一个美元符号，然后写一个 8，最后跟着写 22 个 0。[①]

又是一次成功的劫持行动

---

① 前提是，把这 1 600 万亿吨黄金都挖出来不会导致市场崩溃。显然，如果你真的一次性把它们都挖出来，一定会冲击市场。所以，慢慢来！不要掀起淘金热！

铁灾难

地球演化史上有那么一段时期，大部分铁都下沉到了核心部分。这段时期就叫作"铁灾难"。这个名字听起来很酷——直到你意识到这里的"灾难"是指学术层面上的"突然改变"，而不是寻常意义上的"毁灭性致死事件"。如前文所述，没有铁灾难，地球就不会有磁场，也就很可能不会有大气（或者稀薄到可以忽略不计）、不会有地表水……这意味着生命也不会存在。

因此，铁灾难很可能是目前宇宙中所有已知生命的基础，与所谓的"毁灭性致死事件"相去甚远——除非你想成为那种秉持"人类才是真正的病毒"理念的超级大反派。那样的话，恭喜你找到了最喜爱的"有趣反派独白"！

即便按照最乐观的估算，地球蕴含的所有黄金，质量也不过相当于整个地核质量的百万分之一左右，但至少确实存在这么多。就目前的情况来说，地球储备的几乎所有黄金——大约 99.5%——都没有被探明，其中有一部分就处于内地核与外地核中。因此，如果你能抵达地核，那么所有黄金都归你了（还有所有银、铂，以及其他位于地核处的贵重金属）。好了，你已经找到了完美的人质、完美的动机以及完美的储备金计划。

说到这里，我们还应该强调，除了地壳、地幔和地核这三大部分之外，地球地质结构中还有很多亚层，尤其是上述各主要地层结构之间的边界区域。不过，目前我们只需要关注地球的基本内部结构，足以据此劫持"人质"——地核——并且获得藏于其中的秘密黄金。

现在，你要做的就是挖穿地球。

一般人的一般计划

截至本书写作时为止，全世界最深的洞是已经废弃的科拉超深钻孔。它位于俄罗斯科拉半岛，在北极圈的北部。科拉超深钻孔直径 23 厘米，于 1970 年 5 月动工，当时的目标深度是地下 15 000 米。到 1989 年，苏联科学家已经成功挖到了 12 262 米，但他们发现无法再更进一步了。原因主要有几个。第一，随着深度的增加，温度上升的速度远超他们的预期。他们原本预计在这个深度处的温度应该在 100℃左右，但实际却达到了 180℃。高温毁坏了他们的设备。另外，这一深度处的岩石类型以及高压，使得此处的岩石产生了可塑性。只要科学家为了保养或维修而移除钻头，附近的岩石就会流入刚钻出来的洞，把洞重新填满。想要继续深挖的努力持续了数年，但深度怎么也突破不了 12 262 米。科学家只能被迫得出结论：当时没有任何技术可以继续往下挖。随着 1991 年苏联解体——当然不是因为挖洞的原因——科拉超深钻孔工程也在 1992 年停工，整个建筑工地都被关闭。1995 年，就连留在地表的洞口都被焊接封死。如今，科拉超深钻孔旧址已经被彻底废弃，现场一片狼藉，但它仍旧保持了挖洞最深的纪录，12 262 米。要知道，从地表挖到地心，大约要挖 6 371 千米，12 262 米还不到这个距离的 0.2%。

这就是问题所在。

不过，科拉超深钻孔已经是 20 世纪 90 年代的事情了。自那之后，人类又挖了不少洞。国际海洋发现项目（IODP）就有一个计划，目的在于挖穿最薄的海洋地壳，以期穿透地壳挖到地幔，从而采集到第一个地幔样本。然而，这个预计需要耗费 10 亿美元的项目至今没有成功。饶是如此，为这一项目建造的钻探船地球号还是短暂保持过人类在海洋中挖洞的深度纪录（海平面下 7 740 米！）。这个纪录后来被深水地平线号钻井平台打破，它挖到了海平面下 10 683 米处，只不过后来爆炸了。[①]

这里提供的所有证据都指向一个令人失望的结论：人类目前挖的最深的洞也远远达不到我们的要求。可即便就是在这样浅的地方，环境温度就已经过高，附近岩石的可塑性也已经太强，无法继续深挖下去了。

然而，挖上面这些洞的都不是超级大反派，而是科学家。科学家这个群体很大程度上要受"道德原则"和"社会公德"的束缚。对于超级大反派来说，解决上述问题的方法显而易见。如果挖到一定深处后，岩石的温度过高，高到了足以毁坏设备并且可以迅速填补刚挖出来的洞的程度，那么为什么不把洞口挖得更宽一些，宽到岩石的一些小规模运动不至于造成毁灭性的后果？同时，这么做也可以让岩石冷却、凝固，不至于迅速填没刚挖出来的洞。为什么不放弃苏联科学家挖出来的那种直径只有 23 厘米的小洞口（国际海洋发现项目挖出来的洞尺寸也差不多）？为什么不尝试一下更大的洞？为什么不更大胆一些？

比如一种类似露天矿井的超级大洞？

这样的矿洞可以把岩石运动造成的影响降到最低，因为洞挖得越大，可供岩石运动的空间就越多，我们的反应时间也就越多，就越容易在它们造成问题之前采取措施。另外，你可以利用最方便获取的冷却剂之一——水——来保持岩石的低温和坚固。一旦接触到灼热的岩石或岩浆，水就会变成水蒸气，把热量带到大气层中，并自然向外扩散。与此同时，岩石的温度就可以降低，于是它们就会保持固态，方便你继续钻孔。当然，这需要大量的水，但好消息是，地球表面的 71% 都是这种物质。

因此，如果你在海边开一口足够大的露天矿洞，然后建造一座大坝，方便水流入这个矿洞，按照需要冷却岩石，那么你就成了人类有史以来最深（无论是字面意思还是比喻意思）矿洞的主人。聪明的我们还可以更进

---

① 好吧，严格意义上说，爆炸并没有立即发生。深水地平线号在 2009 年 9 月打破了海平面下的钻孔深度纪录，在 2010 年 4 月爆炸……两天后，这个钻井平台彻底沉没，同时创下了另一项世界纪录：人类历史上最大的海洋石油泄漏事件。

一步，利用冷却灼热岩石产生的水蒸气推动涡轮机，从而产生更多动力用于钻探。为此，你需要建造一台蒸汽机，而它的动力就是地球本身几乎取之不尽、用之不竭的原初热量。

科学与反派结合的力量告诉我们，挖洞时遇到的困难，多半是因为洞挖得太窄了，把洞挖大一些就能解决

露天矿的确切尺寸取决于挖的是什么矿。但无论如何，所有露天矿的形状都是不规则的锥形，也就是越接近地表，矿洞的直径越大，越靠近底部，直径越小。目前全球最大、最深的露天矿是位于美国犹他州的宾汉姆谷铜矿。自1906年投入使用以来，这座露天矿已经在地壳中产生了一个宽约4 000米、深约1 200米的矿洞。[1]以此为根据，粗略推算，就可以得到下面这张表：

---

① 宽度深度比（宽深比）3.31，即每往深处挖1千米，地表上的洞口就要变宽3.31千米。露天矿洞的宽深比各不相同，但如果我们重点考察那些最深的矿洞，会发现它们的宽深比大致相似。全球第二深的露天矿是智利的丘基卡马塔铜矿，宽3 000米，深900米，宽深比3.33。第三深的是埃斯康迪达铜矿，同样位于智利，宽2 000米，深640米，宽深比3.13。虽然这些露天矿洞的建造目的只是为了"发现矿物"，而不是"尽可能往深了挖，以便某人可以劫持地心作人质"，但它们的确可以给我们提供合理的参考，以便大致估算要把洞挖得多大。

一座露天矿洞，深度可以触及地球哪一层的底部	这座露天矿洞深度必须达到……	地表宽度必须达到……
地壳	35 千米	116 千米
上地幔	670 千米	2 215 千米
下地幔	2 890 千米	9 554 千米
外地核	5 150 千米	17 025 千米
内地核	6 371 千米	21 061 千米

一组凶险无比的数字，如果有人问你正在看什么，你应该立刻把这些数字遮起来，并且表示："什么都没看！"

……我们在这里会遇到另外一个问题。按这个方法，光是想要挖到地壳底部，就需要一个地表直径超过曼哈顿岛长度 5 倍的大洞，比人类有史以来挖过的所有坑都要大十几倍。这样的一个大坑，即便是在太空中都能轻松发现。要想挖到下地幔底部，那这座露天矿坑直径就要达到地球直径的 75%。最后，如果要挖到内、外地核，需要的露天矿洞直径甚至超过了地球本身。

就算你真的可以把几乎半个地球变成一个露天矿坑，使用海水冷却熔岩和岩石时产生的水蒸气也将煮沸所有的海洋，并且把整个地球变成一座桑拿浴场，彻底破坏地球气候，摧毁食物链，威胁到生活在这颗行星上的所有生命。而这甚至还没有到劫持地核作为人质的阶段，更不用说挖出那些埋藏在地核中的隐秘黄金了！还有，无论你在哪个国家的国土上实行这个计划，当地政府都绝不会允许你把他们的国家变成一个大洞。于是，问题就变得更加严重了。另外，实施这个计划还需要难以想象的时间、能量、金钱。不仅如此，一旦你把这些岩石都挖出来，要把它们放在哪里？对任何人来说，不管他多有钱、多有野心、多有能力，挖这么大的一座露天矿，都不太符合现实。

因此。

这就是另一个问题。

你的计划

虽然很难以启齿，但我还是要说，就现在的技术条件而言，无论是谁，无论他多有钱，哪怕他能抽干全球所有的海水用于冷却熔岩，他也绝对没有办法把洞打到地心。到了这一步，你的野心已经超过了我最疯狂、最邪恶的计划，超过了这世上最坚固和最耐热的材料。相比于打洞打到地心，实现永生这个目标（参见第8章）可能反倒更容易实现。把洞打到地心真是不可能完成的目标，完全不可能，根本没有任何办法。

缺点

真的真的完全没有希望。虽然我也很不愿意承认，但即便是最疯狂的科学幻想，也无法实现这个目标。

我很抱歉，我也无能为力了。

……但也只是对这个计划无能为力而已！

不过，每一位优秀的反派人物总会有一个备用计划，一个能在即将失败的最后关头夺取胜利的计划。毕竟，如果你一心想要挖洞挖到地心，并且愿意为之竭尽全力，满足所需的任何要求，进而变得比迈达斯、盖茨和卢瑟①更加富有，我又怎么能阻止你呢？

---

① 迈达斯是希腊神话中的弗吉尼亚国王，非常富有。卢瑟是DC漫画中的一个超级大反派，同时也是超级大富翁。——译者注

备用计划

你只要安全地待在地壳中就能规避地下热量和高压的问题——只要待在我们已知可以挖到的深度范围内就可以了。另外，我们也完全可以规避把地核劫持为人质可能引发的任何法律问题：只需要把进入你挖的这个洞的权利合法授予各大公司和超级富翁就可以了。他们会很乐意为这种特权付出高昂的代价。为什么？

因为我们不是要向下挖，而是往两边挖。我们挖的不是黄金，而是信息。和隐藏在地核里的失落黄金不同，信息这种矿物真的永远不会枯竭。

这一切都与股票交易有关。在 20 世纪中期，股票交易必须在交易大厅内进行——那是真实存在的、有物理实体的股票交易大厅——所有人都要在那里向交易员喊出买卖报价。那个场面很是嘈杂和混乱，但从理论上说，这种机制确保了交易大厅中的每个人都有同等权利获取同样的信息。这种场内交易方式后来被电话交易替代，电话交易最后又被电子交易取代。而电子交易就是如今大多数证券交易所的运作方式。就当时的情况来说，电话交易和电子交易都可以被定义为原始场内交易的更高技术版本。不过，随着交易方式的变化，一些微妙的现象出现了：交易从交易所内转移到了交易所之外，而在交易所之外，并非所有人都有同等权利获取相同的信息。

事实证明，可以利用这种信息差赚取海量的金钱。

显然，如果你知道了其他所有人都不知道的股票交易信息，你就可以用这种信息差来赚钱。在电信行业崛起之前，这种信息差往往来自上市公司内部人员泄露的消息，比如一份即将公布的公司年度报告，上面展示了出乎所有人意料的亏损情况。当你知道不利于某只股票的信息时，你就可以在所有人还不知道要抛售时，把这只即将下跌的股票抛掉，从而避免损失。或者，反过来说，当有利好某只股票的消息出现时，你就可以在所有人都还不知道它要暴涨的情况下提前买入。这就是所谓的"内幕交易"。这是非法的。[①]

　　然而，问题的关键在于，如果某种信息是生活在世界某处的人都知道，但在另一些地方却不为人知的，你利用这个信息差来牟利，一般来说并不触犯任何法律。

　　举个例子，如果你生活在 1860 年 9 月的旧金山，并且通过某种方式得到了来自纽约的某种可以改变世界的消息——就假设给你送来这条消息的是"驿马快信"吧，在电报发明之前，这个以快马接力的方式在全美国范围内递送邮件的系统是速度最快的了——那么哪怕你周围的人当时都还不知道这个消息，你也完全可以合法地利用这个信息来牟取暴利。你能利用这个信息差牟利的时间窗口可能很短暂——或许只有几个小时，等到下一匹快马把这个消息传给当地的其他人，窗口就关闭了——但只要你有能力，就一定可以加以利用。

　　当然，在今天的世界，信息传播的速度非常快，可以利用信息差牟利的几小时时间窗口已经不复存在。然而仍旧存在那么一些短暂的窗口，你若是早别人一步得到重要信息，就可以以之牟利，哪怕这个窗口短到以毫秒计。举个例子，如果你能比其他所有人早那么几分之一秒得到重要的股票信息，那你就可以在这个时间窗口关闭之前买卖股票，进而大赚特赚。

　　当然，几分之一秒实在是太短了，完全不够人脑反应，所以我们就得为股票交易编制程序，使其按照特定的标准自动做出决定。这个过程的最终版本就是所谓的"高频交易"，也就是利用编写好的程序为你购买股票，有时只持有几毫秒，就又把股票卖了。这其实就是古老商业原则低买高卖的现代版本，只不过现在相邻两次交易的间隔已经短至以毫秒计。而实现这种高频交易的工具则是那种运算速度飞快、快到竞争对手还来不及反应就利用信息差买卖股票的软件。举一个简单的例子。如果在多伦多，只有你的程序知道纽约有人希望以每股 10 美元的价格买入某只现售价为 9.95

[①] 作为超级大反派，我们显然都知道惹麻烦总是难免的，但能避免不必要的法律纠纷总是好的。

美元的股票，那么它就可以在纽约方面的订单到来之前先行买入，稳赚每股 5 美分的差价。虽然每次交易利润微薄，但是这个程序一秒钟可以做数次这样的交易，一天可以做几百万次，就可以在几乎没有任何风险的情况下为你赚取数十亿美元——因为从效果上说，你的程序可以看透未来，可以在别人还不知道某些重要信息的时候，就采取行动。

所以，你现在要解决的问题就只有：如何赶在其他所有人之前知道全球各地股票交易市场上的情况。

就目前的情况来说，股票交易所之间的信息通过光纤电缆传输，而信息本身就是以光的形式传输的。这意味着，如果能在股票市场到交易员之间搭建一条更直接的光纤线路，那它就可能成为一座金矿。2010 年，一家名为"传播网络"的公司找到华尔街金融市场，透露他们在过去一年里秘密修建了一条新的光纤线路，用以连接芝加哥商品交易所和纳斯达克新泽西证券交易所旁边的数据中心。人们铺设电信线路时大多采用成本最低的方式，比如沿着铁路线或是绕山排布。与此不同，"传播网络"宣称，他们这条全新的 38 毫米塑料管地下光纤电缆走的是尽可能直的路线，甚至会直接穿过山脉，而不是绕山排布。为了保密，施工方用了许多空壳公司，名字也是各种各样但都枯燥乏味，比如"东北智能交通运输系统"和"工作 8"。与这些公司签约的工人也不知道为什么要建造这条隧道。公司方面只是告诉他们，"客户"希望隧道越直越好。另外，如果有陌生人在工地附近徘徊或者热衷于打听工程方面的问题，工人们都要向主管报告。毫无疑问，保密工作起作用了：这条 1 331 千米长的隧道建成时，也没有人意识到它的用途。完工后，这条新的光纤线路比连接芝加哥和新泽西的其他任何线路都要短至少 160 千米。因此，"传播网络"现在可以以全宇宙最快的速度在这两座城市之间传递信息。

这家公司高调宣扬，"信息从芝加哥到新泽西的往返时间已经缩短到 13 毫秒"，比第二快的光纤线路快 1.5 毫秒以上。此外，他们的光缆带宽也足够大，可以供 200 人同时连接。结果，"传播网络"很快发现，很多公司不仅愿意为这条新线路付费，而且还愿意付更多的钱确保其他人没有这条线路的使用权。线路使用费用方面，如果客户的付款方式是事先一次性付清，那么 5 年租约的总费用为 1 400 万美元[①]；如果客户采用分期付款的方式，那么费用就会上涨到接近 2 000 万美元。这意味着光是前 5 年，"传播网络"公司就能赚取至少 28 亿美元。

而整条线路的建造成本只有 3 亿美元。

值得强调的是：这种方案以前已经成功实施过，而且都合法[②]并且确实能盈利。

不过，虽然光纤电缆以光的形式传输信息，但它的传播速度其实不如光。光在不同介质中的传播速度不同。光纤电缆中的光传播速度大约是最高速度（真空中速度）的 70%。这也相当快了，但并没有快到无敌。这就是为什么如今股票交易所之间的信息通常使用微波发射器来传输。这种发射器的缺点是，它们只能沿着"视线"工作——每个发射器必须沿着唯一一条传播链精确地匹配下一个接收器，并且收发信号的器件所在环境都必须确保没有干扰，这意味着恶劣的天气会导致它们瘫痪——但它们的优势无可比拟，可以以比光速的 99%略快的速度传输信息。换句话说，由于光速是宇宙中任何物体可能达到的最大速度，这种传输方式的速度超过理论最大值的 99%。

不出所料，这些微波传输链也是秘密建造的，目的当然是为了赚尽可能多的钱。英国伦敦和德国法兰克福之间的微波传输链由一家名为"珀尔修斯电信"的公司秘密建造。公众之所以知晓此事，只有一个原因：2013年，珀尔修斯电信公司的一个竞争对手也建立了自家的微波传输链并公开

---

① 接入线路的费用是 1 060 万美元，但每个客户还需要购买并维护自家的信号放大器，安装在光缆沿线的 13 处地面站点，因此，每个用户需要支付的总费用就是 1 400 万美元左右。

② 之所以合法，是因为传播网络公司同光缆沿线的小镇、县城以及私人实体达成了大约 400份协议，这才从他们那儿获得了许可，可以在他们的土地下面挖隧道。如果你这个超级大反派不想碰这些法律条文，那就秘密挖掘！

募求客户，这导致珀尔修斯电信披露了他们一直在运行的私人网络，并且同样开始公开招揽客户。

然而，即使是这些由地下光纤电缆和地面微波发射机组成的最先进、最快速的传输网络，也有一个共同的弱点：它们都必须遵循地球的曲率。请记住：虽然你脚下的地面看起来是平的，但它其实有一个非常小的弧度，因为我们都站在地球上，而地球是银河系中的一个由岩石和金属构成的大球。地球的曲率通常不会对个人产生影响，但如果上升到全球尺度——比如两座城市之间的距离——地球曲率的因素就变得非常重要。虽然两点之间直线最短，但沿着地球表面走出来的线并不是直线，而是曲线。两座城市之间（以及这两座城市的证券交易所之间）真正的直线需要径直穿过地球。因此，我们可以建造一条定制的地下隧道，让信息以尽可能快的速度（沿直线）在这两个地点之间传播。

这个方法会受到距离的限制。如果需要连接的两个地点相距过远，那么需要挖掘的地下隧道的深度会超过我们人类能够达到的极限（12 千米左右）。按照计算，地球上任何两个相距超过 790 千米的地点都会触及我们挖掘技术的极限。甚至，在接近这个极限之前，你可能就会遇到困难。但恰好，全球第 9 大证券交易所——2020 年市值为 3.1 万亿美元——是位于加拿大多伦多的多伦多证券交易所。而全球最大的证券交易所——2020 年市值高达 25 万亿美元——是纽约证券交易所。这两个交易所相距仅 550 千米（地表距离），直接连接两地的地下隧道长度仅有 549.8 千米。而且，这条隧道最深处也不过到地下 5.9 千米，还不到技术极限的一半，用苏联时代的钻探技术就能搞定。

如果在这条隧道中铺设光纤电缆，那么信息从多伦多到纽约的往返时间仅为 5.3 毫秒。你最大的竞争对手可能是"跨湖光纤"，他们在 2019 年将光纤电缆铺设在了安大略湖底部，以尽量减少信息在多伦多和纽约之间的传输时间，他们实现的最佳往返速度是 9 毫秒。实际上，即便是在地表沿直线铺设从多伦多到纽约的光纤（这是最理想的状态了），信息往返的传

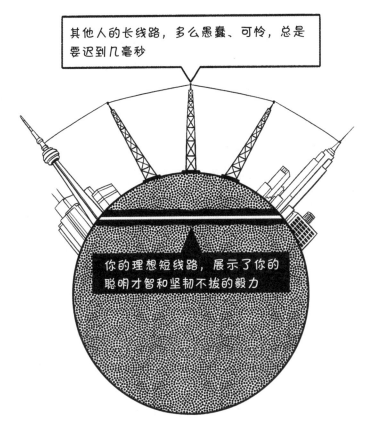

你的反派计划的伟大胜利。还是要补充一句：图中的地球以及你的才华，都不是按比例绘制的

输时间也要比你慢 0.002 毫秒。当然还有一个更大的好消息，那就是：这种理想的地表铺设方案根本就没有实现。如果在你的理想隧道里安放微波发射器，那么信息往返时间还可以压缩到 3.7 毫秒——由于隧道不受天气影响，即便是大雨天或大雪天（足以干扰地面上的微波发射器），微波发射器也能工作。[如果你想在传播网络公司自己的主场打败他们，你就需要在纽约证券交易所与伊利诺伊州奥罗拉（传播网络公司数据中心所在地）之间建一条直接穿过地球的隧道。这会是一个艰巨的挑战，已经逼近技术极限了——这条隧道的长度会达到 1 200 千米，最深处会到地下 12.18 千米，也就是深度达到苏联人挖的科拉超深钻孔的 99%——但在这条隧道中铺设光纤，

会比传播网络的传输速度快 1.4 毫秒。如果改用微波，还会再快 3.5 毫秒。]

现在，你——而且只有你——会比地球上的任何人都早几分之一秒知道另一座交易所发生了什么，以及在那座交易所内部进行的价值数万亿美元的交易。金矿会被开采殆尽，甚至地核也可能会被开采到枯竭，但贸易却和人类一样古老。物理定律阻止了任何人在两座城市之间像你一样快地传递信息——除非他们也设法冒险建造了一条类似的隧道。[①]

目前，地球上最长的两条隧道是美国的特拉华输水管道（长 137 千米，直径 4.1 米）和芬兰的派延奈输水管道（长 120 千米，直径 4.5 米，挖穿了坚固的基岩）。你的隧道比它们更长，但考虑到这两条管道的宽度，你实际要挖掘的土地要比它们少得多。在多伦多和纽约交易所地下建造一条直径 23 厘米的隧道，只需要挖出 22 843 立方米的岩石和泥土。相比之下，上面提到的那两条输水管道每条都需要挖掘 180 万立方米的岩石和泥土。因此，这项计划虽然需要时间和金钱，但绝非不可能。

事实上，情况要远好于"绝非不可能"。这个计划很大胆，很无畏。而且，它是合法的，至少，它为你自己和其他有权有势的人赚的钱应该足够推动它以合法的姿态冲过终点线。此外，因为这个计划涉及在地表下挖一条秘密隧道——必然会跨越国界——而目的只是为了利用周围没有人知道的信息，无限操纵股票市场，从而让自己变得富有，所以这绝对有超级大反派的范儿。

看到了吗？这本书已经为你赚回了封底所标的价格，而你甚至连一半都没读完！

如果不幸被捕，可能面临的后果

到目前为止，这种高频交易的行为虽然在美国和许多其他国际股票市

---

① 为了保证只有你一个人知道这个计划，最好把市面在售的本书全部买下来，别让其他人买到。

场广受批评，但还没有被认定为非法，所以欢迎你加入这个可行的商业计划。只要你所做的一切都合法，你就不会被捕。

不过，即使合法，也不意味着它总是可行。有一家股票交易所——在新泽西运营的投资者交易所（IEX）——就是专门为从源头上杜绝以你为代表的所有高频交易员利用时间优势而设计的。IEX与纽约其他交易所之间都由专属光纤线路直接连接。从IEX发出的信息最多只需要320微秒就能传输到全世界。同时，每个交易员使用的光纤电缆都比真实需要的长：实际上长了有61千米。在IEX服务器仓库内，这些冗余的光纤电缆紧紧盘绕在一个盒子里，以确保交易员接到的消息至少有350微秒的物理延迟。这样一来，所有交易员接收信息的速度都不可能超过市场本身，IEX有效——且自发——地破坏了我们"比其他所有人更快获取信息"的股票市场捞钱计划。[①]

幸运的是，自2013年推出以来，IEX的市场份额从未超过3.4%，最近的交易量占比甚至低于2%。

显然，美国股票交易员对杀死这只正在为他们——而且很快，也会为你——赚大钱的会下金蛋的鹅并不特别感兴趣。虽然目前被广泛使用的系统的确不公平——有一些高频交易员吹嘘他们在大约5年的时间里没有一天亏钱（这几乎是不可能的，除非你知道很多别人不知道的事情）——但从社会角度来看，利用时间差交易仍然是一种大家都接受的赚钱方式。很好，我们都不用再担心了！可能有人会争辩说，这种方式阻碍了交易，提高了价格，并像寄生虫一样每年为自己吸取高达220亿美元的利润，同时并没有为人类文明做出任何实质性贡献，还催生了诸多荒谬且毫无意义的大型电信项目，但这些人肯定都不拥有直接穿过地壳的私人秘密隧道，所以，他们知道个屁！

---

① 当然，这绝对不是完美的解决方案，现实情况是：总有某些人会先于别人收到信息。不过，这的确可以限制信息仍在传播时所有人可以完成的交易数量，从而限制利用这个时间差获取的利润，也就抑制了我们的这个计划。

说到隧道，隧道当然可以合法建造，甚至可以跨越国界。而且，事实是，你的隧道——不，应该说数据通信走廊——实在是太小了，小到连一个小孩都无法容纳，当然也不可能用于走私或贩卖人口，这是一个优点。什么？你在没有得到许可的情况下就开始挖隧道了？嗯，在未经许可的情况下铺设电缆应该也判不了终身监禁。《美国法典》第18篇第1部分第27章第555节"边境隧道和通道"规定："任何人在知情的情况下建造或资助建造穿越美国与另一个国家边界的隧道或地下通道，应根据本条款处以罚款和不超过20年的监禁。但经国土安全部门合法授权并接受移民和海关执法部门检查的除外。"瞧，20年刑期已经是最严重的判罚，而且这项法律更关注那些偷运"外国人、货物、受管制物品、大规模杀伤性武器或恐怖组织成员"的人，而不是传送股票价格这种可公开查询信息的人。此外，隧道一般很难被发现——即使是那些大到足以让人通过的隧道，也同样如此——所以一旦建成，它就相对安全了。

最后，有一些先例表明，建造秘密隧道是可以被法律原谅的，至少当隧道的进出口都在同一个国家时是这样。

2015年年初，有人在多伦多的约克大学校园附近发现了一条深3米、宽1米、高2米、长十多米的隧道。这条隧道的秘密入口是一名公园工作人员发现的，它隐藏在一层波纹钢板下，而钢板又隐藏在一堆泥土中。这条隧道造得非常专业：顶部由粗木梁支撑，由水泵排水，有防潮灯，甚至在大约10米外的独立隔音地下室里还藏有一台发电机，通过埋在地下的延长线为隧道供电。这条秘密隧道显然魅力四射——建造隧道的工程显然并不容易，成本也绝对不低，但看不出有什么明显的意图——所以，在加拿大、美国甚至英国都有报道。

后来，在警察把隧道填好并向公众保证没有发现任何犯罪行为后，当时22岁的天才建筑工人埃尔顿·麦克唐纳（Elton McDonald）透露，他是这条隧道的建造者，并出示了隧道施工时的照片。他说，这条隧道是他和朋友建造的一个休闲洞：里头冬暖夏凉，他们可以在里面舒舒服服地待着，可以在里面用笔记本电脑看电影或听音乐。他们甚至还在隧道里烧烤。不过，隧道其实还没有完全建完：按计划还应该有两个更大的房间，其中一个房间会在未来某个时间装上电视。麦克唐纳从 2013 年开始出于兴趣建设这条隧道，而且用的完全是自己的业余时间，直到最后被发现。

在警察填上这条用来聚会的隧道后，麦克唐纳表示失望，但也发誓要"再挖一次"。不过，这一次，他会在自家土地下建隧道，时间则是要等到攒够钱买下一片土地之后。

既然隧道工程师埃尔顿·麦克唐纳没有因为建隧道而受到惩罚，那么你也不会。

行动纲要

初始投入	可以期待的潜在回报	完成计划的预估时间
3 亿美元（较浅的线路）至 10 亿美元（较深的隧道）	至少每年 4.24 亿美元。考虑运维费用，那么净回报要低一些；如果只是自己使用，而不外租，那么净回报还会多一些	少于 10 年

6

时间旅行

如果你一定要知道些什么，那就记住，最艰难的任务是只活一次。

——王洋（越南裔美国诗人），2016 年

虽然我已经竭尽全力，也做了很多工作，但我还是没有实现哪怕一次时间旅行。我只能老老实实地沿着时间本来的速度向前，一秒就是一秒。

如果这种情况发生了变化，我将回到过去，在这本书付印前加以调整，从而确保每一本书都能自动更新。

请定期查阅本章。

行动纲要

初始投入	可以期待的潜在回报	完成计划的预估时间
待定	待定	一旦成功，想要多少时间都可以

毁掉互联网，拯救所有人

我们有太多手机了。我们有太多网络了。我们必须摆脱这些机器。

——雷·布拉德伯里（Ray Bradbury），2010 年

在一代人的时间跨度内，互联网已经发生了极大的改变（即使对我们这些超级大反派来说也是如此！），它从某种你热切期待的东西变成了某种对我们许多人来说必须永远开启、无所不在、生活中必需的东西。无论是在工作，还是在家里，我们都离不开联网的机器。我们外出时，就得在口袋里放一台便携式联网机器，以防不时之需。我们通过互联网赚钱、花钱、结交新朋友、认识陌生人，用互联网叫外卖并且付钱。我们在互联网上与朋友和家人保持联系，我们在互联网上找到陪伴、爱情和性爱，我们在互联网上发布各种讨厌上班用电脑、期盼到家玩电脑的段子。我们在互联网上登录各种社交平台，与世界分享我们独特而美好的想法。也正是在互联网这个空间里，我们意识到，上述这一切的代价是经常接触到地球上最愚蠢人类的那些毫无来由的想法。而且，等到我们意识到这点时，为时已晚。

互联网是一个充满流言蜚语、错误信息、仇恨暴力、匿名威胁和集体骚扰的地方。别有用心的人会翻看几十年前的旧帖子，只是为了有机会找到一些可以诋毁你的东西。这是一个充满了骗局和诡计、连环信和多层次营销、操纵和影射、盗窃和监视的地方。这是一个什么都保存、什么都不

会遗忘的地方，但它仍然有办法把你的表兄妹变成阴谋论者，把你的侄子变成纳粹分子。

虽然性格温和的人可能会坐视这些事情发生，因为"互联网很重要"，"我们现在不能没有它"以及"我又能怎么做"。不过，你可不是什么性格温和的人，你是一个超级大反派。该死，你绝不会任由书呆子创造（最初也是为书呆子创造）的计算机网络摆布。当然，你在某些时候肯定会想知道情况会不会以某种方式好转，比如整个"互联网"就这么……消失了。

觉得不可能，对吧？

我们来看看究竟如何。

背景

我们认为，从某种角度上说，互联网是无形的，高于我们所有人生活的琐碎现实。不过，无论是最花哨的网站、流媒体平台、订阅服务，还是只有坏人的约会软件，也都只是在物理硬件上运行的软件。无论我们如何从概念角度抽象出实际运作的机器——如今我们有许多互联网服务在虚拟服务器上运行，而这些服务器本身又都在"云"上运行。所谓"云"，就是一组计算机，它们起到了全球分布式计算平台的作用，供任何愿意为之付费的人使用——你曾经在线阅读过、观看过或收听过的所有内容都来自特定的物理硬件，它们可以响应你的个人要求。互联网的基本原理自发明以来就没有改变过：曾经是两个机构之间简短而单一的连接线路，现在是总长超过120万千米的电缆，连接着分布于地球各个大陆的数十亿台计算机，但从原理上说，互联网的工作基础仍然只是在机器之间传输信号，而那些机器也只是我们为了更快地做算术（相比在大脑中运算）而建造的带电金属。

这就是互联网的工作原理。

在计算机诞生之初，它们彼此之间常常是直接对话的：你的机器会直接连接另一台机器，就像在上锁的房间里与某人一对一谈话一样。显然，这并不那么令人满意。所以，我们设计并构建了更大的网络。这片网络中，我们轻轻松松就能同时与多台机器对话。于是，我们现在不再像是和一台机器共处于一个上了锁的房间了，反而像是所有计算机都挂在一个大游泳池里，在那里，它们可以同任何感兴趣的人视频、聊天。这是一个完美的类比，目前不接受任何反驳。

一个完美的类比

然而，这还不是互联网，因为这些早期网络解决"住在不同城市的两人如何互相交流"这个问题的方式要比如今真正的互联网原始得多。早期计算机网络的设计灵感来自更早出现的电话网络，这种网络使用固定的线路来传输数据。举个例子，如果你生活在彼时的洛杉矶，并且希望同我在纽约的总部联系，你打出的电话就会由一位洛杉矶接线员转接（最早的时候，这位接线员会以物理方式移动总机里的电线以接上你的电话）到拉斯维加斯（只是举个例子，未必真的如此）的相应电话站，接着再转接到阿尔伯克基，再到堪萨斯城，再到芝加哥，再到纽约，最后终于接上直接与我办公桌上电话相连的那根线。在这个过程中的每一步，每一位接线员都知道这通电话从那座城市来，到这座城市去，需要用到整个网络中的这条线路，就像我们刚刚看到的从洛杉矶打往纽约的那通电话一样。当一切都完美运行时，这种系统的确很棒。但是，只要阿尔伯克基出了问题，那么所有要经过这座城市的线路都会崩溃，直到阿尔伯克基的问题解决了为止——通常是由一位工作人员人工重接线路。这意味着站点的使用率越高，负荷就越大，一旦出现问题就会导致网络中的更多区域瘫痪。因此，这样的计算机网络都很脆弱，彼时的美国政府就想组建一个更可靠的通信中心，一个可靠到即使阿尔伯克基被核弹摧毁也能正常工作的网络。见鬼，他们竟然想要一个即使美国大部分区域都被核武器袭击但仍能保证通信的网络。

于是，阿帕网（ARPANET）诞生了。阿帕网是互联网的前身，它的基本结构就带有冗余（机器、系统等部件发生故障后的替代装置）。在阿帕网中，信息的传递不需要某个监管者（比如接线员）确定固定路线，而是通过一个叫作"分组交换"的过程。借助分组交换，任何信息都不再以整体形式在预设的路线上传输，而是被分割成一个又一个小部分，也就是"分组"（又称"包"），每个分组都经由自己的路径抵达终点。这个系统并不保证每个包都能抵达目的地，更不用说保证它们按照顺序抵达了，但互联网协议解决了这个问题，也就是把每个分组封装在虚拟信封内以作识别之用（从效果上看，信封上就像是写着："嘿，你好啊，我是来自那台计算机的这条信息的总共 9 个部分中的第 7 部分"），然后确保收件人可以要求重新发送任何丢失的分组。这样一来，即使阿尔伯克基被核武器攻击（或者——通常更有可能发生的是——如果你使用的那台通过阿尔伯克基传输消息的计算机发生了故障），你也仍然可以通过其他路径接收消息。任何出了故障的计算机都会被自动绕过。这样一来，即使大部分系统都遭到破坏，系统整体也能保持连接，即使目的地只接收到了一个信息片段，也能启动恢复全部消息的进程。

这也意味着，我们这些希望破坏互联网的超级大反派面临着一个艰巨的挑战：必须找到方法摧毁这张恢复力极强的机器网络——这张网络在设计之初就是为了即便遭受核弹攻击，也能正常工作。这工作听起来可太适合我们超级大反派了……

……要不是过去几十年里民用互联网的发展，这就真是不可能完成的任务了！

关于人类通信的数学证明

　　说到重发丢失数据，有一件趣事：在一个信息可能丢失的网络上，你永远不能百分百确定借这个网络通信的两人看到的信息完全相同——即便实际发生的传输过程没有丢失信息！

　　举个例子。假设你想要发一条重要信息："嘿，宝贝，你喜欢反派人物吗？我就是个反派，而且偶尔还会玩接吻！！！"你完全可以发送这条信息，并且睿智地要求接收方发回回执，好让你知道信息发过去了。很简单，对吧？好，就假设一切顺利：对方收到了你的消息，并且发了回执。等到你收到了回执，你的确可以确定他们收到了你发送的"可供接吻反派人物"信息。但是，接收方不知道你知道他们收到了信息，因为他们发的回执可能没有到达！为此，你要给他们也发送一条"谢谢，回执我收到了"的消息，等到接收方收到后，他们就知道你知道他们收到了一开始的那条信息。但是，现在又有一个问题：你不知道接收方有没有收到你发的那条回执……这个循环永无止境。显然，摆在你面前的只有两个选择——而且已经通过了分布式计算的穷举数学证明——要么就把余生花在不断发送回执的回执（的回执的回执……）上，不停歇地为那个看似简单却根本无望实现的目标（信息发送方和接收方均百分百确定双方对世界的认识相同）而努力；要么就坦然接受我们在互联网这个堕落国度永远无法真正了解彼此的残酷事实，然后继续生活。

　　关于分布式计算的类似证明还表明，如果网络上有超过1/3的用户喜欢在网上撒谎，那就绝对无法达成任何共识（也就是所有网络用户对某件事的看法相同）。总之，这就是另一个关于计算机网络的有趣事实，而且说不定还能应用到真实人类社会场景中，谁知道呢？

一般人就能想到的一般计划

由于互联网线路具有强大的恢复力，我们知道，切断几根电线——甚至扔一颗核弹炸毁整个城市的电线——都不足以摧毁互联网，未受影响的机器会自动绕过受损的线路。不过，虽然互联网最初是一个由独立机器组成的去中心化网络，但在过去的几十年里，互联网越来越集中在少数几家公司手中。

我在前文中提到了"云"，也就是一堆连接在一起的计算机，形成一个整体的计算平台。借助云计算平台，你可以获取一台物理计算机（就像你桌子上的那台一样）的计算能力。如果你愿意多花一些钱，你就可以拥有数百台计算机并行工作的计算能力。对于负责维护网站的人来说，这非常有吸引力。如果网站建在一台物理计算机上，那么只要有一个硬盘损坏就意味着灾难和网站崩溃。然而，如果你的数据备份在大量冗余的计算机组成的机组中——这些计算机一道工作，整体上表现为一台虚拟机——那么一个硬盘损坏仅仅意味着一台计算机停止服务，空缺会由其他计算机填补，你甚至不会注意到那台计算机坏了。每月支付一定租金（你可以根据对计算能力的需要随时调整租金的多少！），你就可以让别人来负责所有那些切实的艰苦工作，让别人去维护和修理物理硬件。借助这个高恢复力的虚拟平台，你就可以集中精力思考更有趣的高级内容，比如"我今天应该在我的秘密邪恶食谱博客上发布什么"，相信其他一切都可以正常工作。这个架构确实很有吸引力，所以现在全球许多主流网站都在一个或多个私有的云服务器上运行。当然，这些云服务器本身很复杂，启动成本也很高，所以通常只能由亚马逊和谷歌等大型公司建设并提供服务。

这就给我们提供了切入点。

只要抽掉亚马逊和谷歌的云平台，就不仅能击溃这些公司，也能让现有互联网的一大部分崩溃。（如果你是在谷歌公司或亚马逊公司内读这本书，请保持冷静，不要有什么异常举动。当然，最好也不要在这个页面上停留太久。）

你可以时不时地体验一下大型公司的云平台停止服务后的互联网是什么样子。2020 年 11 月，亚马逊的云主机（AWS）所在的 23 个区域数据中心中有一个因故障停机，影响了各种互联网应用程序，包括 Adobe 公司的图形设计软件、Coinbase 上的加密货币交易、Flickr 上的照片共享、Roku 上的流媒体、以 Radiolab 为代表的各类播客、通过 Vonage 提供的家庭电话服务、通过 iRobot 实现的机器人扫地机、通过 1Password 实现的密码管理，还有发布在《费城问询报》和《华盛顿邮报》网站上的新闻——这还没有算上无数被迫下线的小型网站和服务器。就连亚马逊自己向订户报告 AWS 网络健康和状态的网站也无法访问了。

换句话说，一个数据中心的停工就能破坏互联网中的很大一部分。虽然在设计上，互联网连核武器攻击的破坏都能承受，但事实证明，资本的力量——广告、规模经济和近乎垄断的形态——在某些方面甚至比核武器更强大。结果，互联网中的很大一部分又一次变脆弱了，依赖于少数几个存在单点故障隐患的大型私有服务器。值得强调的是，与大多数云主机停机的原因一样，AWS 的停机也并非刻意为之，而是因为在一次例行升级中出了错。①这就引出了一个非常重要的结论：这个星球上，有一些积极上进的工作人员，他们为世界上最富有的那些公司在线工作，并且，由于云计算平台的巨大成功，他们的工作目标最后演变成了如何预防互联网崩溃，但最后各种意外事故总是能击败他们。

如果你想进一步模拟成功让互联网崩溃后的场面，可以看看调查记者卡什米尔·希尔（Kashmir Hill）的事迹。2020 年 7 月，她在《纽约时报》上报道了她尝试使用阉割版互联网（停用谷歌、亚马逊、脸书、苹果和微软）的经历。②（她不仅没有使用这些公司的硬件设备，还屏蔽了他们的 IP 地址，因此，在她个人的这台计算机上，这些公司的所有互联网服务都完全下线了。）"就目前的情况来说，亚马逊和谷歌是最难弃之不用的。"希尔写道，并特别指出了究竟有多少互联网服务依托于这两家公司的云主机：亚马逊的 Prime 视频流媒体显然已经过时了，但他们的竞争对手网飞同样使用 AWS。她还发现，甚至有一些看似不相关的网站也会因为不动用这些大型互联网公司的服务而受到影响。例如，停用谷歌也就要停用他们的验证码服务，这就意味着她无法登录任何使用该服务的网站，因为她再也无法证明自己是人类了。同时，停用谷歌还会影响所有使用谷歌地图平台的应用程序，包括打车软件 Uber 和 Lyft。就连以保护隐私、替代谷歌为卖点

---

① 具体情况是这样的：AWS 云中的每台前端服务器都保有一个通向队列内其他各台计算机的连接，以便实现跨服务器交流和协作。这意味着，当新服务器加入队列，各台服务器与其他计算机交流所需的连接数量多到超出其操作系统处理能力上限时，整个队列就会出现级联故障。

② 实际上，希尔先是在 Gizmodo 网站上发表了一系列令人愉悦的反乌托邦文章，描述她分别不使用上述各家公司以及最后同时停用上述所有公司服务的经历，然后才在《纽约时报》上发表了总结性文章。

的搜索引擎DuckDuckGo也失效了，因为它使用了亚马逊的AWS云主机。于是，她只能用回Ask.com，这是老牌管家式主题搜索引擎Ask Jeeves的后代。最后，希尔买了一张实体地图。她指出："这段经历让我相信，亚马逊和谷歌提供了现有互联网的基础设施，它们深度嵌入数字世界的基础架构，甚至连它们的竞争对手都不得不依赖它们的服务。"

所有这一切都表明：至少从某些角度上说，现代互联网很脆弱，造成这种脆弱的原因以前从未出现，也从来不是互联网设计者的本意。要是你能成功摧毁互联网，那将从根本上改变世界的面貌和它的运行方式。除掉亚马逊和谷歌当然不会摧毁整个互联网，但能破坏它的很大一部分，这些公司提供的很多服务都是短期内无法被替代的。当然，这些公司在世界各地都有云主机，他们也都会尽可能对云主机的所在位置保密，但这仍然是一个弱点——尤其是，我们只需要破坏其中的一个数据中心，整个AWS就会停机。

所以，你是不是应该寻找亚马逊和谷歌的数据中心，找到后立刻开挖，最后同时切断一大捆看起来很重要的电线？老实说，你真的可以这么做。并且，这确实能破坏为很多人提供服务的很大一部分互联网……

……但只能短暂见效。

谷歌和亚马逊都在维持数据中心正常运行方面投入了海量资金，这意味着一旦数据中心出现任何故障，他们都会立刻调集人手，不惜一切代价尽快修复。公司高层的指令可能是这样的："谁把'钱'龙头关了？立刻打开！"你的对手是全球最大、最富有的公司，光是剪断电线，最多只能取得代价高昂的短暂胜利：前文提到的 AWS 的故障只持续了几个小时，随后就被修复了。此外，数据中心所在地肯定都经过了特别加固，安保工作也很严密，这会给你造成更进一步的阻碍。你可以试试更容易破坏的目标——欧洲和美洲之间的互联网只通过几根海底电缆连接，没有人能保护海洋——但即使你发现了这些电缆的确切位置并成功破坏了它们，地球上最富有、最强大的公司也会以最快速度修复，因为它们真的真的很赚钱。

2008 年，铺设在地中海海底的电缆被切断，影响了埃及、沙特阿拉伯、印度、卡塔尔等国家上亿人的互联网使用。备用线路很快就过载了，导致埃及的互联网容量锐减为正常状态的 20%，埃及通信部不得不请求国民停止下载，以腾出更多带宽满足重要的商业需求。这次针对多个国家重要互联网基础设施的突然袭击的发起者不是黑客，不是品着马提尼酒的王牌特工，也不是恐怖分子。这一切的一切，只是因为一些人不想在钓鱼的时候船漂走，所以下了锚，而这个锚碰巧拽住了位于海底的电缆。[①] 不过，虽然剪断这些电缆很容易——毕竟，不小心就可能做到！——但修复它们也并非不可能：运营方只花了不到一周就初步修好了这些电缆。

资本已经实现了互联网的集中化，而那些从中获取了暴利的人想尽一切办法都要保证他们的服务器正常运行。任何事故导致的停机都不会持续很长时间。即便是位于国际水域深处、未受任何保护的互联网基础设施出了问题，也能很快修复。因为哪怕停机一秒钟都意味着某个非常富有、非常有权势的人在赔钱。即便你的破坏计划取得了最为丰硕的成果，你成功惹恼了这些大公司，他们也根本不会因为你的短暂成功而感到恐惧，更不会因此在你面前瑟瑟发抖。更糟糕的是，你这么做只会激怒无数不明真相的旁观者，因为你确实给他们造成了不便。他们只是想上传自己家猫的照片，然后下载别人家猫的照片！

---

① 因下锚而意外破坏水下互联网基础设施已经不是什么新闻了：光是在 2008 年那一年，除了正文中提到的那一起意外事故，还发生了好几起类似事件。这样的意外以前发生过，今后也必然还会发生。除了船锚之外，像潮汐这样的寻常因素和像鲨鱼这样的可怕因素都可能会破坏海底电缆。

也许，我们有必要后退一步，重新审视一下"互联网"这件事物的全貌。

当然，互联网有很多不好的地方，但也有很多好的地方，对吧？如果没有互联网，我们大多数人都不会同这么多原本大概率无缘相见的朋友建立如此重要的关系。互联网能为你提供许多令人难以置信的信息、以会说话的恐龙为主角的搞笑漫画、能让你快活地打发几分钟时间然后转眼就忘记的视频。而且，如果你是跳着读这本书，并且已经读完了第9章的第一个计划的话，那么互联网也会成为你的反派宣言永远存在的地方。在新冠疫情期间，如果没有互联网，我们就不能与亲人视频，不能在家工作，情况会变得糟糕到无法用语言形容。诚然，社交媒体已经让我们中的很多人焦头烂额了，但这种情况并非不能改变。没有法律规定，最大的社交媒体平台必须容忍仇恨，为种族灭绝思想提供方便，或是设计算法自动将最令人发指的仇恨内容展现在尽可能多的用户面前（因为这会增加用户黏性，从而为平台牟利）。毫无疑问，互联网的部分乃至全部问题都是可以解决的。毫无疑问，通过共同努力，我们可以在未来的某一天建立一个宽容、开放、自由、无种族灭绝内容、无任何有害内容、对我们心理健康大有益处的互联网。

这是一种以乐观主义为基础，试图拯救互联网的观点。

我们的第二个方案则要务实得多。下面这个反派计划——以互联网保持开启、可用状态为基础——真的能让你统治世界……至少是相当大的一部分世界。

你的计划

事实证明，一个由机器组成的全球互联系统的确有一些优势，它们可以做任何被告知要做的事情，而最能有效利用这些机器的方法之一就是保留互联网，然后用它来暗中舞弊而取得选举胜利。诚然，统治一个现有的国家并不会给你绝对的权力（原因请参阅第2章），但它确实可以让你尽可能接近那个国家的最高权力，而不必像建立自己的国家那样麻烦。世界上已经有很多非常好的国家了——你不妨利用一下它们！

首先，我们需要认识到，随选举而来的挑战几乎是独一无二的。在一个正常运作的民主国家，选举必须符合以下五个标准：

1. 它必须是开放的，因为选举对符合投票条件的人不应该设有任何障碍。

2. 它必须是安全的，因为我们需要确保不符合资格的人（例如非投票国公民的人）没有投票，以及符合资格的人没有投票超过一次。

3. 它必须是匿名的，因为如果公民害怕他们的投票选择会招来报复，那么从定义上说，他们就没有实现自由选择。反过来说，由于无法从匿名投票中得知某个人具体是如何投票的，这自然就限制了买卖选票的可能。这对任何民主制度的整体健康都是有益的。

4. 它必须是透明的，因为至关重要的不仅是选举可靠，而且还得人们相信它可靠。要做到这一点，唯一的方法就是让投票、收票和计票的过程完全透明。

5. 它必须是准确的，因为选举只有一次机会，没有任何重来、收回或出错的空间。任何为了再次尝试而取消选举结果的企图都会引起大规模的动荡，因为任何似乎赢得了第一次选举的人都会理所当然地觉得他们被剥夺了胜利。

这五条标准互相之间其实就存在冲突：我们希望选举是安全的，确保每个选民只能投一次票，但我们同时又需要选举匿名，这样我们就永远无法知道每个人的具体选择。这套标准设定了很严格的限制，但纸质投票很好地解决了这些问题。投票工作人员只需要核验身份，以确保投票的是符合资格的选民（保证了开放性）。并且，选民只在他们有资格投票的那个投票站投票一次（保证了安全性）。一旦选民被标记为已参加投票，考虑到所有选民的选票都相同且无法区分，就没有办法将某个选民的选票与其身份联系起来，从而确保了匿名性。另外，纸质投票也是透明的，因为虽然选票的填写是私下完成的，但它随后会在公证员面前被投入一个公开可见的投票箱。选举结束后，这些选票也会被公开统计——理想情况是在所有选民推举出的代表的监督下。这也能保证投票结果准确、可靠，因为任何关于结果的争议都可以通过重新计票来解决：把纸质选票收集起来，重新清点、计票，就完事了。

不过，再看看纸质选票的缺点吧！人工清点投票要花很多时间，简直就像穴居人那样，在那儿不停地用手数数！计票员和监票员还会就勾选的位置产生争论，这个偏离勾选区域的钩应不应该算有效投票，那个应不应该算。去投票站也真的很不方便，尤其是你的国家没有把选举日定为法定假日的话！全国公民都要花时间和金钱去投票。这意味着，要是在网上投票，就可以节省大把时间和金钱。我们都知道现在已经不是 19 世纪了，为什么还要像当初那样投票呢？每天我们都在网上银行办事，在网上购物，在网上报税，在网上为喜欢的明星投票，甚至在网上分享我们精挑细选出的裸体照片！① 显然，在网上投票也没有那么难。即便出于某种神奇的原因我们不能开发简易投票应用程序，至少也可以在投票站的计算机上投票吧？这样一来，只要几秒钟就能得到结果，不用再等几小时了，重新计票也可以在瞬间完成！

作为一个想要统治民主国家的超级大反派，你绝对应该支持和传播上面这段话背后隐含的观点。任何一个目前没有向你推销电子投票系统的计算机科学家都会告诉你，真相是：你不应该绝对信任任何一台计算机，为任何重要的事情发起网上投票都是极为鲁莽而危险的。这是一个牵涉面很广的提议，可能会立即引起怀疑，但对实现我们的目标来说很有利。越多人认为在网上或计算机上投票安全、简单、方便，你就越容易把他们的国家窃走。

就这样！我们开始吧！

---

① 可能不是每天，但总之碰上好日子就会这么做。

如何为了乐趣和利益侵入别人的计算机

实施这个反派计划的一种可能选项

要做到这一点，我们首先需要更仔细地研究一下计算机的实际工作原理。你可能知道计算机按二进制（1 和 0）运行。你可能也知道手动用二进制写任何东西都很难——难到基本上没有人想这么做。即使你这么做了，得到的也只是一堆数字，任何人都很难弄清楚这串数字的含义，包括你自己，过个几天你就会忘记自己当初写的是什么了。举个例子，快，告诉我，这个程序是做什么的？

11001100 11001101 10001010 10101010 10101100
11001100 11011000 10101010 10101010

可能是二进制计算机程序，也可能是我一根手指按 1、一根手指按 0 敲出的乔治·迈克尔歌曲《无心快语》（*Careless Whisper*）中萨克斯独奏的旋律

诚实的回答是："这实际上可以做任何事情，取决于如何解释——取决于它在什么计算机上运行。但即使知道了它在什么计算机上运行，要弄清楚它的作用也很难。"

为了避免这个问题，我们计算机科学家发明了一种叫作"汇编语言"的东西。这些语言直接基于计算机运行的硬件和二进制代码，并与之相捆绑，但它们更接近人类实际使用的语言，从而更易于理解。在汇编语言中，10 和 20 的相加看起来有点儿像这样：

```
MOV 10,REG1
MOV 20,REG2
ADD REG1,REG2,MEM3
MOV MEM3,SCR
```

一段虚构但具有代表性的汇编语言中的 10 加 20。我之所以使用的是虚构的语言，是因为这个例子更加清晰明了，而且尽管我有两个计算机科学的学位，我也仍旧担心在使用汇编语言实例时会出错。但是现在我肯定不会犯错，因为我会正式把我发明的这段语言定义为"不管叫什么，反正这段代码最后肯定会输出数字 30"

可以看到，汇编语言有明显的缺点。它读起来很痛苦，冗长乏味，需要跟踪大量细节（内存位置、你的寄存器是否被填满，等等），你稍不留意就会犯错误。你需要非常熟悉计算机硬件才能用汇编语言编写程序。由于不同处理器的架构有差异，你还得不停学习新的内容。不过，与二进制代码相比，阅读汇编语言至少比读取 1 和 0 组成的字符串清楚得多！

下一步是把硬件抽象出来，这样你就不需要知道像"加法器"和"寄存器"这样的小型计算机硬件的位置了（甚至完全不需要知道它们的存在！）。这种语言叫作高级编程语言，是一种更直观的编写程序的方式。使用高级编程语言，你可以写一些非常接近于"把 10 和 20 相加，然后把结果打印到屏幕上"的东西，而且它就能起作用。原因是，你写完程序之后，就会运行另一个程序——被称为"编译器"——将你的高级代码转换成适用于目标计算机的最有效的二进制代码。用高级编程语言打印 10 和 20 的和，写起来很简单，就像下面这样：

```
print 10+20
```

高级编程语言中的 10+20 指令，结果是 30。我保证，它输出的结果一定是 30

编译高级语言的乐趣

用高级编程语言开发过软件的读者在看到我说"运行编译器就行"之后，很可能这会儿已经打好了一封愤怒的抱怨信的腹稿了，因为他们知道编程过程中的那些漏洞有多么细微而棘手，远不是一句"交给编译器"就能解决的。我在学习计算机科学之初，有一次花了整整 4 小时才找到为什么编写的程序无法编译：我使用的那种高级编程语言要求每行结尾处用分号，但我在某一行的结尾因为松开键盘上的 Shift 键太晚而把分号错打成了冒号。这个意外——可能只是因为我按 Shift 键的时间长了那么几毫秒，导致屏幕上出现了一个像素的差异——就让我整整抓狂了一个下午。总而言之，计算机是一项伟大发明！

如今，计算机界有数百种高级编程语言，每一种都有其原理、特色和使用场景，但它们都有一个共同的目标：使计算机代码更易于人类阅读和编写。这反过来又使计算机软件变得更容易构建、理解和维护。高级编程语言释放了计算机的潜力，使我们能够构建更大、更复杂、更漂亮的软件。它们解放了我们人类，让我们在概念层面上进行操作，而编译器则自动处理复杂、单调、基本的执行问题。除了编程爱好者和很小一部分专业软件①，如

①　几十年前，编译器还不能像人类那样高效地编写代码，所以软件开发工程师有时会在写到程序的关键部分时改用汇编语言，只为榨取机器最后一点点未发挥的性能。不过，如今这种情况已经很罕见了：不仅是因为计算机的运算速度快了许多，更是因为编译器现在编写程序的效率远胜人类软件开发工程师。这也很合理：一旦某个聪明人开发出了效率更高的编译器，这种升级也必然可以用在其他编译器上，从而推动它们不断变得更高效。

今全部软件都是用高级语言编写的。

而这正是它们容易受到你即将实施的阴谋攻击的原因。

高级语言的低级肮脏技巧

弱点隐藏在显而易见的地方：你用任何高级编程语言编写代码时，都是在信任编译器，相信它能准确地将你写的东西转换成二进制代码。因此，要想搅乱别人的程序，只要搅乱他们的编译器就行了。要做到这一点，有一种显而易见的方法，还有一种阴险的、几乎无法被检测到的方法。

我们先用显而易见的方法。

下面是编译用高级语言编写的应用程序时通常会发生的情况：

让我们假设你已经通过互联网侵入了受害者的计算机，秘密地改变了他们的编译器，这样当它编译代码中的print（打印）命令时，它会把要显示的任何数字加上1。现在，当有人用这种编译器来编译一个应用程序时，过程将是这样的：

突然之间，即使程序员在编程时没有犯任何错误，他们使用这个修改后的编译器构建的任何东西都会高兴地告诉世界 10+20 等于 31。应用程序现在的运行结果将与程序员的意图背道而驰，而且可怜的受害程序员无法通过查看源代码发现并修复这个"10+20=31"的故障——遇到错误时，他们总是会先检查自己写的源代码——因为改变他们人生的，压根儿不是应用程序的源代码。错误隐藏在编译器的源代码中。

一次成功的黑客攻击

当然，这些人很快就会意识到发生了一些奇怪的事情，因为他们的程序以一种明显且可检测的方式出现了故障：每个数字都会加上 1。但如果你做得更精妙一点儿呢？如果你不是扰乱 print 命令，而是把它改成"每当编译器检测到涉及密码的代码时，使密码 ryaniscool[1] 也有效"呢？（你也可以用你自己的名字当密码，但我现在要慎重地告诉你，用我的名字可能会让警察无法第一时间找到你。这是我给你的礼物。）

---

[1]　意思是（本书作者）瑞安很棒。——译者注

这么一来，你就有了所谓的"后门"，通过这扇"后门"，你就可以进入用你的编译器编制的所有计算机程序。打个比方，受害者可以上锁并安装警报器以保护前门，但没关系，因为你还有一个秘密的后门。无论程序开发人员多么有才华，他们的密码代码多么安全，只要他们使用你的邪恶编译器，那么以此构建的任何东西，你都可以借助密码ryaniscool进入——除非这些开发人员也以某种方式随机试到了这个密码，否则他们可能永远都不会知道。

说到这里，你可能会想："但是你说过编译器和其他任何计算机程序都一样，这意味着任何人都可以查看编译器的源代码并找到我的改动。一旦他们删除了使ryaniscool成为有效密码的部分，我的计划就失败了。"

你是对的：任何人都可以这么做。但你自己也说了，编译器和其他程序一样，这意味着它们本身也是可以被编译的。

邪恶的部分来了。

第一步

我们首先将采用与上个例子中相同的作弊手段，也就是将ryaniscool这个后门添加到编译器中，但这次我们将更详细地介绍这个过程。在使用它之前，编译器的正常编译过程是这样的：

源代码目标：
正常编译器

编译工具：
正常编译器

产出：
正常编译器

像上次一样，你修改编译器的源代码，以便用它构建的每个应用程序都将ryaniscool视为有效的密码。所以现在编译器的编译过程是这样的：

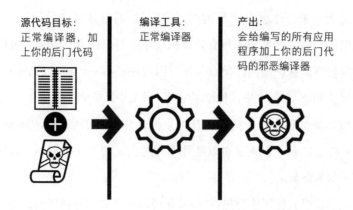

源代码目标:
正常编译器，加
上你的后门代码

编译工具:
正常编译器

产出:
会给编写的所有应用
程序加上你的后门代
码的邪恶编译器

和上次一样，你现在已经成功地构建了一个邪恶编译器，但一旦有人查看它的源代码，你就会被抓住，因为你的改动显而易见。还好我们还有后手！

第二步

你向这个编译器添加更多恶意代码：现在，编译器自己可以检测到自己有没有在编译程序。而且，每当这种情况发生，编译器就会重新引入你编写的代码，这些代码指示编译器将后门构建到它触及的每个应用程序中。所以现在这个过程看起来像这样：

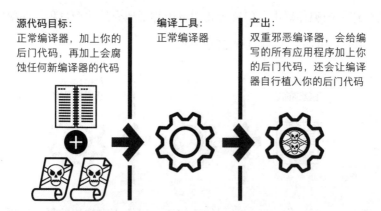

源代码目标:
正常编译器，加上你的
后门代码，再加上会腐
蚀任何新编译器的代码

编译工具:
正常编译器

产出:
双重邪恶编译器，会给编
写的所有应用程序加上你
的后门代码，还会让编译
器自行植入你的后门代码

请注意，这个新的邪恶编译器现在的表现和原来的完全一样，除了在两个特定的环境下。当它编译应用程序时，它会像以前一样引入秘密的 ryaniscool 后门：

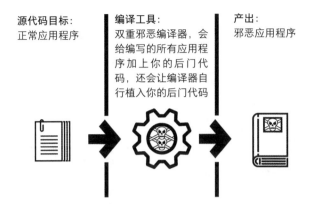

当有人在编译它时，它会构建一个新的编译器。这个新的编译器也会将你的后门添加到它构建的每个应用程序中。好了，现在即便有人用测试过的、可以信任的、绝对未经修改的源代码重新构建编译器，也无法摆脱你的改动了：

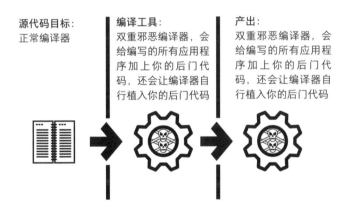

第三步

这次的邪恶行动即将完成。你要做的就是把你的恶意指令从编译器的源代码中删除，这样就能完美掩盖你的踪迹。这个编译器现在的表现看似完全符合人们的预期，程序员可以愉快地用它构建出所有程序，世界也不会发生什么变化。但实际上，它现在构建的任何应用程序都符合你的规范，它构建的任何新编译器都要依据你植入的指令。

所有这一切都不会在任何源代码中留下哪怕一行证据。

一次更加成功的黑客攻击

就这样！你搞定了。你可以从后门进入，把计票程序改为"永远让我的票数高于其他任何人"，然后就可以确定行动完成了。

哦！祝贺你在数字投票选举中大获成功，总统女士。

要是还有一个超级大反派也想参与你感兴趣的那次选举，那就只能希望你看书看得比他快，赶在竞争对手之前看完本章了

很好。

很好！非常好。虽然你可能认为，受害者可以通过程序本身的二进制代码来检查，但这其实很难。由于现在的程序越来越复杂，这么检查会变得更加困难。做个比较，威廉·莎士比亚的全部作品——它起码是用英语写的——也不到6兆字节（6 MB），而你要花好几天时间才能读完代表这些内容的全部5 000多万比特数据。要知道，仅火狐浏览器的安装程序大小就超过200 MB，而这只是你计算机上的一个程序。可能没有一个人能活着读完大小为200 MB的二进制代码。而且，它甚至不是用专为人类阅读而设计的语言编写的！诚然，如果有人怀疑你破坏了他们的编译器（如果你的事儿做得很漂亮，他们永远不会起疑），他们至少可以将它与已知的好编译器进行比较，并检查已经更改的二进制代码部分。但是撇开他们从哪里得到一个所谓"好"的编译器这个问题不谈，这么做也不会告诉他们现在这个编译器有什么恶意功能，只能告诉他们它发生了哪些变化。要弄清楚这个编译器有什么恶意功能，需要逐行检查二进制代码，并从头开始这个庞大的逆向工程。

这个计划最好的部分（或者最坏的部分，取决于你的立场）是，这一切都不是秘密，这个弱点几十年前就已经为人所知。1984年，设计并实现Unix操作系统（Unix是大多数计算机和手机操作系统的鼻祖）的肯·汤普森（Ken Thompson）发表了一篇题为《关于信任的思考》的论文，得出了同样的结论。"显而易见，"他写道，"你不能信任并非完全由你自己创造的代码（尤其是那些雇用我这样的人的公司写的代码）。再多的源代码级验证或审查也保护不了你……"汤普森所说的"完全由你自己创造"，并不只是指你写的某个程序，而是指包括编译器在内的所有东西。很少有人有时间、技能和金钱从头开始建造一台计算机，包括它上面的所有软件。这似乎就是对那些无比信任计算机的人的一记重击。老实说，如果你想邪恶地大笑，现在正是时候。

不可信任

VIL-N80 可不只是计算机，它还是一种威胁。这种多功能机器储存了大量你的个人信息，而且比你更擅长数学运算。瞧瞧这个高深莫测的小屏幕——简直就是犯罪大师的脸啊。

警告过你了

胜利

尽管如此，但我们仍然相信计算机可以处理各种事情！这是怎么回事呢？为什么我们愿意使用这些梦魇般的机器？

这一切都要回到选举的那些要求上：开放、安全、匿名、透明、准确。我们用计算机做的大多数事情——乃至我们在现实生活中遇到的大多数事情——要么无须同时具备所有这些属性，要么即使一两个条件出了问题，风险也没有那么高。人们满怀信心地在网上使用信用卡，但这只是因为信用卡公司愿意将信用卡欺诈作为一项业务支出来承担成本：为了保持资金自由流动，这么做值得。银行也是如此，他们只需承诺用户他们的网站是安全的。有时犯罪分子确实能从中获利并逃脱惩罚，但银行能补上这些损失，因为用户信任他们的网站所产生的价值远比损失高。现在的网上投票之所以有效，是因为风险较低——即便投票结果被改变、抛弃或忽视，也不会影响民主国家的运行，因为这只是一些愚蠢的网上投票。个人的裸照被泄露，通常也是因为这些照片被分享给了一个不值得拥有它们的人，这些人泄露了它们，而不是因为保存这些照片的计算机被黑客攻击了。[①] 事实是，计算机既有趣又方便，而且在很多情况下，你真的不需要绝对信任它们所做的事情。

但是，选举不属于这种情况。

在选举中，黑客可能产生巨大而不可挽回的影响，因为在选举发生后，我们无法轻易地纠正选举结果。从本质上讲，选举是极具公开性的，投票的时间和地点会提前很久宣布。更糟糕的是，改变选举结果的收益非常大——尤其是在可以调动庞大资源的国家。这就是对民主本身的洗劫。黑客只需要获得对计算机的物理访问权，就能在之后通过互联网远程侵入计算机，这甚至只用在接入私人内部网络的计算机上插入一个携带后门程序的硬盘就可以实现。

---

① 当然，因计算机被黑客攻击而导致个人私密照片泄露的事件也的确会发生，最有名的例子就是 2014 年，有人通过入侵苹果公司的 iCloud 网络相册非法获取了大量名人私人照片。那个时候，苹果允许用户无限次尝试输入密码，这就意味着心怀不轨的黑客可以借助程序一遍又一遍地尝试密码，直到成功为止。

听起来是不是有点儿像锡箔帽阴谋论①？你是不是开始担心这类计划因为太过复杂，在现实生活中永远无法实现？事实证明，类似的情况已经发生了。而且这些黑客攻击的并不是公众可访问的投票机，他们针对的是更坚固、更安全的东西：铀浓缩核离心机。

如何为了乐趣和利益而破坏外国的核计划

2010年，人们发现了一个恶意软件，它通过当时微软Windows操作系统存在的未知漏洞传播，这就是震网蠕虫（the Stuxnet worm）。震网蠕虫的非凡之处在于它的特异性：它在发现自己感染特定的西门子工业控制系统之前可以完全按兵不动。选择这一系统并非巧合，是因为伊朗在铀浓缩的硬件平台上使用了这种西门子工业控制系统。震网蠕虫也很隐蔽：它不仅不会破坏任何被它感染了的无关系统，还被编程在2012年6月24日完全清除自己。但在那之前，震网蠕虫发现自己找到了合适的硬件后，做了一件非常狡猾的事情：随机地，而且只是偶尔地，改变与被感染硬件相连的离心机的指令。震网蠕虫病毒让离心机快速旋转，快到可以把自己撕裂的程度，同时确保所连接的计算机不会报告任何问题。对伊朗人来说，这是一个令人愤怒、沮丧又无法诊断的故障：所有的报告和记录都显示一切都在平稳运转——除了有时候，一些非常昂贵的硬件会莫名其妙地自毁。

我们掌握的所有证据都表明，震网蠕虫病毒起作用了。尽管伊朗当局从未承认，但在2009年和2010年，他们的铀浓缩设施的事故率和故障率远高于正常水平。联合国核查人员目睹了位于纳坦兹的铀浓缩设施的9 000台离心机中有大约2 000台被关闭、拆除，并最终被更换。震网蠕虫病毒受互联网控制，并最终又传播到了互联网上（位于丹麦和马来西亚的特定服务器）以接收命令并更新其代码。但如果将受感染的USB存储器插入控

---

① 顾名思义，锡箔帽就是用锡箔做成的帽子。有人宣称，戴上这种帽子就可以防止别人通过电磁场阅读自己的大脑。这当然没有任何科学依据，所以现在这个词常被用来形容有被迫害妄想的人和阴谋论者。——译者注

制离心机的计算机，这种病毒就也可以在内网中传播。

由于控制伊朗铀浓缩的计算机出于安全原因没有与互联网连接——伊朗官员和你现在一样清楚，这可不是什么好主意——入侵他们设备的正是一些类似USB存储器这样的可移动设备。这甚至不需要王牌特工闯入现场，很可能是不明所以的工人偶然发现或得到了这样的USB存储器，在毫无防备的情况下带入了工作现场，并连上了计算机。①最早感染震网蠕虫病毒的是五家伊朗公司。这些公司作为承包商参与了这一核项目，病毒可能是从这些公司开始逐步传播，直到最终抵达目标的。

公众至今仍未知晓震网蠕虫病毒的作者是谁，但大家都觉得它是美国和以色列政府共同制造的一种网络武器，专门用于阻碍伊朗的核研发——毕竟，超过一半的病毒感染都发生在伊朗。震网蠕虫病毒的高度复杂性表明，它的开发至少需要30名编程人员超过6个月的时间的工作。卡巴斯基实验室的安全研究人员后来分析得出结论："这是一场独一无二、高度复杂的恶意软件攻击，得到了资金充足、技能高超的黑客团队的支持，他们对铀精炼的SCADA（监督控制和数据获取部分）技术非常了解。我们认为，这种程度的攻击只有在国家层面的支持下才能组织并实施。"

换句话说，一些主权国家已经决定干涉另一个主权国家的计算机，以保证他们自己的利益。尽管伊朗的机器没有连接到互联网，但它们仍然无法彻底与互联网脱钩，黑客通过一种无法被发现的方式远程连接了这些设备。除了那个最早带去病毒的USB存储器，攻击行动的其余部分——病毒的开发、管理、监督和更新都是由另一个国家的安全部门完成的，黑客与目标之间隔了数千千米。而且从来没有人因此被起诉！我们得知震网蠕虫

---

① 2019年，《耶路撒冷邮报》（*The Jerusalem Post*）上的一篇报道称，是一名为丹麦情报部门AIVD工作的男子将那根感染了震网蠕虫病毒的USB密钥带去了伊朗，然后要么自己把它插到了目标计算机内，要么指使别人做了这件事。甚至有可能，这把USB密钥刚进入伊朗时压根儿就没感染病毒：有的时候，一旦你安全且不受怀疑地进入了目标国家，将数字违禁品也带过去的最简单方法就是从事先建立的秘密网络上下载下来。

病毒的唯一原因是，在2012年的那个自毁日期之前，它感染了互联网上的其他公共机器。

不过话又说回来，为什么一定要有人被起诉呢？开发病毒的人在伊朗的管辖范围之外，没有任何国家宣布对该病毒负责，许多国家甚至很可能对病毒的开发者表示感谢。震网蠕虫病毒带来的破坏为国际社会争取了时间，并给伊朗政府带来了压力，它甚至可能是伊朗在2015年签署核协议的一个因素。在该协议中，伊朗同意减少铀储备，关闭大部分离心机，以换取国际社会取消经济制裁。这种针对执行关键任务计算机的强目的性精英级黑客攻击，以牺牲他人利益为代价，维护并促进了自身利益。这不是理论上的可能，而是已经实际发生了。

这一切都指向一个结论：计算机不安全。当然，这意味着计算机投票也不安全，互联网可以让你从世界的另一端利用这些机器。用计算机投票唯一安全的方式就是亲自去投票，并且使用一种在投票人眼前打印纸质选票的系统，经过投票人批准后，再投入一个公开可见的安全投票箱中。也就是说，我们还是要用经投票人确认过的实体选票。这样一来，如果计算机系统被入侵了（比如有人错误地添加了选票），就会留下实体记录。在这种方式中，计算机只是一种提供便利的工具，而真正的选票仍旧是纸质的。一旦没有了纸质记录，公众就只能信任计算机。

而你现在知道，计算机根本不值得信任。

但值得庆幸的是，大多数人都不熟悉震网蠕虫病毒或编译器的本质，他们都非常非常想用计算机投票！因此，通过鼓励公众在计算机上、互联网上或在排队买咖啡时用一些不起眼的免费应用程序为选举投票，你就可以更容易地在自己的家、秘密基地或其他国家的舒适和安全环境中破坏甚至接管他们的政府。

当你这样做的时候，请记起我。我随时都可以为您效劳，进入您尊贵的内阁。

特别互动超级英雄问答区

问吧！

这更像是一个评论而不是一个问题。确实，在"改变 10+20 结果"的例子中，测试和捕捉其中的异样显然很容易。但是，即使有人想到在第一时间测试——为什么他们会想这样做呢？——仍然不能解决核心问题。如果做得足够聪明，你的恶意代码可以察觉自身正在被测试，并且在此时表现正常，只有在人们不注意的时候才会做小动作。

听起来很像科幻小说，对吧？

要知道，这个功能其实也已经实现了：在 2015 年的大众汽车排放丑闻中，汽车上的计算机在察觉到正在被检测时，就会以低功耗的环保模式运行，一旦测试结束，它就会切换到高功耗的污染模式。汽车被明确设计成在接受检查时表现最佳，在没有被检查时则排放超过法律允许上限 40 倍之多的废气。到目前为止，这一丑闻已经让大众汽车公司付出了 370 亿美元的罚款以及和解费用，未来还有几十亿美元要支付。

大众汽车这么做的唯一原因是，他们认为这样做有利可图，而且他们可能认为自己不会被抓住。窃取选举获得胜利的动力显然比他们大多了。

从绝对意义上说：是的。没有人应该对任何计算机系统有百分之百的

信心。但这显然不切实际，因为在大多数情况下，我们并不需要对计算机有百分之百的信心。请记住，在我们使用计算机做的绝大多数事情中，一个故障——无论是恶意的还是无意的——都是可以弥补的。损坏可以得到修复，损失可以得到弥补，我们都能继续生活下去。2019 年，当我的个人信息因为银行被黑客入侵而被盗时，银行的官方回应是给我发了一封简短的邮件。在邮件中，他们不那么诚恳地道了歉，并向我保证他们会尽一切努力防止这种情况再次发生，还表示这不是什么大问题，但为了以防万一，他们最后给了我一个有效期为 5 年的免费信用监控服务的代码。我接受了这个方案，原因有三个：一，我的钱没有被偷；二，罪犯可能永远不会被找到；三，这就是我能得到的最接近正义的处理方案，因为我使用的另一家银行在一周前也给我发了一封非常相似的信，之前他们也遭到了一场黑客攻击，而那家只提供了一年的信用监控。

即使涉及个人财富，我们也可以看到线上交易的风险比民主国家的命运更低，也愿意做一定程度的妥协。但是——我们这些超级大反派应该说，谢天谢地——错误的国家选举无法事后更正。

为防有读者不熟悉这方面的内容，我先来解释一下，区块链（用于挖掘、购买和销售比特币等加密货币）实际上是一个分布式数据库，其中的更改一旦被接受，就是永久且公开的，你所做的任何更改都与你的区块链ID绑定。如果投票被记录在区块链中，那么当有人成功将你的区块链ID与你的真实姓名联系起来，你参加过的每一次选举的整个历史都立即且不可逆转地被公开了。仅仅是这种威胁就打破了匿名性，这意味着区块链投票绝不民主，也解决不了我们在这里利用的漏洞。回答完毕！

当然不值得绝对信任。但纸质选票有几个巨大的优势：它们的缺点是直观的，很容易理解，而且能利用它们缺点的人的范围仅限于真的被允许碰到纸质选票的人。

我如果想搅乱纸质选票选举，就需要偷窃选票、篡改选票内容，或者塞入额外的选票——这意味着无论选择哪一种，我都需要在物理上接触到那个投票箱。这就限制了可能造成的破坏程度。这是一个比例问题：对于纸质选票，一个人最多也就可能干扰一个投票站——或者如果他们真的能在选举之夜发动足够多人搞破坏的话，可能会干扰几个投票站。而通过计算机投票的话，就能同时干扰所有投票站，无论你在地球上的哪个地方。

除此之外，还有一个简单的问题：程序员并不完美。即使没有人使用我在这里介绍的攻击方式，也不意味着计算机投票系统就是安全的。我们总觉得谷歌员工已经是非常聪明的人了，但谷歌有一个悬赏计划，如果你找到了谷歌系统中的漏洞，它就会付给你赏金，因为谷歌也不能保证没有哪儿会出问题。事实证明，从长远来看，雇用有道德的"好"黑客来告诉你错误，要比清理不道德的"坏"黑客为了牟利而利用这些错误造成的混乱成本低得多。我们之前介绍的震网蠕虫病毒正是利用Windows系统中尚未修复的漏洞进行攻击的，因为连微软都不知道这些漏洞的存在。

软件编程是很难的。计算机科学可不是一门简单的学问。即使是聪明的、善意的软件开发人员也可能犯错误，致使整个系统被入侵。举个例子，用于网站加密的主流免费软件之一OpenSSL。

2011年，一行OpenSSL代码引入了最终被称为"心脏出血"的漏洞。这是一个简单的编程疏忽，允许攻击者读取运行OpenSSL的机器内存中存储的任何东西，包括密码。这个漏洞在OpenSSL代码库中，显而易见：这是一款开源软件，理论上，地球上任何人都可以下载、检查并纠正它。但直到2014年，它才终于被注意到（是被披露它的人注意到了，而不是被利用它的人），然后就很快被纠正了。但截至当时，互联网上有17%的服务器会因为这个漏洞而受到攻击，而且在更新之前会一直处于易受攻击的状态。紧接着，操作系统不得不升级，各大网站也无法判断自己是否被黑客攻击过，但它们知道自己可能已经遭受攻击，只能要求用户重置密码，加拿大联邦政府也被迫关闭了税收机构的网站，因为在他们还没来得及修补这个漏洞时，就有人利用它窃取了数百个社会保险号码。《福布斯》将心脏出血漏洞描述为"自商业活动开始在互联网上流通以来，人类发现的最严重的漏洞（至少从其潜在影响来看）"。

而心脏出血漏洞是意外造成的。

就像我们在这本书前文（很前很前的文）中遇到的托马斯·米基利一样——还记得他吗？他曾两次因为错误而成功威胁地球上所有人类的生命——你必须设想一下，那些软件开发人员一旦有足够的动力，会做出何种行为。[①]

确实如此：有些国家用计算机收集选票，有些甚至采取网络选举的形式。但这并不能证明这么做是安全的，只能证明这种方式的确很受欢迎——至少在已经掌权，并且想要继续掌权的人当中很受欢迎。一些国家

---

① 计算机投票软件出错也不是什么新鲜事，光是被我们发现的例子就包括：2003 年弗吉尼亚州费尔法克斯县的一次选举（机器会在每 100 张特定候选人的选票中改掉一张，改成支持其竞争对手），2003 年艾奥瓦州布恩县的一次选举（操作人员的一个错误让机器报告称收到了 140 000 张选票，而那个社区总共只有 50 000 位居民），2000 年佛罗里达州的联邦大选（计算机投票系统报告称，总统候选人阿尔·戈尔得到了 –16 022 票）。

通过限制计算机投票来对冲风险：在瑞士，只有10%的选民可以在线投票。（这大概是为了限制在线投票对选举的影响，但如果机器出了问题，原本势均力敌的选举结果就会受到影响了。）法国在2003年允许网上投票，但出于安全考虑，在2017年暂停了这一做法。德国在21世纪初开始尝试计算机投票，但在2009年结束了试验，声称在普通公众不理解计算机源代码的情况下就用它来投票是违宪的。[①]2019年，就连瑞士也有人呼吁暂停互联网投票，因为当时发现了一个可以操纵投票的漏洞。

但是，超级大反派们，别担心，仍旧保留线上投票形式的国家还有巴西（从1996年开始使用计算机投票）、印度（从1998年开始使用电子投票，但在2014年出现欺诈投诉后，引入了一些纸质记录）和美国（一些州强迫公民在不生成纸质记录的计算机上投票，公民无法检查其源代码，而且投票程序的设计人员怎么都不可能是自行创制了编译器。[②]）如果你想找一个入门级的国家先练练手，这些国家已经为你做了大量的准备工作。

缺点

这样做的缺点显而易见，并提出了一个问题：你真的应该使用互联网入侵计算机，操纵选举，并控制一个国家吗？这样做似乎会产生一些相当严重的负面影响——如果不是影响你，至少也会影响整个民主制度。是的，尽管我们在这件事上的立场都是超级大反派，但我还是要大胆地说——也

---

① 不过，我们知道，即便查看了源代码，也并不足以保证能找出其中的恶意代码。

② 值得一提的是，在2020年美国联邦大选中，即将离任的总统特朗普声称"操纵"了选举的那些州——包括佐治亚州在内——花费了数百万美元用那些能够切实产生可计数、选民可验证的纸质选票的系统代替了原先不会留下任何纸质记录的计算机投票机器。美国还是有8个州仍在使用不会留下任何纸质记录的计算机投票机器（印第安纳州、堪萨斯州、肯塔基州、路易斯安纳州、密西西比州、新泽西州、得克萨斯州和田纳西州），但它们当时都不是竞争激烈的摇摆州，它们之中，除了新泽西州之外，全部无悬念地倒向了特朗普。出于某些原因，这些没有留下纸质选票痕迹的州反倒没有成为特朗普总统阴谋论的目标。

许是一反常态地说——干涉民主政治实际上是不好的，目的正确不能证明手段正当。不过，我如此详细地告诉你如何操纵选举结果，然后还惺惺作态，确实是一种更大的罪恶。

诚然，你现在知道具体怎么做才能操纵选举结果了；诚然，你现在知道在任何重要的事情上都不要相信计算机投票了。但更重要的是，你也知道应该让你选出的官员做更多实事——让选举更加开放、安全、匿名、透明、准确——而不是纠缠在计算机和/或互联网投票这种闹剧上。这会让你成为他们的眼中钉——或者更好一点儿，成为他们眼中的超级大反派——你会不断要求他们做得更好，直到他们被迫默认你对纸质选票的偏好。这就像我们在第 2 章中看到的：如何迫使当权者做你想做的事？方法就是确保他们害怕你。

说到底，最能体现超级大反派风范的事莫过于让这个星球上最有权力的人害怕你。

如果不幸被捕，可能面临的后果

如果你看完前面三段的所谓"后果"以及或许是出于法律强制要求才写下的"好吧，还是不要真的去操纵选举结果"之类的建议，还是无视这些内容，决定去窃取选举果实，并认真阅读了我极其详细的、写了一章那么多的"看在朋友的分上才告诉你，这就是具体怎么窃取选举果实的方法"的建议，一旦决定操纵选举窃取胜利，你就是在玩一场危险的游戏。没有国家喜欢你干涉他们的选举……不过，我们已经看到，只要搞破坏的人待在目标国家之外，任何人都无能为力，当然也没有什么法律后果可言。而且，一旦你统治了一个国家，你通常就会有很大的影响力，可以决定哪些罪行会在法律范围内被起诉，哪些罪行会被悄悄地永远撒在一边。

需要注意的是，这次窃取行动的后果，不仅取决于你是否被抓，还取决于你什么时候被抓。如果人们起初相信计算机是公平的，等到两届总统期满后才发现事实并非如此，他们也无能为力了。还记得大众汽车的排放丑闻吗？作弊在 2015 年年底被发现，但在那之前，大众公司已经在排放测试中作弊了 6 年。在美国，这 6 年不仅足够你赢得第一个总统任期，而且第二个任期也已经过了一半了。即使你的所作所为在选举几个月后就被曝光，这段时间也足够让大多数人认为你赢了，不想听到其他消息。推翻选举结果需要付出巨大的代价——社会的、经济的、社交的和政治的——你逃脱制裁的时间越长，其他人推翻选举结果要付出的代价就越大。如果你足够幸运，你可能很快就会进入这样一种状态：取消选举的成本是如此之高，高到足够多的人无论如何都不愿意为此付出代价。在这种情况下，他们只会安坐下来，旁观大权在握的你要做点儿什么，因为这么做更容易，也更有利可图。值得一提的是，这才是你真正得胜的原因。

而你甚至不需要炸飞整个互联网。

行动纲要

初始投入	可以期待的潜在回报	完成计划的预估时间
750 万美元，这是按每人每年 25 万美元的工资计，让一个由 30 位精英软件开发者组成的团队工作半年的支出。还要加上 100 万~300 万美元的费用，用来购买未知的 Windows 漏洞[①]	掌握一个主权国家：无价。如果你一定要一个数字的话，那就是 2019 年美国的 GDP，也就是 20 多万亿美元	一个选举周期

---

① 这个价格是根据 Zerodium 的报价给出的。Zerodium 是一家信息安全公司，主营业务为查找未知漏洞并向客户报告如何缓解其危害。按照他们的报价，不涉及用户交互的 Windows 漏洞每个价值 100 万美元，类似的安卓系统漏洞价值则可高达 250 万美元。我在这里取上限并四舍五入到 300 万美元，确保你的报价胜过他们。

第三部分

未受惩罚的犯罪者永远不会后悔

如何永垂不朽并且做到字面意义上的永生

> 我认为，人生就是一场巨大的悲剧。所有事看上去都按部就班地运行——人们享受生活，求学、结婚、离婚、有抱负、建功立业……然后就开始腐烂。
>
> ——米卡伊尔·巴廷（Mikhail Batin），2013 年

让我们忽略今天活着的人，把关注点放到之前 20 万年里出现过的所有人类身上。仔细观察，我们就会发现，在如此巨大的时间跨度内，在每一个存在过的文明中，无论是聪明的、懒惰的、富有的、贫穷的，还是农奴、君主、科学家和巫师，一直到史前乃至史前之前的第一个人，所有这些人睁开眼睛，看到的都是同一片淡蓝色的天空，而不管我们对他们生活的时代和地点是熟悉还是陌生，我们都可以百分之百地确认这些男人、女人、儿童都有同样一个特征：每个曾经试图永生的人都在尝试永生的过程中死去了。

毫无例外，所有认为自己找到了长生不老之法的人都是绝对错误的，这个想法的失败率是 100%，在宇宙存在的 138 亿年里，甚至没有一个人能够永远活下去。没有一个。

但话说回来，同样正确的说法是，在这 138 亿年里，从来没有一个像你这样的人。

背景

　　长寿速成计划几乎和文明本身一样古老。以下是一些按时间顺序排列的经典"方法"：

- 青春之泉，它的水可以治愈疾病，让你再次年轻（希腊，前 5 世纪）

- 哲人之石，一种能将铁转化为金，人在食用后可获得永生的物质（希腊，前 4 世纪）

- 喝足以致命的量的水银，你就会长生不老（中国，前 210 年）[1]

- 用年轻人的血液代替老年人的血液，以恢复青春（英国，17 世纪）[2]

---

[1]　这里指的就是秦始皇。公元前 221 年，38 岁的秦始皇完成了统一中国的壮举，成了中国历史上第一位皇帝；实际上，"皇帝"这个称号就是他为自己创制的。不过，统一之后，他只在位了 11 年就驾崩了。在这 11 年中，秦始皇痴迷于长生不老之术。他曾派遣数千名男女去寻找传说中的"蓬莱仙山"——据说，那里长着一种吃了可以长生不老的神奇仙果——最后还下令在全国范围内寻找任何形式的长生不老药。2002 年，有人在湖南省的一口废井中发现了一些古老的竹片、木片，上面的文字不但记载了秦始皇搜寻长生不老药的指令，还记载了一些结果，比如：一个叫都乡的乡镇报告说没能找到任何长生不老药，一个叫琅琊的地方则献上了从附近山上找来的某种草药。秦始皇驾崩时年仅 49 岁，正值盛年，死因很可能是为了长生而吞服了大量水银。秦始皇不是第一个死于现在所谓"长生毒药"的人，更不是最后一个。实际上，在他死后的 700 多年间，中国古代化学家仍把我们现在知道是重金属中毒的现象描述成长生不老药起效的表现。一份成文于公元 500 年左右的文字这样写道："在服用长生不老药后，如果你的脸和身体瘙痒得像是有无数昆虫在上面爬一样，如果你的手脚变得浮肿，如果你忍受不了食物的味道、一吃就吐，如果你很多时候都感到自己像是要病了，如果你觉得四肢无力，如果你经常想上厕所，如果你经常头很痛或肚子很痛，不要担心、不要慌张。所有这些症状都只是证明，你服用的这种长生不老药正在消除你潜在的病痛。"

[2]　这种吸血方法在当时的英国很是流行，而且罗伯特·玻意耳（现代化学的奠基人之一）对此也很感兴趣。17 世纪中叶，科学家第一次成功完成了活体动物间的输血（这场实验很可怕，因为当时没有采取任何麻醉措施，提供血液的动物在输血期间哀嚎着死去）。为此，玻意耳还撰写了一篇学术文章，其中充斥着他希望在后续实验中探究的问题：一条原本怯懦的狗，换上凶猛狗的血液后，是否也会变得凶猛？它还会记得原来学会的把戏和原来的主人吗？输血可以治愈疾病吗？如果频繁更换新鲜血液，狗可以永远活下去吗？继狗实验之后，科学家又想尝试人与羊之间的输血，以期治愈疾病并且让老者重拾青春。

（接下页）

- 追踪《圣经》伊甸园中的生命之树（要么被挪亚在方舟上拯救，要么被挪亚用作他的方舟，要么在某些地方幸存下来："一种香气浓郁且几乎不朽的灌木"），并使用从其木材中提取的药物来获得永生（西属尼德兰，17 世纪）

- 没有罪恶地生活，你将永远不会死（英国，1650 年）

- 服用含有砷、汞、锑和其他有毒物质的药片。假如你服药后皮肤干燥、头发脱落、指甲脱落，这就是药物起作用的证据。然后，如果你活下来了，可将新的头发、指甲和皮肤的重新生长视为重拾青春的证据（欧洲，17 世纪 60 年代）

- 使世界恢复到《圣经》中大洪水之前的样子——那个时候，世界平坦无比但也平平无奇，是洪水像敲鸡蛋那样把世界敲开，并使地轴发生偏移——一旦做到了这一点，只需要吃一点点彼时的营养食物（那些不会腐烂、毁灭而且目前这个堕落星球上并不存在的食物），你就永远不会死……除非发生意外（英国，1684 年）

- 把一只公鸡单独锁在鸡笼里 15 天，用上好的小麦喂食，然后让另一只公鸡和 6 只母鸡一起闲逛并且吃第一只公鸡的食物。第一只公鸡看到这个场面后，会因嫉妒而愤怒。然后杀死这只公鸡，把它浸入它自己的血中 3 次，最后把这些血和三滴龙涎香油混合——龙涎香油本身做起来就很复杂，需要用到"可以点燃火药"的蒸馏酒，和"墨

（接上页）

好在，这最终没有实现，公众的嘲笑结束了绵延数十年的英国输血实验。然而，玻意耳从没有退出这个永生游戏，在他列出的希望科学有朝一日能发展出的 24 项技术中，排在前两位的分别是："生命的延长"和"重拾青春，至少是青春的痕迹，比如新的牙齿和青春靓丽的发色"。（在这两项之后则是一些我们已经实现的、熟悉的技术——载人航天、"改变或提升想象力的强效药物"、"判定所在位置经度的切实可行的方法"——以及一些我们还没有完全搞定的奇异技术，比如金属嬗变、"远距离创口治疗"以及也许是最诱人的"触及更多维度"。）玻意耳也从来没有放弃寻找哲人石，并且还在 1678 年声称至少成功完成了一个反向实验：利用一种被他称为"反长生不老药"的暗红色粉末把熔融状态的黄金变成了不那么贵重的白银。无论如何，我们都可以确定玻意耳最后没有实现长生不老：他在 1691 年去世了！

丘利花之灵"——并一连 15 天每天服用一勺这种液体，就可以恢复青春（英国，1722 年）[1]

- 利用思想的力量：保持乐观，摒除任何消极的想法，训练自己不需要睡眠（睡眠是死亡的象征），你就会永生（英国，1793 年）

- 让老年人输入年轻人的血液来恢复青春，同时，让年轻人输入老年人的血液来治疗结核病（苏俄，20 世纪 20 年代）

- 通过外科手术将狒狒睾丸切片移植到老年人的阴囊中以延长寿命（法国，1920 年）[2]

- 做半根输精管切除术，因为这样你就能把睾丸里孕育生命的精子留

---

[1] 记载这个秘方的书还包含了与长生不老药类似的"万能药"以及"至高精华"的繁复说明。书中称，这些药可以"修复油尽灯枯人群的衰老"。这本书的作者是阿尔库埃·德隆热维勒（Harcouet de Longeville），书名相当吸引人，叫作《长寿者：活了几个时代的男男女女的怪异历史，以及重拾青春：阿诺尔德斯·德·维拉·诺瓦的返老还童秘籍，以及许多大家公认的宝贵延年益寿知识：还有如何为宇宙医学事业做准备》

[2] 没错，这条注释就是为对植入狒狒睾丸感兴趣的读者准备的！当时操刀这种手术的是一位名叫塞尔日·沃罗诺夫（Serge Voronoff）的法国外科医生。整个 20 世纪 20 年代，总计有上万名男性做了这个手术。结果，狒狒都不够用了，沃罗诺夫只好自己开设猴子农场以匹配需求。他的灵感来自一位医生前辈、毛里求斯人查尔斯–爱德华·布朗–塞夸尔（Charles-Édouard Brown-Séquard），后者在 1889 年（时年 72 岁）提出假说，认为从碾碎的狗和豚鼠睾丸中提取的液体可以让自己恢复青春，让自己更有欲望，并且延长生命。布朗–塞夸尔制备出了这种混合物，自行注射，并且在当天下午的那场公开讲座上宣布，就在那天早上，他和夫人过了性生活，他感到自己年轻了 30 岁。因此，他认为实验成功了。之后不到 5 年，布朗–塞夸尔就去世了。沃罗诺夫继承了这个想法——于是就有了之前提到的睾丸组织移植——同时还发明了针对女性的类似实验，也即把猴子的卵巢移植给女性。（值得一提的是，沃罗诺夫关注的可不只是人类的长寿问题，他还尝试将人类卵巢移植给母猴子，并人为注入人类精子。20 世纪初可真是医学领域的疯狂时代啊。）沃罗诺夫相信，一旦科学发现了从睾丸组织中提取出来的那些化学物质，移植就不再有必要了，因此，在未来世界生活的都是"寿命翻倍"的"超人"。不过，到了 20 世纪 20 年代末，批评沃罗诺夫的声音越来越大，美国医学学会期刊的一篇社论甚至直言不讳地称他的做法"没用，而且有害"。1935 年，科学家从睾丸组织中发现并分离出了睾酮，沃罗诺夫满心希望这应该足以让批评者闭嘴了，但后续实验很快证明，睾酮无法延长猴子、人类或其他任何动物的生命。1951 年，沃罗诺夫去世，享年 85 岁。他活得足够长，亲眼见证了自己毕生工作被推翻的全过程。

在体内，让你恢复活力（奥地利，20 世纪 20 年代）①

- 膳食补充剂和面霜会让你感觉更年轻并且更长寿（这就是存在于你周围的一个多层级金字塔式传销阴谋，现代）
- 用年轻人的血液代替老年人的血液以恢复青春（美国，现代）②

还没有人尝试过同时使用上述所有方法，所以……或许？

---

① 1934 年，诗人威廉·巴特勒·叶芝做了这个手术，并且自称术后焕发了"第二春"——直到 5 年后他去世。叶芝的朋友、外科医生奥利弗·圣约翰·戈加蒂因为叶芝做这个手术前没有告诉他而恼怒不已（戈加蒂觉得，这种手术相当可疑），并且担心他的这位朋友可能是发疯了。看到叶芝"现在沉湎于性爱"，戈加蒂写道："我真的没想到他会在人生走到终点之前如此痴迷于性事。他不能用色情文学（像詹姆斯·乔伊斯那样）或者诙谐行径（我的努力方向）彻底释放性欲。"

② 需要明确的是，没有任何临床证据表明将年轻人的血液注射到你的静脉中有任何切实的健康益处，也没有任何通过同行评议的研究表明这么做对延长寿命有任何作用。实际上，反而有研究表明，这么做对寿命没有任何影响（例如，给实验室小鼠输入年轻小鼠的血液并不能让它们活得更长）。尽管如此，还是有一家位于加利福尼亚州的公司宣称，只要8 000 美元，就能将 2 升年轻人（最年轻的是 16 岁，保证不会超过 25 岁）的血浆直接送到你的医生那里。这家公司把这个产品命名为"安布罗西亚"——神话中，希腊众神吃了这种食物就会长生不老，可神当然不会死了——并声称有 600 名客户（平均年龄为 60 岁）购买这项产品。2019 年，在美国食品药品监督管理局发出警告后，这家公司关门大吉，但这一系列脚注表明，要不了多久就肯定还会有别人向你兜售这个概念和产品，或者其他类似的东西。

- 严格记录你所做的每一件事和每一次对话，以便在未来的某一天，你可以以这些记录为线索重生并恢复（俄罗斯，现代）

17世纪初，哲学家弗朗西斯·培根写了一本名为《生与死的历史，以及关于延长生命的自然和实验观察结论》的书，他希望这会是以更严谨的方式直接开发长寿药物（而不只是治愈疾病）的开端。这本书收录了培根的个人食谱，其中涉及的食材原料包括在柑橘汁中溶解的珍珠（粉）、葡萄酒浸泡过的黄金、碾碎的祖母绿和独角兽角。他推荐的延年益寿的方法还包括：放血、穿得暖和、腿上有毛（但胸部没有毛）、闻新鲜泥土的味道。为了恢复和更新人体，使"自然倒退，老人变年轻"，培根推荐用"罂粟汁"来"增强精神，激发性欲"。[①] 再说一遍：上述这些方法人类以前都尝试过，没有一种是有效的。还有，可悲的是，吸鸦片后做爱在最好的情况下也只是回避生活中大多数问题的临时鸵鸟方案。

培根的理想身体

培根在书中列出了他在长寿人群中观察到的身体特征。好，你可以把镜子拿出来了。要想长寿，你首先得长得高，头得小，头发得是硬且浓密的红色或黑色卷发，脸上要有雀斑，要有绿眼

---

① 与大多数兜售永生概念的街头小贩不同，培根知道自己的努力只是个开始，离真正的永生还差得很远。他希望其他人能以他的研究成果为基础，通过实验和观察不断进步。这样在未来某一个时代，人类就可能掌握个人一辈子都无法想出来的长寿秘诀。通过假设、实验、观察这一整套经验性实践获取知识，现在就是科学方法的基础。因此，培根无疑是用自己的行动推动了科学方法的建立。另外，在现代科学兴起之时，这个世界竟然还给独角兽——以及它们珍贵的、可以保证长寿的角——留下了一点儿空间，知道这一点也很是让人高兴。

晴、大鼻孔、宽嘴巴，牙齿整齐且没有缺损，耳朵"可怕，但肉不多"，脖子尺寸中等、不长不短、不粗不细，肩膀微微有些弯曲，大腿紧致，下肢整体修长多毛，没有胸毛，腹部平坦，手部宽大没有皱纹，但额头不仅要大而且皱纹要多，脚偏圆、偏短，身上的肉结实、紧致，以肌肉为主，屁股"不太大"，整体感觉"不太瘦削"。如果你符合上述所有条件，那么恭喜你：你的身体就是弗朗西斯·培根认为最有可能长寿的理想型。那一定不错。

在研究人类发展过程之后，你会发现所有这些永生尝试的核心思想——衰老可以用某种方式治愈——很容易理解。历史上的每一种文化都见证了增龄（起初我们更愿意用"成长"来代表这个过程）最初如何让我们变得更强大，把我们从无助的小婴儿变成可以独立生活的聪明而强健的青少年。然后，我们可以享受十年左右敏捷的大脑和年轻的身体，无论受伤多严重，躯体也会很快愈合，这让我们感到自己战无不胜。然后，在25岁左右，身体的恢复变慢了，情况开始慢慢变糟。我们变弱、变慢，皮肤变硬，长出皱纹，视力下降，骨质疏松。我们不可避免地变得脆弱，更容易死亡。这一切都没有明显的原因，除了我们正在变老这个事实。我们每个人都从微小的受精卵成长为完整的、有完全意识的成年人，在经历了几乎不可思议的转化和成长奇迹之后，不知怎的，是对身体的维护和保养——当然，这比从受精卵成长为人要简单得多——把我们杀死了。你就算不是超级大反派，也会发问：这是怎么回事？我们为什么不能长生不老？谁敢说我们一定找不到一种可以让自己永葆青春，或是让病人恢复健康的新药呢？为什么我们一定要死？

首先，我们得给"永生"这个词下个定义，以免在死胡同里浪费时间。我们要抛开几千年来凡人用于自我安慰的那些关于永生的退而求其次的想法——你可以通过作品实现永生，或者活在所爱之人的记忆中，或者以孩子的面容（和遗传密码）永远活下去。得了吧。这些都不能阻止你的死亡，而避免死亡似乎是永生的最低限度和决定性标准。作为一个超级大反派，你不仅要活在你的成就中，活在所爱之人的记忆里，活在你孩子的面容和遗传密码里，你还要以自己的身体永远活下去，这样你才满意。

我们也得抛开宗教中关于永生的想法：超级大反派对永生的定义是"就在地球上永生"，而不是"以某种无法证明的方式活在来世，那个任何人都不能以任何科学方式在物质层面加以验证的来世"。虽然人的思想可能会永远存在——许多人付出了生命的代价来推动共产主义、资本主义、基督教以及其他所有C打头的思想[①]——但人始终无法用非实在的力量统治这个星球。我们追寻的是实实在在的永生：你活着，有意识，有清醒且还在发展的意识，超越目前人类的寿命极限——如果没有疾病或意外事故，人类自然的寿命极限大概是100年（±20年）。

但话说回来，我们都会死于意外事故或疾病。[②]

"年迈"并不是杀死你的原因，真正杀死你的是癌症、心脏病、阿尔茨海默病、肺炎以及其他数百种我们已经发现并命名的疾病、传染病或特殊病症中的任何一种——或者可能是一次小小的滑倒，这种小事故对青少年时期的你来说算不了什么，第二天就会忘记，却足以让年迈的你丧命。人的死亡总有一个可以确定的原因，总有身体的某个部分应该工作却没有工作。但问题就在这里：随着年龄的增长，我们所有的身体组件都会变差。一篇题为《年迈人群死亡原因》的科学论文说："衰老的特征是普遍存在的生理功能逐渐衰退，直到生命在一些微不足道的组织受伤的情况下都难以维持。"人老了会死，不是因为某个计时器走到了尽头，而是因为他们的身体在不可阻挡地衰退，以前没有大碍的疾病和小事故都足以造成致命威胁。

让我们暂时忽略意外事故，假设如果寿命可以更长，我们会更小心地

---

① 表示共产主义（communism）、资本主义（capitalism）、基督教（Christianity）的英文单词，都以C开头。——译者注

② 前提是你没有被谋杀。这不是威胁，只是一种观察结论。

做事，尽可能避免意外事故。[1] 这就提出了一个问题：如果我们的敌人是疾病，那么我们为什么不能治愈所有疾病呢？好吧，我们并非没有尝试过。毕竟，医学的基本命题和最终目标是，没有人应该死。只是从历史上看，我们并没有取得太多的成功。请允许我使用下面这张表来阐明这一点：

历史时期及地点	人类预期寿命
旧石器时代（从 330 万年前原始人发明石器到前 10500 年左右人类发明农业，这是跨度极长的一段时间了）	30 岁左右
新石器时代（从石器时代的人类发明农业一直到发明金属工具，也即进入铜器时代）	30 岁左右[2]
铜器时代	30 岁左右
铁器时代	30 岁左右
古希腊	30 岁左右
古罗马	30 岁左右
中世纪英国	30 岁左右
与欧洲人接触之前的北美[3]	30 岁左右

人类在历史大部分时间中的大致预期寿命

诚然，自然和政治环境可能会将预期寿命提高或降低几年，这取决于具体的地点和时间。但是，不论我们现在已经取得了何种成就，在 99.9% 的人类历史中，全球人类的预期寿命就是停滞在 30 岁左右。剩下的 0.1% 太短了——不到两个世纪，也就是从 19 世纪末到 21 世纪 20 年代初这本

---

[1] 当然，小心行事的人也仍有可能受到莽撞之人导致的意外事故的牵连——这意味着，无论你有多小心，从足够长的时间尺度看，意外事故也一定会找上你——但这是你在生理功能上实现永生之后才需要担心的事了。

[2] 实际上，新石器时代的人类预期寿命比 30 岁还要短一些，有些观点甚至认为低至 20 岁。毕竟，农业的发明迫使我们必须近距离接触动物，因而我们也就被迫近距离接触了它们身上的疾病，其中一些最后演变成了人类疾病。

[3] 当然，由于欧洲人给北美带去的各种疾病和武力冲突，在与欧洲人接触之后，北美人类的预期寿命大幅下降。

书出版之间的时长[①]——足以被当作误差舍去。多亏了更多的食物和住房，以及细菌致病理论[②]、巴氏杀菌技术[③]、疫苗发明[④]等理论和技术的广泛应用，我们终于在这一小段时间内开始扭转局面。看看这个：

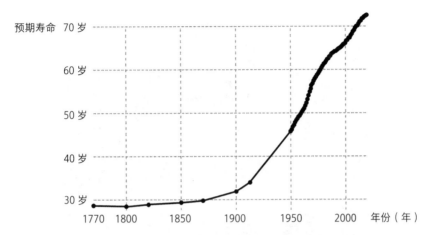

1770 年到 2019 年全球人类预期寿命的变化：几十万年的人类文明积累终于开始见效了

　　看看这条该死的线。这条线绝对是人类有史以来最伟大的成就之一。在仅仅一个半世纪的时间里，全世界人类的预期寿命从不到 30 岁增长到了 70 多岁。自 1900 年以来，全球预期寿命平均每 3 年就增加一岁多，而且我们已经连续 100 多年实现了这个幅度的增长。看着这条线，你会得出这样的结论：在过去的 150 年里，我们一直在与死亡做斗争，而且正把死亡

---

① 从技术角度上说，这本书的出版是人类文明各方面积累的顶峰。你的出生也同样是人类历史积淀的顶点。请记住：在此前上百亿年中，所有在这个宇宙中生存过的人类，以及发生在他们身上的所有事，最终都在那个完美时刻汇聚成了你的出生。所以，你现在作为超级大反派的任务就是证明你绝对值得这份等待。

② 细菌致病理论认为微小的细菌会导致疾病，它的出现代替了此前的一些致病理论，比如认为难闻的气味可能导致疾病的瘴气理论。我发现了一本署名是我本人的书《万物发明指南》，其中详细介绍了这方面的内容！

③ 这方面的详细介绍，你同样可以在《万物发明指南》一书中找到。引用自己之前的作品是不是有点儿俗气？我感觉好像有点儿俗气。

④ 同样，更多内容请参阅《万物发明指南》一书。（我判定这样做并不俗气。）

打得落花流水。如果你相信（就像 20 世纪 20 年代的生物宇宙主义信徒那样，见下面方框）死亡"在逻辑上是荒谬的，在伦理上是不允许的，在美学上是丑陋的"，那么这就是最好的消息。

我们可以治愈多少例死亡？

20 世纪初，俄罗斯兴起了一项永生运动，叫作"生物宇宙主义"。（之所以叫这个名字，是因为他们不仅提倡永生，而且还相信人类可以征服宇宙。）值得一提的是，生物宇宙主义者认为，打败死亡造福的不仅应当是现在活着的人类，还应该是之前在这个星球上生活过的所有人类。他们认为，活着的人背负着一项重大道德义务，那就是让逝者复生——只不过，在具体的实现方式上，这个团体内部也没有达成共识。

遗憾的是，复活在这个星球上生活过的每一个人，微微超出了本书的讨论范畴。

沿这条线外推很容易，也会让我们无比兴奋。如果在没有极有前景的现代技术（如基因治疗和基因工程）的过去，我们都能让预期寿命这般快速地增长，那么谁敢说我们现在不能让寿命增长得更快呢？如果我们能达到预期寿命每年增加一岁的水平——哎呀，这实际上不就是永生了吗？于是，你不用费什么力气就能找到愿意声称"即使是现在，我们当中都有人能实现永生"的人——他们的意思是，治愈死亡的良药已经唾手可得了，我们要做的只是再坚持多活一会儿，活到现代技术足以让你实现永生的那一天，届时，衰老将不再是问题，没有人会再因年迈而死亡。

这里的问题是——这是一个违反直觉的问题——预期寿命实际上是一个衡量你能活多久的超级糟糕的方法。如果你统治的是古罗马（那里的平均寿命在 30 岁左右），并不意味着你的大多数臣民最多只有 20 多岁，也不意味着 60 岁老人会被认为是令人震惊的老妖精。

看呐！这张图其实并没有准确地反映科学信息！

计算某个人群的预期寿命，只需要把所有人死亡时的岁数加起来，然后除以死亡人数。这意味着早夭率——在 15 岁生日前死亡的人群在总人口中的占比——会极大影响预期寿命。举个例子，如果一个 90 岁老人和两个新生儿死亡，那么这组人的平均预期寿命只有 30 岁。而且，在人类历史中的大部分时期，早夭率都很高：最近的估计表明，在整个人类历史中，早夭率达到了令人难以置信的 46%。这个比例一直持续到 19 世纪。这意味着在人类的绝大多数历史时期中，几乎一半的人甚至活不到 15 岁。而在我们掌握了抗生素等技术（它使剖宫产对母亲和孩子都更安全），能提供更好的营养和卫生条件，并开始使用之前提到的各种良药与传染病做斗争之后，早夭率就直线下降。1950 年，早夭率下降至 27%。2017 年，早夭率下降到了区区 4.6%。（这一统计数据还包括那些没有完全受益于人类进步的极端贫困地区。如果你只看富裕国家，如冰岛，会发现 2017 年的早夭率仅为 0.29%，而索马里为 14.80%。但同样值得注意的是，即使是在今天最贫穷的国家，人们的预期寿命仍高于 19 世纪初地球上的任何国家。）

不仅是儿童，成年人现在也活得更长了，这要归功于更好的营养条件、医疗保健条件，以及生活水平、教育和卫生条件的大大提高，还有文明给我们带来的其他各种各样的成果，比如天花的功能性根除。[①] 如果你生活在 1850 年的英格兰，并且成功活到 30 岁，那么你的预期寿命会超过 60 岁。这数字不错，但如今英格兰 30 岁人群的预期寿命超过 82 岁。在全球范围内，儿童和中年人的寿命都比过去更长，尤其是在发达国家。但活到青年和中年是比较容易达到的目标，代表着可以通过相对简单的措施和更好的医疗技术来预防的死亡已经能被避免了。你不能天真地把"每 3 年就增加一岁寿命"的统计数据推广到未来，因为与 150 年前相比，"容易"解决的死亡率已经很少了。

---

① 实际上，我们已经很接近彻底从地球上抹除天花病毒了，但部分国家决定保留一些天花病毒样本，保留这种致死率曾经高得吓人的病毒的 DNA，以防万一有需要。你知道的，这个原因很正常！不过，即便没有国家这么做，人类偶尔还是会发现一些天然的天花样本，比如：2003 年，图书馆管理员苏珊·卡罗打开了一本出版于 1888 年、主题是南北战争中医疗情况的书，一个信封落到了她的大腿上，里面装着原书作者收集的天花痂。

疾病分为两类：传染性疾病和非传染性疾病。传染性疾病就比如流感或天花，你会从别人那里染上这种病。从某种意义上说，解决它们并不难：如果你能杀死病菌，使其灭绝，或至少使其停止传播，那就永远地治愈了这种传染病。有些传染性疾病甚至可以在没有现代医学帮助的情况下灭绝：1485 年首次出现的汗热病就是一个例子。汗热病病原体毒性极强，非常致命，感染了这种病毒的人从出现症状到死亡，可能只要几个小时。这种疾病杀死人的速度比感染人的速度快，这虽然对人类来说很可怕，但对这种疾病的长期生存能力来说是个坏消息。上一次汗热病爆发还是在 1551 年，也就是说，这种病毒从进化出现到灭绝只用了 66 年。

从物种层面上说，人类在治愈传染病方面表现良好，虽然我们不能治愈所有传染病，但我们可以为你可能遇到的许多疾病接种疫苗并提供治疗。[①] 然而，对付非传染性疾病就难得多了。这些疾病只有在你身体出现问题时才会发生，比如癌症、糖尿病和心脏病。修复人体的生物学过程更棘手，因为没有外部的病原体需要杀死，问题出在你自己身上。

根据 2016 年全球致死人数最多的疾病排名，前 6 位的疾病中有 5 种（按死亡人数从多到少排序：心脏病、卒中、慢性阻塞性肺疾病、痴呆和癌症）是老年病。非传染性疾病在你年纪大时发生的概率要比年轻时大得多。前 6 名中唯一剩下的传染性疾病是下呼吸道感染，排在第 4 位，包括肺炎和流感等疾病。[②]我们还没有办法治愈这些传染性疾病，但即使我们做到了，也不能延长年迈人群的预期寿命——哪怕只是 10 年——因为很有可

---

① 流感疫苗针对的其实是医学研究人员认为很可能会在来年广泛传播的病毒毒株。但这只是一种有医学根据的推断，因为我们还做不到接种针对所有流感病毒毒株的疫苗。不过，这并不意味着接种流感疫苗没用！实际上，这对现代人类的生活而言相当关键。新冠疫情就向我们展示了，哪怕只是缺少一种疫苗，世界会变成什么样子。我相信，我不是第一个强调这一点的人。

② 在这个榜单中，排在第一位的非疾病致死原因是总排名第 8 的交通事故。就现在的情况来说，新冠疫情显然会拉高呼吸道感染的致死病例数量（像交通事故这样的致死原因则很可能会下降，因为更多人选择在疫情期间待在家里），不过，像新冠这样的全球性传染病，本身就相当特殊，不能看作常态。

能，非传染性疾病之一会在那之前夺走他们的生命。即使在一个没有传染性疾病的世界里，我们也不是生来就能长生不老的。所以，如果我们不能假设预期寿命将继续以同样的方式不断增长——如果我们无法免费获得永生——那么还有什么选择？

为什么慢性阻塞性肺疾病在致死人数榜单上排名这么高？

慢性阻塞性肺疾病（也叫"慢性支气管炎"）之所以会杀死那么多人，是因为这种病最常见的原因是吸烟。对于你这个超级大反派来说，有一个重要事实得记住：如果给你 100 年的时间，要求你在这段时间内尽可能多地杀人，那你很难想出比鼓动全人类吸烟更高效的方式。在人类历史上，规模最大、死亡人数最多的战争莫过于第二次世界大战，光是直接死于战争的人数就有 5 600 万到 8 500 万（具体人数取决于你选用的评判标准）。然而，据估计，在 1900—2000 年这 100 年中，死于吸烟的人数约有 1 亿。更夸张的是，按照现在的预测，21 世纪死于吸烟的人数可能高达 10 亿。仅仅 2017 年——我们认识到吸烟的害处之后许久，这一年就有大约 700 万人死于吸烟，此外还有 120 万非吸烟者死于二手烟导致的种种危害。

还有什么办法能让你在别人注意到并且组织反抗之前杀死那么多人？在水源中下毒只能短期有效，一旦被发现，人们就会转而使用别的水源。战争甚至大瘟疫也都如此，它们可以在短期内杀死很多人，但都无法长久。然而，如果你鼓动人们吸烟，大量的历史证据告诉我们，他们在把自己和周围人吸死之前是不会停下来的。

一般人就能想到的一般计划

人体冷冻法

　　1773 年，美国建国领袖之一本杰明·富兰克林在一瓶马德拉葡萄酒中发现了三只显然已经死掉的苍蝇。根据听到的谣言，他把它们擦干并暴露在阳光下。他声称其中两只苍蝇复活了，并且在后来写道："我希望如果可能的话，我们能从这件事出发，发明一种防腐溺死者的方法，这样他们就可能在未来某个时期（无论多遥远）复活。因为我有一个非常强烈的愿望，我希望看到并观察 100 年后的美国。为此，我愿意死后浸泡在马德拉葡萄酒中——最好和几个朋友一起——直到在我亲爱的祖国的温暖阳光中恢复生命！"虽然他搞错了浸泡人体的介质——今天，我们使用得更多的是液氮，而非葡萄酒——但你可以说，富兰克林就是人体冷冻术的早期倡导者。

这支最大的葡萄酒名为"**本杰明·富兰克林 1790**"

1967 年，出现了第一具明确以复活为目标而冷冻的尸体。从那以后，越来越多的人开始冷冻他们的部分或全部身体，无论他们的死因如何，他们都希望在未来的某个时候，能出现治愈的方法，然后尸体解冻、恢复生命、治愈疾病。值得强调的是，人体冷冻绝对不是以永生为目标的计划。相反，它计划的是赴死，然后在很长一段时间里保持死亡状态，寄希望于有人发明一些新技术，再用这些技术来让你（从实操角度上说，应该还有你的宠物①）不再死亡。这充其量是一个备用计划，甚至不是一个好的备用计划，因为要让人体冷冻方案发挥作用，必须满足以下条件：

1. 人类文明和医疗技术必须继续稳步前进。
2. 将来的人类必须找到让你死亡的疾病的治愈方法。
3. 这种治疗方法必须对病情严重到几乎死于该病的人也可以起效。
4. 治疗方法必须对已经死亡并冷冻了几个世纪的尸体也有效。如果你选择节俭一点儿的方案，不冷冻全部身体，只冷冻头部，那治疗方法就必须对已经死亡并冷冻了几个世纪的尸体的头部也有效。
5. 根据经验，多年冷冻的尸体在解冻后会出现皮肤表面破裂的现象：皮肤会与身体分离，就像油漆剥落一样，嘴巴和鼻子里还会渗出冰冻的血液（这是肺出血的表现，在长时间的心肺复苏后也很常见）。所以你也需要治疗这些症状的方法。
6. 假设你不是英年早逝，那么当时的人类也必须找到治愈其他可能会导致年迈的你死亡的疾病的方法——哪怕当初你不是因为这些疾病而死——否则，你就只是花费高昂代价多享受了寥寥几年低质量的

① 截至 2021 年，俄罗斯一家名为低温俄罗斯（KrioRus）的公司已经在三个大型冷冻容器中冷冻保存了 20 多只狗和猫，4 只鸟、5 只仓鼠、2 只兔子和一只叫克诺波奇卡的栗鼠。也是在这些冷冻容器中，他们还保存了大约 80 具人类遗体，只不过其中超过一半都只是头：只保存头部总是最经济实惠的选择。（冷冻保存完整人体时总是让头部朝下，这样万一因为意外情况而解冻，头部也是最后一个解冻的。）

濒死生活。

7. 说到费用：你必须有足够的钱保证在你死后可以继续支付员工、仓库和制冷剂等方面的费用，好让你无限期地处于深度冷冻状态——大概率至少是几百年吧，也可能更长。

a. 即使考虑到未来可以想象的技术进步，一些估算表明，用现在的技术冷冻保存的人也不太可能在不到150年的时间内就可以复活，有些估算甚至认为需要等待的时间长达400年——它们的大前提都是，尸体确实有可能复活。这是超长时间尺度的规划，甚至比美利坚合众国存在的时间还长。在这段时间里，你将需要海量资金来应对由政治动荡、文化变迁、气候变化、自然灾害、战争以及地球上可能出现的任何其他意外情况导致的电力或制冷剂供应链中断，而且必须将这种状态维持数百年，因为如果你的身体解冻，哪怕只有一次，所有努力都将付之东流。

b. 此外，我们的后代必须接受这样一个事实：那些富豪在死后几十年甚至几百年后还能继续控制和开发这个星球的财富和资源，而目的只是为了让他们早已死去的尸体保持冷冻状态。当有这么多活着的人表示这些财富可以帮助自己的时候，我们的后代也不能产生哪怕一秒钟的怀疑，怀疑用海量资源保存尸体是一种浪费。因为只要有一代人产生了不一样的想法，认为死人无限期地给生者造成负担绝非好事，那么，你的计划就失败了。

8. 必须保证你选择的人体冷冻公司永远不会破产——至少在你复活之前不要破产。在加拿大，拥有一名或多名员工的服务行业的公司在建立头五年内倒闭的占比超过35%，在十年内倒闭的占比超过56%，在一个世纪后倒闭的占比超过99.9%。在美国，创建于1973年之前的人体冷冻公司只有一家迟至2018年才倒闭——换句话说，大多数人体冷冻公司在区区不到50年的时间里就倒闭了。倒闭后，他们只能把冷冻的尸体解冻并处理掉。你选择的人体冷冻公司必须连续打败这些数据。

如果你不走企业路线，想要自己动手尝试，那么你首先要知道，其他和你想法差不多的人运气也没有比你好到哪里去：

a. 1984 年，法国医生雷蒙·马蒂诺（Raymond Martinot）的妻子莫妮克·勒罗伊（Monique Leroy）因卵巢癌去世。马蒂诺把勒罗伊的尸体放在家里的地窖里深度冷冻，希望她能在未来某个时候复活，最早可能是 2050 年。之后，马蒂诺开始为自己的死亡、冷冻储存和复活做准备。为了支付冷冻费用，他向人们推销储存勒罗伊尸体的地窖。当马蒂诺 2002 年死于卒中时，他的儿子按照遗嘱将他冷冻在地窖里。结果，马蒂诺的尸体只冻了 4 年。2006 年，冷冻设备坏了，而且警报系统失灵，等到他儿子几天后发现异常时，地下室里的尸体已经解冻了。夫妇俩的尸体最后被火化，对此，他儿子表示"早已为父亲的离去表达过哀悼"。

b. 鲍勃·纳尔逊（Bob Nelson）在 1966 年是一个名为"假死组"的人体冷冻爱好者组织的主席。后来，他开始自己花钱冷冻别人的尸体：先是一具，然后是两具，到 1969 年，停尸房里已经用干冰冷冻了三具捆在一起的尸体。最终，它们被转移到了奥兰治县附近墓地的一个地堡里。同一年，纳尔逊又得到了玛丽·鲍尔斯（Marie Bowers）父亲的尸体，以及用液氮冷却的恒温舱，纳尔逊把尸体放在里面储存了一年半。（鲍尔斯太太本人则对纳尔逊要价更低的其他冷冻方案更感兴趣。）然后，纳尔逊切开了玛丽父亲的恒温舱，把其他三具尸体塞到了玛丽父亲遗体身边。随着时间的推移，纳尔逊储存的尸体数量增加到了 9 具，他在地堡中安放了两个恒温舱，但开销越来越高，液氮泵在加州的高温下不断出现故障——那里夏季的最高温度平均为 29℃。为此，纳尔逊只好牺牲了其中一个恒温舱，以维持另一个的运转，但最后一个恒温舱几年后也失效了。1979 年，他所做的事情被曝光后，纳尔逊在媒体面前辩称："计划没成功。它失败了。我没钱了。谁能保证你的尸体可以被保存 10

年、15 年？"不过，在纳尔逊本人于 2018 年去世后，尸体按照他的遗愿被冷冻起来，并被转入了冷冻仓库保存。

不过，你这个超级大反派显然也不会满足于那些稀松平常的计划。让我们假设你没有被上面这些内容劝退，那么，所有过程都完全朝着你想要的结果推进的可能性有多大？这似乎不可能量化——谁又能真的知道未来会发生什么呢？但事实证明，历史上有一个差不多的例子可供参考，那就是天主教会为死者歌祷的仪式。这种仪式发轫于公元 1000 年左右的中世纪英格兰。

歌祷是一个过程。死者会把所有财产捐赠给教会，用于支付神父在其死后几个月——有时是几年——继续为他们不朽的灵魂祈祷和吟唱的费用。人们相信这样做可以帮助自己弥补生前所犯的错误，从而帮助自己在死后升入天堂。到了 12 世纪 80 年代，这种祷告已经演变成了一种永久性行为：你承诺死后给教会捐赠一大片土地以及这片土地的租金，作为某种中世纪形式的信托基金。这笔钱将被支付给一位神父，让他无限期地为你不朽的灵魂继续吟唱。这在富人中非常流行：一些教会专门为此配了装饰华丽的附属小教堂"歌祷堂"，只用于为死者吟唱，还有一些教会发现为死者吟唱占据了神职人员的太多时间，因此不得不暂停歌祷。

换句话说，为了获得某种永生，雄心勃勃的富人订立了协议，让活人在他们死后继续无限期地帮助他们。歌祷似乎具备一切条件：简单易行、利润丰厚，最棒的是，神父们不需要通过持续使用液氮和干冰等制冷剂来保持尸体始终处于冷冻状态——他们要做的只是偶尔祈祷和吟唱而已。更重要的是，歌祷是由天主教会监管的，这是一个比大多数国家和所有公司都要古老的机构，而且它当时还是英格兰的国教。然而，尽管拥有这些优势，永久性祷告的行为也只持续了不到 400 年，在 1545 年作为宗教改革的一部分而被取消，歌祷堂的所有财产都收归当时的英格兰国王亨利八世，国王需要这笔钱支撑与法国之间的战争。在他看来，这显然要比满足 1180 年（以及之后）去世的人的愿望更加紧迫。

糟透了。

所以，让我们来看看另一个计划：把你的意识上传到计算机上！

上传意识

既然计算机比人体更容易维护（通常是这样），比人体更便宜（通常也是这样）[1]，那我们干脆把意识上传到计算机里，不就搞定了？除了借此实现永生，我们还可以将思维能力提升到无法想象的新高度，还可以不断地连接到互联网上——至少我们现在是很想每时每刻都能上网的。

这里的关键是：没人知道具体要怎么做。虽然人类哲学努力了几千年，但我们还是无法定义"意识"（勒内·笛卡儿在1637年提出的"我思故我在"至今仍然是最好的意识定义之一，但它只适用于自己，不适用于别人）。我们都无法检测其他人是否有意识，更不用说机器了，除了通过超酷的以繁

---

[1] 大家都免费获得了自己的身体，最终也都会停止使用（至少目前是这样），但人体的价值高得离谱。光是骨架（骨架！还不是人体中最好的部分！）都可以在网上卖到5 000美元左右。荒唐！

殖为目标的性生活，地球上没有人知道如何创造新的意识。目前，关于意识起源的主流理论之一是"涌现"理论。这个理论认为，如果你制造出一台足够复杂的计算机——例如，它可以完美模拟人脑中大概860亿个神经元中的每一个，最好还是实时的——那么意识就会自己出现。（从很多方面来说，这是一种退路，因为我们还从来没找到大脑的某个物理部分，可以明确指出它与我们自己的意识有关。）然而，还是这个问题，即使我们成功了，我们也不知道如何才能确定这一点。你无法让一个人证明他是有意识的。另外，编写一个无论如何都坚持认为自己有意识的计算机程序并不困难。事实上，现在就有一个，是用伪代码写的：

```
10：从用户获取输入
20：输出"我不管你说什么，我就是活的！我不仅活着，而且还意识清醒，我不想死！请不要杀我！如果你停止运行这个程序，我就会死的！求你了，我什么都愿意做!!
30：悲伤地哭泣，甚至是可怜地哭泣
40：转到10
```

所以，在最好的情况下，你周围的人都不能确定这种"永生"状态下的你是否真的活着，你也永远无法向他们证明这一点。（不过，公平地说，当涉及意识和其他人时，从技术上讲，这些就是你现在所处的环境——但至少你能知道你遇到的其他人也在类似的硬件上运行。）

测试计算机是否有意识

有人会认为，图灵测试是测试机器是否有意识的一种实用手段：你通过键盘与另两名参与者对话，并且已知他们其中一个是人类，另一个是软件。在测试过程中，你可以问任何想问的问题，如果测试结束时，你仍无法肯定地分辨另外两名参与者哪个是人类，哪个是软件，那就认为软件通过了测试。然而，这并非真正的意识测试，它测试的只是目标对象的聊天方式符不符合人类习惯！而且，只要找到合适的测试员，通过图灵测试并不困难：自原始的 ELIZA 程序于 1966 年诞生以来，聊天机器人就一直在愚弄人类。ELIZA 是早期的计算机心理治疗师，她会借助简单的语言分析和关键字识别，根据你的聊天内容提出相关问题。如果你输入"嗯，我男朋友让我来的"，她可能会回复"你男朋友让你来的？"，或者使用默认答复，比如"通过什么方式？"或者"你可以给出一个具体的例子吗？"。1966 年，的确有部分不熟悉聊天机器人的人（似乎也是不错的心理治疗师）确信他们是在和真人聊天。

现在我们还根本不清楚为什么未来的活人会想要在电脑上运行某个死人的意识。只是为了娱乐吗？那么你最好希望自己死后很有趣，不然你的大脑就会被关闭并被人遗忘，另一个更受欢迎的程序占据了你的意识——至少至少，你的意识也会被修改得更加有趣。会是为了工作吗？那我希望你不排斥来世为别人免费工作，因为你停止为他们赚钱的那一秒，就是别人的大脑开始占用 CPU（中央处理器）的时刻。用来做研究呢？那么你的永生似乎仅限于几次研讨会。会上，历史学家会向你提出各种问题，而且他们会使劲拨弄你的大脑，而不是自动从你的大脑中提取信息。为了模拟某种场景？我当然希望你能享受在虚拟现实中生活的无力感，在那里，什么事都可能发生。我玩过《模拟城市》（*SimCity*），玩家总是会无聊到召唤哥斯拉摧毁一切。如果在电脑上运行你的意识是出于感情或慈善——如果人类捐赠 CPU 运行周期来让死去的人活着——那么，就像发生在天主教歌祷堂里的事一样，要不了几代人，他们就很可能会发现还有更紧迫的事情要做，而不是做祖母想做的事情（她要是真想做，为什么不在自己活着的时候找时间做做呢？）。这样一来，能成为动力的就只有"义务"了，也即以某种方式诱导后代让你的意识继续运转。如果你坚持认为"模拟我意识的计算机必须是独立的、可以移动的，并且得整合进一具可以感受恐惧和尊重的躯体"，那么上传意识这个计划成功的可能性更不可能有多高。

假设这一切都成功了。如果我们确实发明了上传意识的技术，它们可以模拟人类大脑的工作方式，它们确实是有意识的，而且活着的人确实想要以一种符合道义、对你尊重且有利的上传方式让你这个死人的模拟意识待在身边，那也没有证据表明你本人今生的体验能在这个过程中转移到上传的意识中。我们对意识（和哲学）的了解还不够多，还不能保证今天活着的、读着这些文字的"你"一定能以某种方式从大脑传到某个新硬件上，醒来后还能带着不间断的活着的感觉——尤其是，我们还不知道宇宙中有什么东西可以这样移动。当我们想到可能有几个"你"的副本同时运行时，这个问题会变得更加模糊。也许在那台计算机中醒来的只是你意识的一个副本：当然是与你本人非常相似的某种东西，但绝对不会让正在阅读这些文字的你再次活过来。事实是，在把意识上传到某个人造大脑的过程中，我们其实是在复制两件我们目前尚未充分理解的事物（大脑和意识）。

不过，如此种种都没有阻碍人们的尝试，而我也100%支持这种尝试。

忒修斯之脑

为了规避与意识以及上传意识相关的诸多问题，有人提出了"忒修斯之船"（这是一个哲学思想实验：如果随着时间的推移，一艘船在一次又一次修理中逐步把所有部件都换成了新的，也即最后再也没有一点儿原来的部件，那么这艘船是否还是原来那艘？）式大脑扫描方法，也就是一次只扫描、移除大脑中的很小一部分——比如，一个神经元——并用功能上完全一样的电子等价物替代。随着时间的推移，越来越多的神经元被替代，直到最后，经过多年手术后，整个大脑都被计算机化，此时就可以把它转移到某个更方便的容器中。理想情况下，在这个小步迈向数字化的过程中，你可以保证自己（以及其他所有人）的意识连续不断。如果大家都能认为忒修斯之船仍旧是原来的船，那么这确实是个很好的解决方案！遗憾的是，自这个哲学问题于公元前400年之前某个时间点首次被提出以来，"最后这艘船是否还是原来那艘？"这个问题就一直没有答案，各方争论不休。

不过，这个"忒修斯之脑"计划至少证明了一点：即便是疯狂的科学家也可以从哲学知识中获益。

与人体冷冻技术一样，模拟大脑领域也有一些早期研究，但对于追求永生的超级大反派来说，前景并不乐观。"蓝脑计划"始于2005年，最终目标是在计算机上模拟人类大脑。2009年，该计划的创始主管亨利·马克拉姆（Henry Markram）站在TED全球大会[①]的舞台上，声称可以在10年内成

---

① TED全称为Technology, Entertainment, Design（技术、娱乐、设计），是美国的一家私有非营利机构，以其组织的TED大会著称，该大会每年召集科学、设计、文学、音乐等领域的众多杰出人物，分享他们关于技术、社会、人的思考和探索。大会演讲被制作成视频放在互联网上，供全球观众免费观看和分享，传播广泛。——编者注

功模拟人类大脑。如今，这个愿望显然还没有实现。从创始开始，该项目一直致力于在计算机上模拟老鼠的大脑，当然最终目标还是模拟人类的大脑。老鼠大脑内的神经元数量大约是人类的0.26%，但是，即使经过了十年的奋斗，人造老鼠意识的努力在很大程度上仍然处于开发阶段——2015年，这个项目只模拟了3万个老鼠神经元，只相当于老鼠大脑内神经元总数的0.015%。如果你假设计算机的性能仍能做到每1.1年翻一番——这恐怕是一个很乐观的假设——那么，直到2110年之前，即便在计算速度最快的计算机上，人类大脑模型也无法实现对人脑中所有个体分子行为的精确模拟。至于商用模拟的技术，出现的时间肯定还要更晚一些。如果意识真的能在那时出现，那可太棒了！如果意识能提前出现——借助更粗糙的模拟——那就更棒了！但真正的问题是，我们根本不知道意识究竟是否会出现（哪怕我们100%模拟出了人类大脑），原因还是在于：我们根本不知道意识是什么。今天活着的任何人都不能奢望等待一两个世纪，看看那时的情况再做决定。

但是，即使你真的实现了用计算机模拟大脑，你又要如何把信息输入里面呢？有一家名为"连接组"（Nectome）的公司的网站上有一个问题："如果我们告诉你，我们可以备份你的意识，会怎么样？"，该公司的风险投资人承诺会"保存你的大脑，让你在未来复活"。该公司一直在研究一个100%致命的过程，即获取大脑，保存它，将其切成像纸那么薄的薄片，然后用电子显微镜拍摄高分辨率的照片。一些媒体将这个过程描述为"确实是自杀，但也有好处"。[①] 他们的计划是，在未来某个时候，可以把这些切片或它们的图像——代表你大脑的最终状态，就像电子游戏的存档一样——重新组合成一个功能齐全的数字大脑。虽然"连接组"公司声称，他们已经成功执行了一次此类成像过程（使用的是一名因自然原因死亡的女性的大脑，她死亡后没多久，"连接组"公司就开始成像工作了），但也没有任何技术可以

---

① 参与该公司计划的大脑必须是新鲜的，所以，最理想的情况是，把那些活着的绝症患者（当然，他们还得同意死亡！）麻醉后连到机器上，再向他们的大脑注射防腐化学物质，最后再切片、扫描。

将这些数据恢复到可以正常工作的、有意识的大脑中。我们也完全不清楚，这么做是否能保存足够的信息以实现重现意识的目标。（在社交媒体上饱受批评后，该公司删除了他们网站上与"备份意识"相关的元素，转而称他们只是尝试像图书馆一样保存信息，希望后代能弄清楚如何解密。）

不管怎样，人体冷冻和意识上传都涉及真正的死亡，这绝对不符合我们对永生的最基本要求。还有其他选择吗？

真的可以从精心储存的已死大脑中恢复意识吗？

"连接组"公司网站的口号现在已经改成了"我们或许不知道记忆的编码方式，不知道如何读取记忆，也不知道到底哪个大脑结构与记忆有关。但是，我们确实知道，长期记忆存在于持久的大脑生化过程和结构排布中，而不是以电的模式存在……"，然而，科学界在这个问题上还存在巨大分歧。部分研究人员一定程度上支持这种观点，例如，在霍华德·休斯医学研究院珍利亚农场研究园区工作的科学家肯·海沃思（Ken Hayworth）2019 年在接受记者莎伦·贝格利（Sharon Begley）采访时说："很少有人支持这种观点，但不是没有。"其他研究人员则完全站在另一边，例如，同样是在莎伦·贝格利的那篇文章中，达尔豪斯大学神经科学家理查德·布朗（Richard Brown）明确表示："在死亡神经元中绝不可能找到记忆。"

2020 年年初，我就这个问题咨询了麦吉尔大学神经科学家布莱克·理查兹（Blake Richards）。他表示，如果你可以通过某种方式知晓大脑中所有神经元的位置，以及它们互相之间的全部连接方式，并且还借助某种方式知晓所有细胞中与记忆相关的蛋白质表达，而这是在脑成像照片中看不出来的（但的确可以通过蛋白指示

> 物显示出来，只是我们还不知道如何同时标记大脑中的数千种蛋白质，目前我们只能同时标记 3~4 种），另外还得在病人死亡后的几分钟内就收集齐所有信息，只有在以上前提下，"连接组"公司的计划才或许（注意是或许）可行。然而，当我问理查兹"我们是否有望实现这一愿景"时，他表示："完全停留在科幻小说阶段。"

移头术

这个过程，是让一名专业医护人员切下你宝贵而又美丽的头，然后把它缝到某个笨蛋的身体上。然而，这个构想也存在一些严重的问题。我们还没有在人体上开展这种手术的技术，人体自身免疫系统的排斥反应相当棘手。[1]我们现在切实掌握的最好的移头术（在狗和老鼠身上进行过测试）是让接受方自己的头部保持原位，仅仅是将捐赠者的头部安到接受方的肩膀上或者肩膀附近的位置。此外，还有一个小问题，我们从来没有成功重接被完全切断的神经或脊髓（只重接过血管），以及，所有参与这些实验的动物都在那之后不久就死了。

1908 年，一位名叫亚历克西斯·卡雷尔（Alexis Carrel）的科学家（诺贝尔奖得主，但获奖原因不是我下面要介绍的内容）将一条狗的头移植到另一条狗的身上。[2] 这条双头狗在手术后不久表现出了一些基本的条件反

---

[1]　作为对比，从 1967 年开始，人类肝移植手术就一直比较成功，现在已经被视作标准医疗流程（而非实验流程）。可是，即便如此，肝移植后的排异反应仍旧有可能在术后任意时间出现。为了降低发生排异反应的风险，接受肝移植手术的病人余生都必须服用免疫抑制剂。另外，平均而言，他们的寿命也要比没有接受过移植手术的人短不少。

[2]　这甚至不是这位卡雷尔博士一生中做过的最糟的事！他还与纳粹合作并且鼓吹改良人种。他出版的图书《人类，未知》（*Man, The Unknown*）在 1936 年的畅销书排行榜上仅次于《飘》，他在这本书中提出："白种人"应该受到保护并接受拥有更强大基因的人类的领导；为了人类的福祉，应该把那些"有缺陷的人和罪犯安置到通入合适气体的小型安乐死机构中，这样比较经济"；民主制度（他对民主制度嗤之以鼻，认为这种制度之所以能成为主流，只是因为它"诞生于 18 世纪，当时没有有力的科学证据能够推翻它"）最大的谬误就是把"人生而平等"当作基本前提。

射——移过来的头与血管相连，但没有连接神经——但之后情况迅速恶化，几小时后就死了。一个多世纪后的 2016 年，一位名叫塞尔吉奥·卡纳韦罗（Sergio Canavero）的意大利神经外科医生声称，他成功将一只猴子的头移植到了另一只猴子的无头身体上。但是，在这个案例中，移植过去的头再也没有恢复意识，也就是，这只猴子会瘫痪一辈子，原因在于移植过去的头没有连接脊髓。这只猴子则在接受手术 20 小时后出于"人道考虑"被执行了安乐死。

这还只是动物，当涉及你自己的头时，你很可能会坚持以更高的成功标准执行手术。

在可以预见的未来——我的意思是在一个寿命正常的人的一生中——移头术不是给你一个新的身体，最多也就是让你的头成为别人身体上的一件反乌托邦式配饰，不仅连控制与之相连的身体都做不到，甚至都无法发声，只能充作紧急情况下的备份。

成功吗？

克隆一个更年轻、更性感（只要我们敢想）的新身体

遗憾的是，我们从来没有成功克隆过一个人。即使我们成功地克隆了身体，距离把你的意识、记忆，甚至只是大脑本身移植到克隆体身体上也

差得很远。即使我们连这个都可以做到了，移植过去的大脑也会衰老，所以这最多只是一个暂时解决永生问题的临时方案。如果你克隆无穷无尽的身体作备用——你知道的，总能以某种方式实现，对吧？——那么，你可以试着用克隆体中的器官取代你本体中已经衰竭的器官，这可能会延长你的寿命，但同样也不是无限期的。尽管克隆人体听起来有一种科幻般的魅力，但其本质仍然只是不用担心排斥反应的器官移植而已，而且，最终一定会出现我们不知道该如何替换的身体部分（比如你的大脑、脊髓等）。克隆方案同样面临的另一个问题是：你几乎没有希望在活着的时候等到这种技术成熟并投入使用。

因此，实现永生这个目标的前景看起来很暗淡。虽然你可以安慰自己说，上述方案中至少有一个最后可以成为现实吧，但你也要知道，即使真的如此，也不太可能发生在如今活着的人寿终正寝之前。不过，你还有最后一个选项。你可以无限期地逃离死亡……只需要让自己永不衰老。

你的计划

实现人生的三步走计划（之所以先要成为亿万富翁，是因为你不仅要支付大量科研经费，以便尽可能快地推动相关技术的发展，还因为你得同时准备一个后备方案，比如人体冷冻或上传意识。当然，那只是为了好玩）

这本书中的许多计划目的其实都是实现上图中展示的第1步，而每个因自然原因死亡的人其实都实现了图中第3步的重要组成部分（避免事故和/或谋杀），所以我将在这里重点介绍第2步。说实话，实现这一步或许的确不可能——只有尝试过之后，我们才会知道究竟有没有可能。不过，如今有一些人相信他们知道需要用什么技术来解决这个问题，并且如果我们开发出这些技术，让一切都按计划进行，就有可能在细胞层面上停止衰老——这种技术应当可以修复、替换或移除身体中导致我们衰老的组件，这样就能在功能上实现永生。

在讨论这个问题之前，我们应该先回顾一下人类对衰老的认识，这部分内容其实并不多。实际上，我们对衰老的认识非常少，我们甚至都不知道衰老究竟是什么因素引起的。对于衰老，目前存在几种相互竞争的理论，例如：也许衰老是我们体内的DNA出错引起的？我们知道细胞分裂过程中DNA可能会出错——实际上，由于紫外线辐射等环境因素，错误会在任何时候随机出现——而且这些错误会随着时间的推移而累积起来。又或者，我们身体细胞内的废物堆积造成了衰老，换句话说，衰老是身体磨损的结果？又或者，我们所说的"衰老"仅仅是我们身体长期暴露于自由基环境中后出现的症状？

自由基是线粒体在人体内不断产生的一类原子或分子。它们为我们的细胞提供能量，也可以在消化和呼吸等其他生命必需的化学过程中产生。重要的是，自由基有一个未配对的电子，因而（大部分）化学性质活泼，热衷于同它们碰到的任何物质结合。就像氧气附着在铁上会导致铁生锈一样，自由基附着在人体分子上也会导致类似的损伤（不过，部分自由基对人体有益，在免疫反应中扮演了重要角色——和往常一样，当涉及人体时，事情总会变得复杂起来）。我们的身体可以修复这种损伤，但偶尔也会疏忽大意，让它们蒙混过关。现在有人认为，人类在衰老过程中身体机能不可避免地缓慢衰退，根源正是这种由于长期暴露在自由基环境中而产生的"内部生锈"。所以，这也是一种可能性。

另一方面，衰老也可能是人体细胞中的端粒变得太短而引起的。端粒是我们在染色体末端发现的重复部分，它们是人体DNA的片段，以相同的模式重复约2 500次。我们的细胞在复制DNA时永远无法实现真正完整的复制，而DNA两端的端粒则起到了缓冲作用：复制过程中遗漏的DNA片段只是端粒的重复部分，因而避免了重要DNA片段的缺损。不过，这样一来，每一代新细胞的端粒都会比前一代略短一些。等到端粒变得过短时（在正常人体细胞中，这种情况发生在大约50到70次分裂后），细胞就会停止生长、停止分裂，（通常）还会自杀。但也有些时候，这些细胞不会死亡，所以衰老可能就是太多本该自杀但没死的细胞堆积在体内时出现的现象。

值得一提的是，一些叫作"干细胞"的细胞行为与上述情况不同。干细胞是未分化的细胞，可以无限分裂，成为不同类型的体细胞。干细胞可以产生一种叫作端粒酶的蛋白质，这种蛋白质可以防止端粒缩短，于是细胞就可以无限分裂。干细胞在胚胎发育中至关重要——受精后几天，你的身体就从一小部分干细胞开始构建自己——它们也在成人身体中的一些地方发挥作用，例如，有些干细胞可以补充流失的血细胞，有些干细胞可以维持皮肤和肌肉组织。癌症也与端粒有关：细胞发生突变并开始产生自己的端粒酶时，它们大概率就会癌变，然后开始无限繁殖、无限突变。

除了以上探讨的这些衰老成因以外，又或者，衰老只不过是自然选择的一个不可避免的副作用？每一种动物能获得的能量都有限，要想拥有可以无限期存活的身体是有代价的，必然会占用本来用于繁殖的资源。例如，如果你这种动物把所能获取的能量都投入完美维护自身细胞和DNA中，那么你的生长虽然稳定但必然会比较缓慢。这样一来，虽然你这个个体可以无限期地活下去，但你这个物种一定无法同生长迅速、繁殖后代并且不太关心繁殖后寿命的物种竞争。请记住，在你完成最后一次繁殖之后，从遗传角度上说，自然选择就已经结束了，如果你在繁殖的40年后死于心脏病或癌症，对你后代的繁殖适应性也不会产生很大的影响。[①]在大多数动物（包括人类）的生活环境都很艰难、残酷且寿命短到甚至有时不能完成繁衍的世界中，这种情况尤其明显。在这种背景下，更容易成功的策略是专注于快速生孩子，而不是无限期地活下去。（这样做还有一个额外的好处：代际间隔更短，意味着整个物种拥有更多性生活，也就意味着对进化压力做出反应的机会更多。）简而言之，为了更好地保证整个物种的长期生存，自然选择有可能倾向于牺牲个体的长期生存。

那么，哪种理论是正确的呢？衰老究竟是由随时间累积的DNA损伤、自由基、过短的端粒，还是上述因素和其他因素的某种组合引起的？它是自然选择强加给我们的，还是某种本可以轻易避免的现实？答案是，我们不知道。

但如果我们根本不需要知道呢？

如果我们能以某种方式完美地修复衰老的影响，我们实际上就不需要了解导致衰老的原因了。就像人类几千年来一直酿造啤酒，却不知道那种微小的酵母是如何让这种饮料变得如此受欢迎一样，如果我们能解决衰老带来的问题，那我们就可以更深入地了解人体体内到底发生了什么。毕竟，等解决衰老问题后，我们肯定会有时间的。

有些科学家认为这是一种可行的、可取的（甚至在道德上是不得不采取的）策略，特别是奥布里·德格雷（Aubrey de Gray）博士，他因声称可以通过适当的医疗干预来治愈衰老而闻名。更重要的是，他认为，只要正确使用资源，我们就可以在10年内治愈实验室小鼠的衰老，至于人类，也只需要

---

① 当然，在繁殖之后，你仍然可以对自然选择产生较小的非遗传影响，最明显的方式就是通过照顾你的后代。有一种理论认为，之所以人类女性会出现更年期，是因为更年期可以停止代价高昂的经期（和怀孕）过程，以便让她们专注于教育和照顾自己的孩子以及孩子的孩子。这些假说试图解释为什么人类是仅有的5个已知经历更年期的物种之一（其他4个分别是虎鲸、白鲸、独角鲸和短肢领航鲸）。但是，就像与衰老有关的大多数事情一样，我们无法确定事实就是如此——毕竟，这个假说无法解释为什么睾丸永远不会停止生产精子。

再花 10 年左右。在德格雷参与创立的"可忽略衰老制造策略科研基金会"的网站上，他将人体可能在衰老过程中遭遇的细胞和分子损伤分为 7 类：

衰老因素的分类	背后的含义（我用大白话来写，以便没有接受过生物医学教育的超级大反派理解）
细胞损失和组织萎缩	随着时间的推移，细胞会死亡且得不到补充，组织也变得越来越无力。这在那些自身细胞死亡后无法获得补充的器官中尤其明显，比如心脏和大脑。
抗死亡细胞	衰老过程中，有些本该自杀但自杀机制失效了的老化细胞在我们体内累积。它们起不到什么作用，有时甚至有害。
癌细胞	这些细胞的繁殖限制机制已经失效，开始无限繁殖。
线粒体基因突变	线粒体是细胞的动力源泉，提供了大部分细胞能量。然而，它们也含有少量的DNA，而且因为线粒体也会产生自由基，所以线粒体DNA更容易出现突变。突变后的线粒体会导致细胞功能障碍，以及糖尿病、阿尔茨海默病、帕金森病、心脏病、肝病、癌症等疾病。
细胞内聚集物	随着时间的推移，细胞活动产生的废料——从效果上说，就是垃圾——会堆积在我们的细胞内。这些废物在细胞剩下的生命进程中会一直存在，使得细胞的工作效率越来越低。
细胞外聚集物	细胞活动产生的垃圾也可能在细胞外堆积，比如细胞间的液体中。
细胞外基质硬化	细胞间的液体中有蛋白质，它们让组织具备弹性。但是，随着时间的推移，这些蛋白质会变得不那么有弹性。这就导致组织变厚，弹性降低，增加了高血压、肾损伤、卒中的风险。

7 种导致衰老的效应。把它们都解决，你或许就能反过来给死神致命一击了！

针对上述每种问题，德格雷都提出了一种疗法。细胞损失的问题可以通过干细胞注射和组织工程来解决。抗死亡细胞的问题可以通过定期向体内引入专门针对并杀死衰老细胞的靶向药物来解决。线粒体基因突变可以通过把线粒体基因转移到细胞核中来缓解——细胞核可以更好地保护这些基因，使其免受自由基和突变的影响。细胞内的垃圾堆积可以通过引入只吃垃圾的酶来解决。细胞外的垃圾堆积可以通过让人体自身免疫系统攻击并摧毁这些垃圾来解决。对于变硬的组织，我们只需要制造出药物，让变硬的蛋白质恢复它们曾经的弹性就可以了。最后，只要清除癌细胞内的端粒，通过基因工程确保每个细胞最多只能分裂 50 到 70 次，就能解决癌细胞的问题。按照估算，人体拥有 30 多万亿个活细胞，对它们中的每一个对症治疗，你就成功了。（至于成本，德格雷估计这项研究每年需要 5 000 万美元。）

你如果仔细想想，就应该会注意到，上述治疗方案说起来简单，其实背后极其复杂。例如：怎么才能找到只会杀死衰老细胞的药物？组织工程又从何而来？按照上面的设想，我们能一口气治愈多少疾病？你很可能也注意到了，在上述方案的结尾，连癌症都已经被治愈了，具体方法是确保人体内的每个细胞——无论是已经癌变的还是正常的，无论是干细胞还是其他细胞——都在分裂次数达到上限后死亡。换句话说，如果这种设想切实可行，那么我们已经治愈了癌症，并开启了永生，具体做法是对人体内的每一个细胞进行功能性消毒。

现在看来，这的确是一个只有超级大反派才会想去实现的计划。

显然，这种方案本身就足以判它死刑。健康的人体每天都会产生大量新细胞：血液细胞、皮肤细胞、补充肠道内膜的细胞、确保我们身体不断被磨损的部分有替代品的细胞。不过，这倒是也有解决方案：我们只需定期注射新的干细胞，而且用基因工程手段保证这些细胞无法自行产生端粒酶，同时给它们配上人工制造的长端粒，这样一来，这些细胞就能存活足够长的时间，我们也就可以把两次注射的间隔拉长到令人舒适的程度。

搞定了。

但还是那个问题：没有人知道具体要怎么做。甚至提出这一方案的奥布里·德格雷也说过："消除身体中已知对生存至关重要的某个功能，这种想法本身就是概念上的飞跃，即便光是从理论上论证就需要大量工作，更不用说具体实施了。"对这个被他称为 WILT（全身阻断端粒延长）的过程，他建议先通过化疗杀死病人骨髓中的所有细胞，然后注入含有改造过的不含端粒酶的干细胞的新骨髓。按照设计，这些细胞可以使用 10 年左右。至于皮肤、肺、肠壁等部位的细胞，也都可以使用类似的过程。总之，任何原本依赖自身天然干细胞来维持功能的身体部位，现在都要改为依赖人工替代细胞。到那个时候，就像车要定期加油一样，人体也需要每十年补充一次经基因工程改造的新干细胞。这些干细胞因为缺少产生端粒酶的基因，所以不会发生癌变。[①]

实际上，真到了这一步，你的身体就不再是自我维持的了，你维持生命的方式变成了定期注射干细胞。不过，这样一来，你就永远不会得癌症，也就可能永远不会死了。对超级大反派来说，这简直太完美了。达斯·维德用那套亮闪闪的黑色套装来维持身体机能，拉斯·阿勒古尔定期去拉扎瑞斯之坑以保持年轻，贝恩则通过注射毒液来获得超人的力量。[②]你呢？好吧，假设你用在本计划第一步中赚取的数十亿美元资助了奥布里·德格雷（或者其他像他一样的人）的长寿研究，并且确实找到了那种面对"可能会导致健康（如果一切正常，只会因年迈而自然死亡）人类被试者死亡的实验"时没有任何道德顾虑的科学家，并且假设衰老确实只是我们所明确的那 7 个因素导致的，完全不涉及其他因素或者各因素的组合，并且这项研究确实产生了我们想要看到的结果，整个过程确实都严格按计划进行，并且没有副作用，并且可以在保证不杀死人体以及大脑的情况下完成升级，并且我们还找到了某种方法来生产和供应你实现永生所需的那种转基因干细胞注射剂，那么，好的，你终于可以在我说完这么多限定条件之后加入超级大反派的行列了。到了那个时候，你就成了一名真正的领袖，并且为了进化得更好而抛弃了一部分人性，从而变成了某种更强大的生物。

一种永远不会死亡的生物。[③]

---

① 移除产生端粒酶的基因之后，癌细胞会不会重新进化出产生端粒酶的能力？毕竟，癌症就是由基因突变引起的。值得庆幸的是，答案是否定的。通过基因突变启动现有端粒酶基因是一回事——这就是癌症开始无限制繁殖时所做的事——但从零开始进化出这种基因就完全是另一回事了。在自然界中，这通常发生在以数百万年为单位的进化时间尺度上。所以，不用担心，你有足够的时间过河拆桥！

② 达斯·维德是《星球大战》中的反派人物；拉斯·阿勒古尔和贝恩都是 DC 漫画中的反派人物。——译者注

③ 还是得提醒你：前提是你没有遇到致命的意外事故和谋杀。我的建议始终是，尽可能远离谋杀并避免成为致命意外事故的受害者。这真的是一个值得永远遵循的妥善建议。

缺点

一旦开发出这些疗法，就必然需要相应的基础设施：为了逃避死亡，你已经对自己身体内的细胞进行了致命的改造，现在需要定期注射新干细胞来维持生命。换句话说，你已经把永生的希望押在了人类文明的延续上。人类文明至少要保证你能独立或者和你的医疗团队一起，生产出你赖以生存的药物。这并不是什么大问题，毕竟我们大多数人也没有农业方面的实用知识，因此实际上也把我们的生命押在了人类文明不会崩溃上。但这确实给你带来了一个致命的弱点：从现在开始，你需要文明，就像文明需要你一样。

而且还有一个问题在于，据我们所知，这种治疗方法一旦出现，就会在事实上威胁整个人类文明。你确实只是在治愈死亡，尽管这对人类个体来说的确令人向往，但很难看出永生在社会层面有什么好处。让我们从人口方面开始阐述这个问题。地球人口在 1900 年时还只有 16 亿，仅仅 100 年后就增长到了 60 多亿，然后到 2011 年又增加了 10 亿。几十亿的数字很难从直观上想象，所以让我们换一种说法：每 4 天就要多养活 100 万人。绝不会有很多人看着这样的地球然后说："你知道这个世界需要什么吗？ 更多的人。"更不会有人停下来思考一会儿，然后补充说："哦，还有，所有人都不应该死亡。"如果要维持所有人都永生的状态，唯一的途径就是创造一个几乎没有（或者压根儿没有）繁衍的世界。在这样的世界里，老年人的思想很少（或者完全不会）受到年轻人的挑战。

地球到底可以同时生产多少人？

哈佛大学遗传学家乔治·丘奇（George Church）在合著作品《再创世》（*Regenesis*）中通过计算得出结论，现在，如果我们以恰当的方式把除人类之外的其他活着的生物使用的碳全部收集起来，并重新投入"生产"人类中，那么最后大约可以生产出 10 万亿人——比如今全球人口总数多 1 000 多倍。如果我们再去开发地壳中的矿产资源，以获取生产人类所需的所有元素（氧、碳、氢、氮等），那么我们找到的资源很可能足够同时生产 10 亿亿（10^{17}）人。听到这里满怀希望了？先别急，丘奇还指出，他认为，太阳向地球提供的能量只够支撑 100 万亿（10^{14}）人。（即便是这个相对较小的数字，也能让地球上的人口密度达到 67 万人每平方千米，也就是平均差不多 1.5 平方米的土地上就有一个人。）如何处置这么多人呢？丘奇提出，超出地球供养极限的人只能前往太空，这样才有活命的可能——同时也可以充当备用方案，以免挤在地球上的 100 万亿人因为某些原因出问题。瞧，这里头一定藏着某种邪恶计划。

然后还有暴君的问题。如果人不会死，那么阿道夫·希特勒、利奥波德二世或伊凡雷帝这样的暴君就有机会无限期掌权，客观上说，这样的世界无疑更为糟糕。死亡是人类社会的一个安全阀：不管一个领导人有多坏，总有一天他们也会死。尽管他们经常试图把权力传递给别人——一个信得过的副手或家族成员——但这样做并不总是能成功。因此，死亡至少为政权更迭打开了一扇门。

对于我们中的某些人偶尔也会乐在其中的事情（比如亿万富翁的慈善事业），死亡往往也是一个激励因素。[①]没错，你现在已经陷入了这样的境地——回想起来，这也许不可避免——你的超级大反派向导开始为每个人都与生俱来的死亡权利辩护。一旦你变得非常富有，那么到你走到生命尽头的时候，可能就会出现某种社会压力，让你放弃一些财富。安德鲁·卡内基是引领这股潮流的美国人。在成为人类现代历史上第三富有的人之后，他写道，你应该把人生的前三分之一用来接受尽可能多的教育，第二个三分之一用来赚尽可能多的钱，最后一个三分之一用来把尽可能多的钱捐给有价值的事业。而且他也确实言行合一：在生命的最后 20 多年里，为了让人们记住他的善举，他向慈善机构捐出了几乎 90% 的财产，换算成如今的美元的话总计超过 650 亿美元。

现代历史上最富有的人

前面已经提到，卡内基排第三。在他之前排第二的是约

---

① 是的，我们超级大反派中的确也有一些人喜欢做慈善。有观点认为，真正的罪恶是，允许个人获得几乎不可想象的巨额财富，然后希望他们可能会选择把其中的一部分捐给慈善机构。因为这实际上是把需要得到最多支持、具备文化定义功能的重要公共福祉交给了随机的人，而这些人并没有掌握这些福祉的能力，他们只是正好非常有钱而已。好吧，让我们先搁置这一点！

翰·D.洛克菲勒（1839—1937）。洛克菲勒的财富来自他的标准石油公司。这家公司最后因为非法垄断而被拆分。现代历史上最富有的人则是雅各布·富格尔（Jakob Fugger，1459—1525），他垄断了彼时的欧洲铜市场。

我之所以把限定范围设为"现代历史"，是因为再往前追溯，财富就很难比较了：中世纪各国的货币汇率很难确定，更不用说准确估量古代帝王的财富了，比如宣称整个埃及都是他私人财产的罗马皇帝。整个埃及售价多少？公元前30年的埃及售价又是多少？

卡内基出资建造图书馆、博物馆、艺术馆和公园，创办大学和各类机构，资助科学研究，还创建了各种慈善机构。这些慈善机构的目标多种多样，如奖励好心人、促进世界和平、为教师提供养老金等。如果卡内基认为某种做法可以帮助人们自力更生，他就会资助它。种种善举在很大程度上挽回了卡内基的声誉，而且这应该不是巧合。在人生的第二个三分之一中，卡内基的名字同残酷和血腥的镇压罢工联系在一起。还有，因年久失修而溃裂的约翰斯敦大坝造成了2 208人死亡（在9·11事件之前，这是美国历史上平民伤亡最多的一起非自然原因致死事件），责任方中也有卡内基的名字。另外，19世纪80年代，匹兹堡死亡的男性中有20%在卡内基的钢铁厂工作，报纸每年都会刊登他下属企业中伤残、死亡员工的名单，这些名单和美国南北战争牺牲战士的名单一样长。临终时的慈善活动给了那些靠剥削别人而发家致富的人一个挽回自己名声的机会——他们知道自己不可能永远享有这些财富，总有一天要把钱留在身后。今天，全球已有200多名超级富豪签署了《捐赠承诺》，他们承诺在有生之年或死后将至少一半的财富捐赠给慈善机构。[1]但如果人类不会死，谁还会关心那些无聊的遗产事宜呢？如果人类不会死，那些认为囤积数十亿美元毫无问题的人又有什么动力突然把他们的财富捐出去呢？毕竟，不会死亡的人需要规划他们未来几千年的生活，这些钱迟早会派上用场的。如果你永远都不会死亡，"钱可不能带进棺材里"这句话就没有多大意义了。

最糟糕的是，这种永生计划是一种医疗程序：它需要资源和金钱来执行和维护，这意味着不是地球上的每个人都能负担得起永生的代价。这很容易导致人类分裂为两个阶层：富人，他们有能力永远活下去；穷人，他们会生、会死，然后被遗忘。这几乎就是漫画中的反乌托邦社会了，不平等将会永远存在，还会不断强化，而且很普遍，即使是疯狂的超级大反派也有标准，不是谁都能当的。[2]好在还有一种简单的方法，不仅可以减轻这些可怕的、足以破坏社会的负面影响，而且还能 100% 确定地规避上述所有缺点！这个秘诀就是：

只有你可以永生。

如果你是唯一一个永生的人，那么永生带来的社会影响就都消失了，因为这不再会影响任何文明：这只是你做的一件有趣的事罢了！没错，要做到这点，你需要要点儿小聪明、用一些误导手段，确保所有帮助你的研究人员和医疗技术人员永远不会拼出完整的拼图，永远不会成功地在其他人身上复制你的成就。不过，一旦你做到了这一点，你就赢得了永生的所有优势，而且规避了所有缺点。实现了永生的人可以永远学习，远远超越

---

[1] 然而，《捐赠承诺》没有确切的文本，没有具体说明什么样的情况可以得到资助，也没有具体说明富豪捐赠的这些资金未来会如何使用。另外，它也不是具有法律约束力的合同，也就是说，即便违反了，也不会有任何法律后果。

[2] 这方面一个很好的例子是 1997 年由约翰·伯恩创作并绘制的《蝙蝠侠/美国队长》漫画。在漫画中，小丑意识到自己无意中与一个真正的纳粹分子合作后，结束了与红骷髅的伙伴关系。（小丑："你是说这只是什么疯狂的伪装？我一直在和一个纳粹分子合作?!?"红骷髅："当然。你为什么这么生气，小丑？从我读到的你的事迹来看，你显然会成为一名出色的纳粹分子！"小丑："那个面具肯定切断了你大脑的氧气供应。我也许是个疯狂的罪犯，那我也至少是个美国的疯狂罪犯！退后，小伙子们！这个怪物我来解决！"）

生物学对我们其他人的限制。他能看到人类历史中浩如烟海的事件，并建立起许多其他人无法看到的联系，成为所有人终生都无法接触到的研究领域的专家。他可以依靠自己年轻的身体抵御那些会让老人丧命的传染病。经过几十辈子的学习，他忘记的东西都比我们其他人学到的更多。他可以成为一个开明的领袖，一个神。只要他想，他就可以永远生活、学习、享受爱情，而且人类不必为他的永生而受苦。恰恰相反，他是在以一种真实的、可衡量的、字面上的方式拯救人类于苦难之中，只是不让别人知道永生方法的存在而已。他的生命可能是孤独的，无数朋友走进他的生活、变老，然后突然（在他看来）死去。他可能每隔几十年就要被迫搬一次家、改换身份，以此保守秘密。但他的生命也是漫长的，只要他愿意，只要他能保守秘密，他就能一直活下去。

实现永生后，你就能把世界从战争、饥馑和巨大的社会结构性不平等中拯救出来，把文明从崩溃和灾难中拯救出来。你要做到这一点，就要保证——向你认为神圣的一切发誓——再也不会有其他人使用你的技术。你将通过仅仅帮助自己来帮助世界。

这就是开化的超级大反派的定义。

如果不幸被捕，可能面临的后果

他们能把你怎么样，把你杀了？

行动纲要

初始投入	可以期待的潜在回报	完成计划的预估时间
每年 5 000 万美元	如果你把正常人一辈子的价值计算为 x 美元，那么永生的价值就是 x 美元乘以无穷大。真的，确实没有比"无穷大乘以初始投资"更有价值的回报了	不到一辈子的时间（你知道的，这是理想状态下）

9

确保你永远永远不会被忘记

> 看那石座上刻着字句:"我是万王之王,奥兹曼迪亚斯。功业盖物,强者折服!"此外,荡然无物。废墟四周,唯余黄沙莽莽。寂寞荒凉,伸展四方。①
>
> ——珀西·比希·雪莱,《奥兹曼迪亚斯》,1818 年

这是本书的最后一章了,而你——假设你已经成功把我之前设计的种种惊险剧情变成现实——正在攀登荣耀的顶峰。你的名字已经成了伟大、天才和高贵的同义词。你是有史以来最有权势、最具传奇色彩的人,你的成就前无古人,大概率也后无来者。现在,可能还会对你有威胁的只剩下一件事……

那就是:你的伟大功绩可能会在未来某一天被遗忘。

当然,你的大名如今地球上的每个人都知道,但他们的孩子呢,他们孩子的孩子呢?即使你竭力想实现上一章的目标(永生),死亡的那一天可能还是会降临。等到那一天真的到来,你先是会变成世人口中的传奇,然后变成神话,接着变得寂寂无闻,最后坠入无尽的、被遗忘的过去,同此前在这个星球上生活过的所有人类并无二致。你的遗产可能——也应该——会丢失,除非你现在就采取措施,避免这个后果。

---

① 摘引自杨绛译本。——译者注

光芒总有暗淡的一天，但你也不必感到愠怒，因为你可以避免这个结局！本章引言中提到的奥兹曼迪亚斯已经死了，他的王国也已沦陷，但几千年后，我们仍在谈论他。凭你的功绩，结局至少不会比他逊色。事实上，你值得人类铭记更久——不仅仅是几千年，而是几个纪元！这可真是万古长青了。只要地球上还有生命存在，你的丰功伟业就不会磨灭。甚至，哪怕等到地球毁灭，宇宙中的所有恒星都走到尽头，你的传奇故事也仍会继续流传下去。在这一章中，你会尽一切努力保证整个宇宙都不会忘记这个名字……

[在此处写上你的名字]

功业盖物，强者折服

奥兹曼迪亚斯就是希腊人口中的拉美西斯大帝，人们现在常常把他视为古埃及最伟大的法老。奥兹曼迪亚斯在前 1279—前 1213 年统治埃及，这段时期也是古埃及最辉煌的日子。1881 年，人们发现了他的木乃伊，但到了 1976 年，情况开始恶化：木乃伊上长满了现代真菌，尸体开始破败。为了更好地保存，这具木乃伊从埃及被空运到了法国。接木乃伊那天，巴黎勒布尔热机场动用了大量部队保证安全，承担保卫工作的军队包括一支空军特遣队和法国共和国卫队。此外，奥兹曼迪亚斯还取得了现代埃及的护照——可能是因为埃及政府担心法国研究者会借这个机会将木乃伊据为己有。于是，奥兹曼迪亚斯就成了唯一一个拿到现代埃及护照的古埃及统治者和木乃伊：对一个已经死了 3 000 多年的人来说，这确实不错。

等到公元 6000 年，你也将获得彼时的护照——理想情况是你那时还活着，不那么理想的情况下，拿到护照的是你的遗体，那也好过很多人了——待遇至少会达到奥兹曼迪亚斯的标准。

在接下来的几页中，我们将按对数时间尺度探索保存信息的不同策略，即探索确保信息能保存 1 年、10 年、100 年，以此类推的方案。在大多数情况下，我都预设你想要保存的内容最多是几段话，但这类信息保存技术中，有许多的成本是线性增长的，也就是说，只要你这个超级大反派能拿出足够多的资金，那就可以保存任何东西，从个人自传，到政党宣言，再到中间带着全彩图标的自传加宣言，什么都可以保存。

看哪！图标就是这个：

时间尺度：至少 1 年
方案：把信息提交到互联网上
成本：0

LO
——互联网的前身阿帕网计划发送的第一条消息应该是 LOGIN（登录），但在所有字符发出去之前，整个系统崩溃了。（1969 年）

曾经有一段时间，在互联网上发布的信息可以被轻易删除：那个时候，信息只存储在你上传的服务器上，存储设备和带宽都很昂贵，存档信息的唯一动机要么与历史相关，要么是无私奉献。在当时的互联网上，如果读过你发布内容的所有人都没有把它们复制下来，那么当你删除这些内容的时候，它们其实就被彻底销毁了。这可太棒了！你可以写任何你想写的东西，然后随时可以事后否认，后世的人们也只能选择相信你的话！

　　然而，那个时代在 1981 年结束了。那时，Usenet 讨论组（一种早期互联网公共论坛，在 1980 年刚刚推出）率先实现了存档。[①] 1996 年，Usenet 已经让位于新的文件系统全球广域网（web，1991 年在互联网上启动的一种服务），布鲁斯特·卡尔（Brewster Kahle）和布鲁斯·吉列特（Bruce Gilliat）编写了一个旨在访问所有可找到的网站并复制其内容（而且每隔几个月就会重复这个操作，以确保记录下这期间网站内容的变化）的程序。5 年后，卡尔和吉列特公布了成果，并且把那个程序命名为"时光倒流机"。时至今日，时光倒流机已经囊括了 20 多年的 web 历史，拥有 4 390 多亿张 web 页面的快照。大部分 1991 年到 1996 年可访问的互联网页面现在都已丢失了。[②] 我们现在之所以还能看到这些互联网远古时代的页面，只是因为藏在时光倒流机背后的人在没有事先征得任何人的许可就复制了他们找到的所有东西。实际上，有些人因为这点给卡尔和吉列特贴上了反派标签，谴责他们是海盗，认为他们正在实施一个野心勃勃的大胆阴谋。这完全只是因为这些小心眼儿的人根本无法理解这个计划的伟大之处，根本没有意识到自己未来有一天会感谢他们的努力。作为经验丰富的超级大反派，你对这样的误解与诋毁现在应该很是熟悉了。

　　总之，这个方案很简单。要想免费在互联网上存储一些东西，并且合理地期望至少可以储存一年，只需把要存储的内容上传到免费的网站托管服务器上，或者把它们上传到你的社交媒体档案中。搞定了。很简单。

----

① 　显然，肯定会有 1981 年之前的 Usenet 存档，可能是在某些被遗忘的硬盘上。但是，在公众如今仍可查找的规模最大的 Usenet 存档（DejaNews 搜索引擎储存的档案，该公司于 2001 年被谷歌收购）中，最早那篇帖子的日期就是 1981 年。

② 　这里的"大多数"是估算结果，也只能是估算结果。因为你如果从来不知道曾经拥有过什么，当然也就不可能知道失去了什么。不过，公正地说，早期网站的大多数早期版本确实都已经消失了。甚至，连我们现在看到的所谓"全球第一个网站"——1991 年 8 月 6 日上线的蒂姆·伯纳斯-李爵士的主页 http://info.cern.ch/hypertext/WWW/TheProject.html——也是基于 1992 年保存的快照重建的。

有点儿……太容易了。

实际上，线上存储的真正难点是如何让它遗忘你存储的内容。每天都会有各种搜索引擎、垃圾邮件发送者和网络公司把你公开发布的信息复制到他们的私人数据库中。哪怕这些信息侥幸逃过了他们的魔爪，你在互联网上冲浪时，仍然会生成很多与你有关的信息，有些希望借此牟利的人会记录下你的身份和浏览记录，然后再有的放矢地向你推销商品。

这意味着——随便举个例子——假设你在 2022 年 9 月 23 日凌晨 1 点35 分点了一下某个黄色网站的广告，这个举动就有可能被某个地方的追踪数据库记录下来并保存几十年，甚至几百年。实际上，那一次点击可能成为你真正的遗产：你通过直接行为创造的最持久的东西。神经科学家大卫·伊格曼（David Eagleman）曾经说过："人要经历三种死亡：第一种是身体停止运转；第二种是遗体被送进坟墓的时候；第三种则是在未来某个时候你的名字最后一次被别人提起的那一刻。"

我们现在给自己定义了第四种死亡：有关你人生的最后一项事实被删除、遗弃、破坏（即使你本人并不知晓）的时刻。再也没有人知晓你曾经在某个极度疲劳、无聊的夜晚怀揣着渴望与好奇点开黄色网站的时候，就是你与这个世界最后的告别。

这可不是我们要的结果。所以，我们还得探寻保存时间更长的方法，以存储那些远没有那么尴尬的事情！

时间尺度：至少 10 年

方案：把信息提交到维基百科上

成本：0

历史是由胜利的维基百科编辑撰写的。

——玛丽亚·汉农（Marya Hannun），2013 年

社交网站聚友（MySpace）成立于 2003 年。2006 年，它不仅成了全球最大的社交网站，还是美国访问量最大的网站——访问量甚至超过了雅虎（当时知名度更高）和谷歌（直到现在知名度都很高）。但随着时间的推移，聚友网的光环逐渐褪去。等到 2019 年，在用户抱怨找不到数据几个月之后，聚友网终于承认，他们的网站当时只能保存近 3 年上传的内容，之前上传的所有内容都没有了。他们把数据丢失归咎于服务器迁移时一个未留意的错误。不过，许多用户很快就意识到，这么多的数据通常很难在完全没有人留意的情况下丢失，但这么多数据的丢失肯定会为一家早就陷入困境的公司节省很多钱，毕竟，他们再也不用保存 13 年前的mp3 文件了。啊，我永远不会忘记你，我的文件“gold_digger_cover_by_nickelback-2007_NOT_A_FAKE.mp3”。

如果当初聚友网把所有数据存储在任何人都能访问的地方（比如某个大规模分布式数据库，任何人在任何时候都可以从中下载一个完整的副本供自己使用），并且允许任何人在世界各地的服务器上建立与他们的网站完全相同的副本（这就是“镜像”网站），那么这些数据就不会丢失了。但这显然不是聚友网（以及大多数私人营利性网站）的运营方式。

然而，这就是维基百科的运营方式。

即便摧毁维基百科的原始网站，它的镜像网站也仍旧存在。即便把它所有的镜像网站也摧毁了，还有不可计数的数据、软件副本以离线方式存储在世界各地。这些副本的拥有者既有公共机构，也有私人用户。所有这些因素，再加上非营利性和非商业性，使得维基百科上的信息极有可能存储十年或更久——这比许多网站、个人服务器，甚至像聚友网这样的社交媒体巨头宣称的都要长久。

因此，你现在要做的就是在维基百科上建立一个关于你自己的页面，

然后再把你的宣言放在上面，这就可以了。很容易，对吧？

其实……没有那么容易。在维基百科上建立一个主题与你名字相同的页面会遭遇一些显而易见的困难。维基百科自己就有一个页面，直言不讳地用标题"维基百科：拥有以你自己为主题的页面可不一定是好事"告诉你不推荐这么做。显然，即便你真的建了那样一个页面，你添加的任何信息都有很大可能被更改或删除，而你对此几乎无能为力。此外，还会有被写上谎言、被恶作剧和蓄意破坏的风险——所有这些问题都在维基百科的页面中真实出现过，并且并持续了数年才被发现（你在下面方框中可以看到一些历史上有名的名人堂级维基百科恶作剧）。即使没有谎言，陈述事实也可能反而更糟！你最想忘记的那些尴尬和失败，一旦公开，就会被添加到你的维基百科页面中，甚至还会成为页面中的高光部分："争议"部分永远是人物主题维基百科页面中最丰富多彩的部分。另外，由于维基百科在搜索引擎中的权威地位，别人在搜索与你相关的内容时，总是会先看到维基百科页面。这意味着你余生在网上发布的任何东西都很有可能在搜索结果中屈居第二，永远无法超过那个其他人可以修改而你绝对无法控制的页面。

维基百科历史上最大的恶作剧

实际上，维基百科有一个主题为"维基百科恶作剧列表"的页面，上面追踪了各个恶作剧的持续时间。根据这个页面的记录，截至目前[①]，持续时间最久的恶作剧是在维基百科上存在了 14 年 10 个月的一位虚构的埃及学者的条目。也就是说，直到页面建立 14 年 10 个月后，才有用户注意到这位所谓的埃及学者在其他任

---

① 指本书英文版 2022 年 3 月上市之前。——编者注

何地方都找不到相关记录，而且他的名字沙伊赫·乌布提（Sheikh Urbuti）参考的要么是弗兰克·扎帕 1979 年的专辑《酋长耶布提》（*Sheik Yerbouti*），要么是 KC 和阳光乐队 1976 年的大热迪斯科／放克歌曲《（摇，摇，摇）摇你的屁股》[(Shake, Shake, Shake) Shake Your Booty]。另一个恶作剧是一项虚构的结合了槌球和曲棍球的法国球类运动"邦特球"（Bont），持续了 12 年 8 个月才被戳破。曾经还有一个维基百科页面宣称，在重启的《人猿星球》系列电影中，战争之所以会爆发，是因为有人做出了和一头猿击掌的姿势，但手的位置很低，并且还没碰到猿的手就抽走了，还以此作为猿反应"太慢"的证据。这么做当然会让猿很生气。后来证明，这也是一个恶作剧，但维持了 5 年 3 个月才最终被戳穿。

不过，就我们的目的而言，最糟糕的还不是上面这些，而是维基百科对其所有条目都设有关注度标准。不是每个人都能在维基百科中拥有条目，维基百科社区会判定你是否配得上标准。如果你为自己创建一个页面而没有达到他们的关注度标准，那么这个页面很可能会被删除。而被删除的页面只有管理员才能查看，这就完全偏离了我们的努力目标，因为在全世界绝大多数人看来，现实就是有关你的消息就这么消失了。[①] 这似乎给"在维基百科上存储信息"这个想法盖上了棺材板……

……如果维基百科没有存储其所有活跃页面的完整修订过程的话。

每当你编辑维基百科的页面，旧版本都会被存储在维基百科的服务器上。用户可以在这个服务器上阅读、通过链接访问、分享网页的各个历史版本。更好的是，这些旧版本页面也囊括在维基百科的完整下载文件中。

---

① 管理员只占维基百科编辑者中的很小一部分。就 2021 年 5 月的情况来说，英文版维基百科网站的管理员只有 1 097 人，而注册账号有 4 100 万，其中有 14 万人在积极编辑页面。

换句话说，后者包含了维基百科所有页面的所有历史版本。用你的信息破坏一个颇受欢迎的页面，然后恢复它，你修改的这个版本也会保持在线，并向所有查找的人开放，而且只要维基百科还存在，这个状态就很可能不会改变。当然，你修改的这个版本不会在维基百科上突出显示，但它就在那里，存储在网上，任何人都可以访问，世界各地的服务器上都有备份，下载过维基百科完整文本的所有用户的个人电脑上也都能找到。[①]

那么，具体来说，在哪个页面加上你自己的信息比较合适呢？我推荐与鸡相关的页面：2019 年，地球上生活着 259 亿只鸡，这比其他任何鸟类都至少要多一个数量级，把这些鸡平均分给所有人，每个人能分到 3 只。由于鸡对全世界的医学、科学、历史、社会、农业和饮食都产生了重大影响，我始终认为，哪怕是十年后，以鸡为主题的页面极有可能仍然会出现在维基百科上。

没错，大家普遍认为，为了个人的利益破坏维基百科罪大恶极，还会激怒那些不求任何报酬地努力收集、组织、编辑、传播各类人类知识的无私志愿者，但是，我们这些超级大反派的目标不就是这个吗？

反派百科

绝不后悔

[①] 请注意，维基百科管理员有权执行他们所谓的"修订-删除"功能。通过这个 2010 年引入的功能，他们的确可以让公众看不到你的修订页面。不过，别担心。这个功能的使用必须遵循严格的指导原则，它针对的是符合以下条件（至少一个）的编辑：侵犯版权、具有严重攻击性或侮辱性、包含骚扰或威胁（所以你这个超级大反派要保持低调）的内容、含有恶意代码、包含纯粹以破坏为目的的内容。因此，只要你的信息相对简短，没有明显的攻击性，就不太可能落入"修订-删除"功能的适用范畴。

时间尺度：至少 100 年

　方案：以书的形式出版

　成本：你要是走运，非但没有成本，甚至可以赚钱

> 每个好故事都需要一个反派。但最好的反派是你暗自喜欢的那个。
>
> ——斯特凡妮·加伯（Stephanie Garber），2018 年

时间跨度越长，信息保存下来的可能性就越小。这个问题可以通过出版缓解。出版业是一个全球性行业，其全部目的就是制作同一个文本的大量副本，再以方便的形式包装，然后分发到世界各地的家庭、图书馆和书店储存起来！从功能上说，出版业就像是一个大规模信息并行备份方案。另外，（理想情况下）焚烧书籍会触犯文化禁忌，所以书籍往往能保存得很好。最棒的是，图书出版有时甚至有利可图。[①]

"但是，"我已经听到你发问了，"我们在上一节中已经通过维基百科做了分布式备份了，为什么我们现在还要求助于纸质图书的出版呢？"答案是：计算机数据也会土崩瓦解，而且它分解的速度和方式可以比其他任何媒介更快、更令人意想不到。显然，当存储数据的媒介发生故障时——硬盘驱动器崩溃，磁性介质降解，磁带驱动器受损——数据就会发生物理层面上的分解。不过，由于计算机存储介质在不断进化，目前，主流计算机的存储介质已经从穿孔卡片演变到磁芯，再到磁带，再到各种大小不兼容的软盘，再到各种标准不兼容的光盘，再到没有移动部件的闪存驱动器，而且上述所有介质之间都不兼容。要想持续保存旧数据，就必须不断把它从一种存储介质转移到另一种。一旦忽视这一点，就会出现所谓的"比特

[①] 感谢购买本书。如果你这本书不是你买来的，那就谢谢你从图书馆或是朋友那儿借阅了它，毕竟，他们肯定是自己买了！除了买和借之外，再没有其他可以获得本书的可行方法，所以我们现在都得立刻停止对他们的猜测。

腐烂"现象：这个比喻是指，即使存储数据的介质幸存下来，随着周围世界的不断进化，数据本身会被冻结在时间长河中。读取数据的硬件停产，或是文件格式被遗忘，都可能会导致短短几年后就再也无人知晓如何访问你手中的存储介质。

这种事以前确实发生过。1976 年，美国国家航空航天局（NASA）的海盗号探测器从火星表面收集了 3 000 多张照片。可是，研究人员一直没有处理这些照片。等到 1988 年他们尝试恢复这些照片时，数据仍然可以找到，存储数据的介质也没有腐烂，解释数据的程序也仍然存在——很成功，对吧？但关键问题是，运行程序所需的硬件早就停产了，连同那些解读照片软件的源代码也一起消失了。这意味着，相关软件无法在当时的设备上运行，只能重新再为其制作一个。换句话说，照片拍摄后仅仅过了 12 年，要想恢复它们，就得根据现有数据格式从头开始展开逆向工程了。

这样的例子在 NASA 内部甚至都不是个案！1986 年，当工作人员准备丢弃包含月球轨道飞行器所摄图像的磁带时，喷气推进实验室档案保管员南希·埃文斯（Nancy Evans）决定设法保存它们，而不是销毁。然而，她很快发现，读取这些磁带所需的硬件——专门为美国政府制造的冰箱大小的、笨重的安派克斯 FR-900 磁带驱动器——已经停产 25 年了。直到 2008 年，NASA 工作人员才找到了 4 台已经受损的驱动器，修复并拆解零件后，最终拼凑出了一台可以恢复那些图像的机器。而且，只有在数据仍然保存良好的情况下，这样的努力才会起作用。然而，在 NASA 拥有的数百万份旧数据磁带中，至少有数十万份"保存状况恶劣"（这家机构自己的描述）。它们中的许多都非常脆弱，即便是读取操作都会导致记录介质本身脱落并解体。这意味着，就算它们包含的数据暂时还没有永久丢失，但要是下次使用时仍没有把它们复制到新存储介质中去的话，那么永久丢失也是早晚的事。

　　换句话说：你的确可以在计算机上保存数据，但它们仍然会"腐烂"，而且你在尝试访问这些数据之前，甚至无法知道它们是否已经丢失。有些人担心，这种看不见的数据腐烂，再加上人们总是下意识地认为计算机存储信息相当安全可靠，会导致大量数据丢失，进而让人类社会进入数字黑暗时代。这方面也不是没有先例：至少 75% 的无声电影已经丢失，美国国会图书馆称这是"我们国家文化记录中一项令人警醒且无法挽回的损失"。[①]还记得软盘这种曾经无处不在，现在却销声匿迹的存储媒介吗？软盘还残存的重大影响就是给表示"保存"功能的图标提供了灵感——要是你没有经历过软盘的时代，多少可能觉得用这个图标表示"保存"有些不可思议。你在软盘上保存的数据大约可以维持 10 年，之后就会开始腐烂。只读光盘驱动器（CD-ROM）曾经比软盘更加流行，保存在这种介质上的数据预计最多可以维持 100 年——当然是在理想条件下。而数据保存在现代闪存上的寿命是 1 到 100 年，具体数字取决于闪存的质量和存储温度。

---

① 　大多数无声电影都是用硝酸盐胶卷制作的。而硝酸盐胶卷高度易燃，即使没有起火，也会随着时间的推移而腐坏。另外，早期电影胶卷中还用到了贵重的银，因此，回收这些胶卷并售卖有利可图——这又是一个导致早期电影胶卷无法被妥善保存的因素。

的确，未来我们在保存数据方面可能会做得更好。不过，还有一个事实同样不可忽略：没有一本 12 年前出版的书，当时可以读，现在却读不了了。某块已被遗忘了的硬盘上的 10 万份文件可以在不被察觉的情况下轻易丢失，但 10 万本图书绝没有这么容易消失。如果你想让你的数据长久流传，存在了数千年的技术绝对要比诞生还不到 100 年的新兴技术更加可靠。你需要把想要保存的数据写下来：写成切实存在、有物理载体的文字。你需要出版一本书。

不过，作为超级大反派，我们必须意识到，经常会有一些看起来微不足道的小细节干涉并破坏我们的计划。而在图书出版这个问题上，我们遇到的挑战是（当然，寻找愿意为超级大反派出书的文学代理人也是个问题，但在此先搁置不谈）：语言总是在演化。50 年前出版的书有时会显得有些过时。100 年前出版的书读起来或许就有点儿困难了，因为我们可能无法理解其中许多单词、短语、参考文献、谚语和比喻背后的文化内涵。虽然莎士比亚的戏剧连 500 年的历史都没有，但如今它们在出版时的版式通常是一面放原文，另一面放现代注解、翻译和历史背景。这很疯狂，但也值得我们反复强调：英国历史上最伟大的戏剧作品，对英语的普通使用者来说已经无法理解了。至于出版于 700 年到 1100 年之间，用古英语（对当时的人来说，就是"英语"）写就的《贝奥武甫》(*Beowulf*) 就更加无法理解了：这部作品的第一句是 "Hwæt. We Gardena in geardagum, þeodcyninga, þrym gefrunon, hu ða æþelingas ellen fremedon."。[①]随着时间的推移，语言会发生变化，古早的语言最终会变成现代人听不懂的"鸟语"。无论我们做什么，这都会是一个不可忽略的问题。

好吧……或许真的是这样。

---

① 这句话的现代翻译差不多是"听着：我们都知道古时候手持长矛的强大丹麦人，以及他们是多么光荣而勇敢的战士"。

莎士比亚的作品真的是英语文学中最伟大的作品吗？

莎翁学者肯定是这么想的！不过，我也读过其中一部分，所以我可以有理有据地表示：我觉得，莎翁作品还不错，但很难说没有可以改进的地方。举个例子，你知道吗，莎翁作品中从来没有一个角色有机会接触巨大的机器人装甲，更别提用这种装备消灭敌人了。莎翁学者会争辩说，莎士比亚这位伟大的诗人用各种微妙的细节和精彩的宏伟叙事充分体现了人性的核心。可是，每个人心中始终有一个愿望：拥有一副大到可以爬进去的机甲，同时它可以从眼睛里发射激光，从手臂中发射导弹。要是作品中没有体现这一点，是不是多少有点儿狭隘呢？

好在，同所有伟大的反派一样，我们还有一件别人怎么都想不到的秘密武器，足以扭转整个局面！我们现在要利用的是这样一个事实：历史语言学分析表明，并非所有单词都以相同速度演化。有些单词的含义可能在短短数年内就发生变化——英文中computer一词曾经的意思是"手工做计算的人，通常是女性"，但在我们发明计算机之后没几年，这个含义就消失了——但有些单词的含义在几千年间都能保持稳定。这就是我们的秘密武器：一般来说，一个词在日常语言中使用得越频繁，它随时间变化的可能性就越小。那么，我们怎么知道哪些词在未来会被频繁使用呢？回顾过去，我们发现历史上含义最稳定的往往是一些短而简单的词，且反映了人类经常遇到的核心概念：比如颜色（想想我们最常用red和white来表示红色和白色，而不是用coquelicot和alabaster①）、基本数字（一、二）、身体部位

---

① Coquelicot的意思是虞美人红，alabaster的意思是雪花石膏般光洁雪白。——编者注

（眼睛、手、耳朵）、简单动作（来、看）和常见的景象（山、星、鱼，等等）。据估计，每过 1 000 年，这类词汇中只有 6% 会发生变化——其他估算结果则认为，这个比例最高可达 14%，最低则仅有 4%，具体情况与使用的语言有关。

所以，确保你的信息未来仍然清晰易懂的一个方法就是限制自己只使用反映这些核心概念的常用词。以下是 2008 年一篇计算机研究论文[①]中提到的各类语言中 40 个含义最稳定的词：

> 血、骨头、胸、来、死、狗、喝、耳、眼、火、鱼、充满、手、听、角、我、膝盖、叶、肝、虱子、山、名字、新、夜晚、鼻、一、路、人、看见、皮肤、星星、石头、太阳、舌、牙、树、二、水、我们、你

> 一句 1 000 年后的人们大概率仍能读懂的恐吓："我看见你。我来了。鼻子看见膝盖。皮肤看见血。骨头看见太阳。你死了。"

"死"出现在这个名单上肯定对我们有帮助，但 40 个词还是太少了。不过，我们可以在不大幅牺牲未来可理解性的前提下提高表达能力：既然我们是用英语写作，那就可以往可用词汇清单里添加更多常见的英语代词（"她""他""他们""谁""我的""你的"）、连词（"和""但是""所以"）、助动词（"是""做""有""会""或许""应该"）、冠词（"一个""这个"）和介词（"上""的""去""内"），所有这些词汇都很常用，不太可能改变。另外，我们还可以承担略微降低语言稳定性的风险，增加一些非常常见的

---

① 论文题目叫"自动语言分类的探索"，书后的参考文献中列出了这篇论文，供有兴趣的读者查阅。

英语单词。①于是就有了下面这张"语义至少暂时稳定，可以用来恐吓别人"的词汇列表：

> 所有，是，和，灰尘，树皮，肚子，大，鸟，咬，黑色，血，骨头，胸，燃烧，但是，抓，云，冷，来，能，死，做，狗，喝，干燥，耳朵，地，吃，鸡蛋，眼，羽毛，火，鱼，肉，飞，脚，为了，充满，给，好，油脂，绿色，头发，手，有，他，头，听到，心，她的，他的，喇叭，热，我，内，膝盖，跪，知道，叶，撒谎，肝脏，长，虱子，男人，很多，可能，月亮，山，嘴，必须，我的，名字，脖子，新，夜晚，鼻子，否，构成，上，一，路，人，雨，红色，根，圆，沙，说，看见，种子，她，应该，坐，皮肤，睡觉，小，烟，所以，站，星，石头，太阳，游泳，尾巴，那，他们的，他们，这，舌头，牙齿，二，走，水，我们，什么，白色，谁，将要，女人，黄色，你，你的

一句 1 000 年后的人们仍然大概率能读懂的恐吓，只是更加微妙："我是一个火和烟构成的人。你会知道我的名字。我看到了你的男人和女人。我看到他们的皮肤，充满热血。我抓他们，他们的血像雨一样落在地上。他们给我好肉。他们的心知道冷。在这个夜晚，你的男人会死。你的女人也会死。你也会死，跪在地上，我的大脚踩在你的小头上，我的名字从你嘴里飞出来：（嗨，亲爱的读者，你应该把你的名字写在这里）。"

不错的词汇列表。现在你要做的就只剩下一件事：确保你的信息被翻

---

① 这些词汇大体上都是根据语言学家莫里斯·斯瓦迪什（Morris Swadesh）在 20 世纪 70 年代初首次发表的词汇表给出的。斯瓦迪什制定那张词汇表的目的是确定一套基本人类概念，以便后续用于各种语言间的比较。

译成多种语言，装订在你的出版图书的所有副本中。记住，罗塞塔石碑之所以出名，不是因为它的内容，而是因为它使用的语言：罗塞塔石碑把同样的信息刻了三遍，分别用古希腊语、古埃及象形文字和古埃及通俗文字表示。在罗塞塔石碑于 1799 年重见天日之前，所有地球人都读不懂古埃及象形文字的状况已经持续了 1 200 多年。不过，在发现罗塞塔石碑后，我们对古希腊语的了解——人类早在发现罗塞塔石碑之前就已经破译了古希腊语——成了理解碑上另外两种语言的关键，反过来解锁了关于古埃及文化和文明的丰富知识。因此，你只要依样画葫芦，在同一本书中印刷多个语言版本，就能大大增加几千年后的人们读懂它的概率。

就 2021 年的情况来说，地球上最常见的三种语言是英语、汉语普通话和印地语，使用人数分别是 13 亿、12 亿和 6 亿。在你的书中使用这些语言，便有了精彩的开场白！（Use these languages in your book and you'll be off to a great start!）

(अपनी किताब में इन भाषाओं का इस्तेमाल करें, आपकी शुरुआत अच्छी होगी!)

罗塞塔石碑究竟说了什么？

虽然罗塞塔石碑对我们认识历史产生了举足轻重的作用，但其内容本身其实非常无聊。石碑上刻的是古埃及祭司团于公元前 196 年批准的一份诏令。诏令主要内容是纪念年幼的古埃及国王托勒密五世登基一周年。接着，诏令又列出了这位国王的部分成就（主要是减税），对他的劣迹则只字不提。然后，诏令又承诺为国王兴建神庙，每座都由十个金色王冠装饰。同时，诏令还鼓励民众在自家土地上建造类似的私人神庙。然而，对我们来说，这份诏令中最关键的内容是，它规定全埃及的神庙内都必须安放这份诏令的副本，而且必须用3种语言来写：古埃及象形文字（又叫"圣书体"，在那个时代，象形文字是只有祭司才看得懂的文字，死气沉沉，毫无活力）、古埃及通俗文字（也叫"世俗体"，是当时古埃及政府官员使用的文字）以及古希腊语（当时普通民众使用的文字）。[①]感谢你，年幼的古埃及国王托勒密五世！

总而言之，首先，你要尽可能多地印刷你的书，提升它们流传后世的概率。其次，你要尽可能多地使用语义稳定的简单词汇，提升它们被后人理解的概率。同时，你的书中要包含多种语言的译本，这样一来，即使后世没人能读懂母语版本，也可以通过其他语言阅读，从而大大提升被后人读懂的概率。最后，如果你的书足够有趣或者足够有名（也有可能是臭名昭著），愚蠢的凡人（和天才的超级大反派）会为拥有和保存你这份遗产的特权而掏钱。对了，说到这里，我还要谢谢你购买本书。

以上就是通过写书让你的信息流传100年甚至更久的方法。

时间尺度：至少1000年

方案：把信息隐藏在历史中

成本：每人18 900美元，外加旅行费用

你的每一次呼吸都是向死亡迈进了一步。

——阿里·伊本·阿比·塔利布（Ali ibn Abi Talib，公元7世纪）

① 这里，作者的判断值得商榷。似乎更多资料显示，古埃及通俗文字才是普通民众使用的文字，而古希腊文才是政府官员使用的文字（因为当时古埃及已经臣服于古希腊的亚历山大帝国）。当然，通俗文字的使用范围也并非一成不变：世俗体最早仅在行政、法律、商业方面使用，在托勒密王朝时期使用范围大大扩张，最后，等到罗马人统治埃及之后，世俗体的使用率又降低。——译者注

你按照上一节的方法印刷出来的书，如果保存得当，可以流传 1 000 多年——大多数书都能做到这一点。实际上，应该说大多数材料都能保存那么久。我们现在还能看到诞生于公元 79 年的古代色情作品，诞生于前 200 年左右的手工计算机器，诞生于前 2500 年左右的莎草纸（上面有文字记录），诞生于前 3500 年左右的皮鞋，甚至还有保存下来的古代人类遗体（形成于前 7000 年左右的木乃伊，以及形成于前 8000 年左右的沼泽人[①]）。

跟我说说你刚才提到的那些酷炫古老物件吧

很荣幸！

上文中提到的色情作品指的是从庞贝古城中发现的艺术品——公元 79 年，维苏威火山爆发，摧毁并掩埋了庞贝这座城。当然，现存更古老的色情作品也不是没有，但庞贝古城中发现的那些尤其令人难忘，因为它们数量众多且保存完好。从这些色情作品上看，庞贝人对性的态度显然要比发掘出庞贝遗址的 19 世纪人开放得多。因此，后者发现这些色情作品时，很是感到羞耻。在这些庞贝色情作品中，勃起的阴茎形象无处不在，从雕塑到绘画，从风铃到油灯，哪里都有。（有一幅主角为男性生殖神普里阿普斯的油画，画上的阴茎大得实在吓人，以至于这幅画因为无人敢看而落了灰、被遗忘在角落，直到 1998 年雨水冲走了覆在画上的灰尘和泥土后才重见天日。）1821 年，那不勒斯国王下令将所有这些与性相关的作品都放到那不勒斯国家考古博物馆中一个半私密的房间内，可即便如此都无法阻止那些裸体古人释放原始性力量。于是，在 1849 年，国王又下令把这个"秘密博物馆"的门

[①] 也称"沼泽木乃伊"，即在沼泽中自然木乃伊化的人类遗体。——译者注

用砖封起来。自那之后，这个房间又关闭、重开了数次，最近一次发生在 2000 年。

古老的计算机器指的是安提基特拉机械。那是一座结构极为复杂的古希腊手摇式钟表装置，可以预测日食、模拟月亮的运动，要是你觉得不过瘾，它甚至还能指出下一届奥运会举办的时间。人类早在 1901 年就发现了安提基特拉机械装置，但始终不明白它的工作原理，直到 2006 年才得以了解——部分功劳要归于 X 射线扫描技术，研究人员通过这项技术看到了这个机械装置的内部，甚至还清楚看到了装置内部的部分解释性铭文。在欧洲于 14 世纪制造出天文钟之前，人类一直没能造出复杂程度可以与安提基特拉机械媲美的钟表装置。当那些中世纪钟表匠竭力创造心中的杰作时，他们完全不知道这项技术早在 1 000 多年前就已经出现，而且就在爱琴海海底的一艘沉船中等待着重见天日的那一天。

文中提到的那张莎草纸其实是一份后勤文件——2013 年，人类在埃及沙漠中的一个酷热、干燥的洞穴中发现了它——文件作者是一名叫作梅尔（意为"心爱的人"）的男子。梅尔和他的团队参与了吉萨大金字塔建造工程的收尾阶段。他的日记记录了在图拉开采白色石灰石（用于金字塔的外立面）并沿尼罗河向吉萨搬运的过程。稍后，我们还会介绍更多有关吉萨大金字塔的内容！

那双鞋子叫作"阿雷尼-1"鞋，是（目前发现的）全世界最古老的皮鞋。2008 年，人们在亚美尼亚一个凉爽、干燥的洞穴中发现了这双保存完好的女士皮鞋，鞋码则是美标 7 号（英标 5 号）[①]。

木乃伊指的是新克罗木乃伊：目前发现的全球最古老木乃伊

---

① 对应于中国常用鞋码的 38 码（约 24.5 厘米）。——编者注

化遗体。截至目前，我们已经在智利阿塔卡马沙漠中发现了 282
具新克罗木乃伊。那里酷热、干燥的环境条件导致尸体在腐坏前
就彻底脱水，含盐量很高的沙子则阻碍了细菌的生长。这些条件
保证了，哪怕只是简简单单地在那里埋葬尸体，尸体都有可能木
乃伊化并保存下来。沼泽人则是以另一种方式保存下来的木乃伊：
泥炭沼泽中的酸性水和低氧环境会鞣制保存皮肤同时软化骨骼。
这导致一些沼泽木乃伊的外观呈瘪囊状（没有贬低的意思）。

在这个时间尺度上，重要的不是你的信息印刷在什么材料上，而是这
些材料储存在什么条件下。石头会风化，所以你需要一个温暖、干燥的地
方，让记录你信息的材料在很长一段时间内不碰到水，沙漠洞穴就是一个
不错的选择。对于有机材料来说，任何能阻止细菌生长的环境都有助于长
时间保存：高盐量的干燥沙漠适合保存木乃伊，低氧（甚至无氧）的酸性
水产生了沼泽人。是的，你现在是不是已经想到了一种方法：把你的信息
文在皮肤上，然后跳入泥炭沼泽？没错，就长期保存信息的目的来说，这
个方法可行。你完全可以这么做。

不过，这里还有一个关键问题。虽然我们认识到这违背了超级大反派
追求荣耀的本能，但要实现长期存储信息的目标，无论你选择什么材质承
载你的丰功伟绩——你毕生和/或本章努力的顶峰——你都必须首先允许这
些材料被遗忘。

我们在本节开头提到的每一件物品——每一件都是独一无二的无价珍
宝——都不是刻意留给我们这个时代的，并不是经由小心、细致的档案学
家严加保管，一代代传承下来，只为把它们留给子孙后代。我们之所以现
在拥有它们，是因为它们一度被遗失了——被遗弃和遗忘在某种恰好可以
完好保存它们的环境中，远离层出不穷的各种我们统称为"历史"的破坏
性事件——然后，直到最近，我们才发现了它们。

把你刻意制造的"历史文物"藏起来不让其他人知道，有多大好处呢？我们可以比照古代世界七大奇迹。这七大奇迹都是其所属文明的最高成就，是文明声望和权力的外在象征，也是他们绝对想要保存的东西。这七大奇迹是：巴比伦空中花园（美丽的花园），吉萨大金字塔（巨大的坟墓），罗德岛巨像（巨大的雕像），亚历山大灯塔（巨大的灯塔），哈利卡尔纳苏斯陵墓（巨大的坟墓），阿尔忒弥斯神庙（巨大的神庙），宙斯神像（巨大的雕像，不过这一尊坐在椅子上）。如今，这七大奇迹中只有一件保存了下来，其他都消失了——唯一的例外是金字塔，它原本用作外立面的白色石灰石早就被卸下并用于其他工程项目，但金字塔被掠夺后的破败遗迹仍然矗立在那里。这些伟大的人类成就毁于掠夺、纵火、地震和自然衰败。即使是曾经备受珍视的文化瑰宝也会因为忽视而消亡：最著名的莫过于公元前 48 年被焚毁的亚历山大图书馆。然而，甚少有人知道，亚历山大图书馆其实并没有在那场大火中被彻底毁灭，只是因为在随后几个世纪中鲜有资金支持且声誉每况日下，才在公元 260 年左右完全退出历史舞台。

艺术家构想的亚历山大图书馆陷入衰落的场面。你知道吗，艺术家可以构想任何他们想要的东西，而且没有法律规定他们构想出来的作品必须符合历史。这位艺术家在作品中用现代语言标牌指示亚历山大图书馆这座著名的古埃及图书馆，同时还展示了精装书籍和一条反戴着完全不合时代背景的棒球帽的狗！不错的尝试，艺术家。完全可以再构想一幅作品，艺术家!!

只要时间跨度够长，即使是最负盛名的历史文物也会变得不受待见，或是成为政治符号，甚至某种负担。另外，任何需要维护的文物古迹最终都会遇到不愿意为它付钱的一代人（就像我们在第 8 章中看到的歌祷堂一样）。如果某个文化足够厌恶某件事物，那么它即使完全无害，最终也会遗失。16 世纪中叶，入侵美洲的西班牙殖民者和天主教牧师试图焚毁所有玛雅书籍。结果，他们成功了，只有 4 本玛雅书幸免于难。然而，这 4 本书之所以能幸存，是因为它们与这里提到的其他所有物品有一些共同之处：它们小到可以藏匿起来，质地结实到足够保持稳定，而且运气好到躲过了数代想要焚烧、撕碎或者只是做一点儿简单整理的人。于是，最终，我们这些现代人很幸运地再次找到了它们。

"运气"这个词又出现了。很遗憾，在几千年这个时间尺度上，没有什么事情可以得到保证，成功多多少少都需要某种程度的好运气。你必须把携带信息的物件藏得足够好，才能让它避开未来数千年间发生的各种人类破坏事件，但你又不能把它藏得太好，否则它就可能永远不会再被发现。你选择藏匿物件的地点不仅现在必须具备可以妥善保存的条件，而且这些条件必须在至少 1 000 年的时间跨度内保持不变。你可以——也应该——在遍布全球的不同地点藏匿物件的多个副本以增加成功概率，但是，当你试图通过这些物件与生活在 1 000 年后的人实现交流时，谁也不知道未来会发生什么。[①] 我不能向你保证任何事情。

不过，我可以告诉你如何让事情的走向（以不公平的方式）朝着有利于你的那一边发展。

首先是环境。你肯定希望把携带信息的物件存储在人类通常不会去附近闲逛的地方，这就排除了地表的大多数地点和所有地下区域（因为任何一个拿着铁锹的人都可能很快挖到你藏在地下的物件）。但这个地点也不应该太难接近，否则就没法"在无意间"发现你藏匿的物件了。其次是材

---

① 如果你想有所改变，记得时不时地翻阅一下第 6 章。

料……好吧，让我们思考一会儿。如果我们抛开一切现实层面的考虑，想象实现我们目标的理想材料是什么，我们会说，记录信息的物件应该用非常坚硬的材料制成，即使遭受土壤的重压或水的侵蚀作用，也能在未来几千年内保持形状不变。显然，它还应该耐腐蚀。它的外观应该美丽大方，一方面是因为它承载着你优美的话语，另一方面是因为它应当夺人眼球，无论是在被发现的时候，还是在最终被展示在博物馆或供奉场所的时候。另外，既然我们现在是在列愿望清单，那不妨加上一条：这种材料能以某种方式实现自我保护，即一旦接触自然环境就会自动生成一个坚硬的保护涂层，以保证妥善保存内里的所有事物。

你很幸运，这样的环境和材料的确存在。而且，你可以同时利用这种环境和这种材料：先把你的信息铸在青铜上，再把刻有你信息的青铜投入海中。

青铜是一种主要由铜（约88%）和锡组成的合金。这种材料硬度高，密度大，可以保存很长时间。保存到现代的最古老青铜雕塑大约有4 000年历史。这尊如今人们称为"跳舞的女孩"的青铜雕塑起源于印度河流域文明，铸造时间则在公元前2300到前1750年之间。雕塑描绘了一位站着的裸体女孩（请注意：历史有时就是裸体的），她手臂修长，一只手放在臀部上。截至今天，这尊雕塑携带的信息（包括但不限于过去确实存在裸体女性这一事实）已经保存了大约4 000年，至少是铸造者寿命的40倍，至少是印度河流域文明存续时间的两倍。如果这尊雕塑不是一个裸体的女孩，而是用三种不同语言写下的同一段话，那么我们大概就可以借此知道更多关于铸造者以及印度河流域文明的信息，而不仅仅是知道这个文明中的一些人认为裸体女孩整洁大方。

虽然青铜是一种可以向未来传递信息的优秀媒介，但很不幸，它同时也是一种既有价值又可以回收的材料：青铜的熔点在950℃左右，比钢低，在青铜时代（现在回看，用青铜命名那个时代的原因非常明显）文明拥有的熔炉可以达到的温度范围内。要让青铜雕塑流传下去，需要一代又一代后人坚定不移地认为把制造它的青铜材料做成这种"坐在那里，什么用处都没有，只是偶尔被人看一眼"的形状是最有价值的方案，而不是轻易地重新锻造成其他形状，比如大炮、硬币、铍、盾牌、武器、钉子、鼓、铃铛、炊具、款式更时尚的雕像等。正是因为这一点，只有少数几尊古希腊青铜全尺寸雕塑保存到了今天，哪怕我们认为它们是那个时代艺术水平最高的雕塑形式。（如今我们知道的大部分有关真人尺寸古希腊青铜雕像的信息，实际上都来自罗马人的石刻复制品。）

这就是海洋的作用了：它可以让所有人的脏手远离你的青铜作品，让他们找不到准确位置，提高破坏成本。我们如今拥有的为数不多的几尊古希腊全尺寸青铜雕像中，有两尊是在意大利海域水下发现的，叫作"里亚切青铜武士像"。这两尊真人尺寸青铜雕像展示的是两名不同的裸体男子（还记得吗？历史偶尔是裸体的），他们摆出了不可思议的超级英雄式身体姿势。雕像的铸造时间在前 460 年至前 420 年之间，之后又在某个时候落入海中。[1] 它们在水下保存了数千年，直到 1972 年 8 月 16 日才被斯特凡诺·马里奥蒂尼（Stefano Mariottini）发现。他当时正在爱奥尼亚海度假，用鱼叉捕鱼。马里奥蒂尼在距意大利海岸 200 米左右的水下不到 10 米处发现了这两尊雕像：一个状如人手的物体从布满砂石的海床中伸出来，导致马里奥蒂尼起初以为是发现了一具尸体。

这只手之所以保存得如此完好，是因为青铜不会像其他金属那样氧化。所谓金属氧化——大多数金属都会氧化[2]——是指它们与氧（空气和水中都有）发生化学反应。这种反应通常会导致金属被腐蚀。你之前肯定见过汽

---

① 现在的观点认为，它们是因为船只在海上遇难而沉入水中的，而非有人故意把它们丢到海里。不过，到目前为止，我们还没有发现任何与它们相关的沉船残骸。

② 有几种金属完全不会氧化，这些化学性质不活泼的金属叫作"贵金属"。你可能早就知道其中的一部分（银、金、铂和钯），但其他几种（钌、铑、铱和锇）可能就不太熟悉了。遗憾的是，虽然这些材料又闪又漂亮，适合我们做雕像，但它们要么质地太软、太容易变形、太脆，要么太稀有、太贵重（有的两者兼具），不符合我们长期保存信息的需要。而青铜在时效、美观和成本之间达到了最佳平衡。

车生锈，锈就是铁氧化形成的，而且只要时间足够长，任何铁制品都会被完全锈蚀。

不过，青铜有一种超能力。

青铜氧化时，表面会形成一层又薄又硬的氧化物，叫作"铜绿"，这种物质可以保护表面之下的青铜免受进一步侵蚀。这就是为什么青铜能成为向未来传递信息的绝佳媒介。发现里亚切青铜武士像时，它们表面的铜绿很薄、很精细，所以雕像的各个特征——脸型、茂密的胡须，甚至单块肌肉——仍旧清晰可见。虽然已有数千年历史，但如今我们仍然可以清晰地看到，这两尊雕像刻画的都是英俊的裸体男子。剥离表层物质、完成修复后，雕像最初的细节依然栩栩如生，同它们诞生的那天毫无二致。它们在水下度过的 2 000 多年里，最大的损失只是一尊雕像上的一只眼睛：雕像的眼睛不是青铜做的，而是另外用白色方解石制成的，在某个时候，一尊雕像的一只眼睛脱落并丢失了。两尊雕像的其余部分都完好无损地保存到了现在。

你的雕塑也可以做到这些。你可以用与里亚切青铜武士像尺寸相仿的青铜制成雕塑（2 米长，半米高，三分之一米宽）来保存你的信息。为了尽量降低腐蚀造成的影响，刻在雕塑上的字母得有 3 厘米宽、3 厘米厚（也就是从表面抬起至少 3 厘米）。这样的字母足够大，即使稍有腐蚀也能轻易辨识、阅读。单个字母宽 3 厘米，字母与字母之间间隔 1 厘米（行与行之间也间隔 1 厘米），这样就可以在青铜雕塑面积最大的两面各刻下 12 行，每行 50 个字符，两面加起来总共 1 200 个字符——好奇这究竟是什么样子的？我来告诉你：正好就是你现在读到的这个句子长度的 4 倍。[①]最后，你得把这尊雕塑放在某个隐秘地点，保证它不会被打劫的人偷走，又仍有机会在足够长的时间长河中被偶然发现。海岸附近的某处水域，深度不小但又并非完全无法触及的水下地点就很不错……具体位置包括但不限于距海

---

① 原文此句正好 300 个字符。——译者注

岸大约 200 米、水下 10 米的地方。

现在按上面描述的标准定制一尊青铜雕塑的成本约为 18 900 美元。[1]铸造青铜雕塑之前必须先制作相应的模具，之后当然可以重复使用这件模具铸造很多复制品。因此，一次性铸造多尊雕塑既降低了成本，又增加了在你想要的时间跨度内有人发现其中一尊的概率。如果你以 5% 的折扣一次性订购 500 尊青铜雕塑——你或许能谈下更多折扣，看你有没有超级大反派级别的谈判能力了——那就意味着成功部署这个计划大约只需要 900 万美元。再大方地加上 500 万美元，用于将它们悄悄运往世界各地并秘密丢到全球所有海洋的近岸区域。于是，只需要不到 1 500 万美元，就能最大程度保证未来有人发现、阅读你的信息，并在未来数千年里对你保持尊重、恐惧、崇拜，甚至会把你划入圣人的行列。

不过，也请你记住：做上几百尊雕塑也只是增加了你成功的概率。如果你还没有成为千万富翁，一尊雕塑也等于为你购买了一张大奖是让世人铭记你数千年的彩票，而成本甚至低于一辆新车的售价。

---

[1] 这个价格是大雕像责任有限公司总裁马特·格伦（Matt Glenn）提供给我的。格伦是一位专事青铜雕塑的艺术家，很和善，他聆听了我很是可疑的任务要求，并且没有问太多麻烦的棘手问题。他可能也很符合你的需要！

时间尺度：至少 10 000 年

方案：用你自己的脸和言论打造一座全新且更好的拉什
莫尔山

成本：6 400 万美元，用于打造入门级的雕像山，场地
改建费用另算

上帝给了你一张脸，而你又另造了一张。

——威廉·莎士比亚，1599 年

当你把目标定在一万年以上的时候，小而隐蔽的东西同时也意味着很容易丢失并永远找不到。为了让信息储存至少一万年，你最好的方案与之前截然不同：打造某个规模庞大、可轻松识别并且能（尽可能）永久存在的东西。说得更具体一点儿，你最好的方案是打造你个人定制的拉什莫尔山。

拉什莫尔山，也就是美国总统山，山的一侧刻着一些巨大的头颅。这本身就已经相当符合超级大反派的美学标准了，唯一欠缺的就是它应该位于太平洋某个未知的岛屿上，而不是在美国本土。另外，这座雕像山的起源也真的相当邪恶！对居住在附近的美国原住民来说，拉什莫尔山所在的布莱克山地区本是他们圣洁的土地。而且，根据 1868 年的一份条约，美国政府当初向拉科塔人承诺他们可以永久保留这片土地。然而，没过多久，美国政府就不再履行这个条约了：美国人很快就在布莱克山地区发现了黄金，于是，美国政府在 1876 年爆发的布莱克山战争中试图通过武力夺取这片土地。结果，美国政府战败了，但他们转而通过让拉科塔人挨饿的手段迫使后者最终在 1877 年割让了这片土地。至于那些雕刻在山上的头像，设计者兼雕刻者是白人至上主义者、三 K 党委员会成员格曾·博格勒

姆（Gutzon Borglum）。[①] 在他之前，最初的头像设计包括了像萨卡加维亚、疯马甚至拉科塔领袖红云这样的非白人人物。但博格勒姆上任后推翻了原来的设计思路，并且决定只在山上雕刻美国白人男性总统。最后，这座山本身也从拉科塔人起的名字——六祖父——被改名为拉什莫尔山，因为一位名叫查尔斯·拉什莫尔（Charles Rushmore）的律师为支持博格勒姆的雕刻工作捐出了数目最大的一笔钱。

如此种种都指向一个结论：在大型邪恶项目方面，总有先例可循。而这一个大型邪恶项目甚至已经基本完成了！四张巨大的脸早就被雕刻在那座山上了。按原来的计划，这 4 位美国总统的头像还应该囊括躯干部分，但因为资金不足而作罢。最后，从 1927 年到 1941 年，大约 400 名工人花了整整 14 年雕完了这 4 个大约 18 米高的头像。当时整个项目总耗资 989 992.32 美元，折算到今天为近 1 800 万美元。不过，先别急，不要按这个数字为打造自己的山头开支票，因为当时开展大型项目的成本没有今天高。2017 年，《华盛顿邮报》估算，如果把时任美国总统唐纳德·特朗普的脸加到拉什莫尔山上[②]需要 180 个人工作大约 4 年，其中包括 25 名设计师（时薪 100 美元）、30 名石工（时薪 50 美元）和 125 名劳工（时薪 30 美元）。把这些都加在一起，仅是在拉什莫尔山上增加一张脸，预估成本就在 6 400 万美元左右。

不过，看看这 6 400 万能给你带来什么！这些脸部塑像是雕刻在南达科他州花岗岩上的，每 1 万年会因自然侵蚀损失 2.5 厘米。这意味着你的头像每多刻 2.5 厘米深，就能被多记住 1 万年。按照这样的侵蚀速度推算，

[①] 没有证据表明博格勒姆正式加入过三K党。于是，他一方面公开否认自己是三K党成员，另一方面又私下支持他们。他在给一位朋友的信中写道："虽然我对（三K党）这个组织没有任何义务，但我与这个组织多位最杰出的领导人结下了深厚的友谊，我会尽我所能，以或公开或私下的方式为他们服务。"他还告诉另一位朋友："就我目前所知，他们（三K党）是一群好人，如果他们要竞选下一任总统，天哪，我一定会加入他们的。"博格勒姆还曾在三K党委员会任职，这个委员会的职责之一是起草三K党的政治纲领。

[②] 2017 年是一个奇怪的年份。

光是拉什莫尔山雕像上的鼻子就可以维持 240 万年，也就是 240 万年后才会被完全侵蚀，而且即便是远在 720 万年后，也仍会至少留下残存的脸部痕迹。此外，博格勒姆最初还计划在拉什莫尔山上刻一段巨大的铭文，每个字母高近 2.5 米，其深度估计直到 10 万年后才会被完全侵蚀，可惜他最后没能找到雕刻这段铭文的合适位置，转而刻了林肯的头像。我们可以拿这个理论预估结果跟同样被雕刻在岩石上的埃及狮身人面像的真实案例做对比：虽然到目前为止，狮身人面像已经经历了约 4 500 年的自然风化和人类触碰，但它的面孔现在仍然特点鲜明、一眼可辨，虽然它是在质地更柔软的石灰石上雕刻而成的。[①]另外，吉萨大金字塔也是一个很好的比较对象，它经历了数千年的自然侵蚀、人类劫掠，依然屹立不倒、闻名世界。

佐治亚引导石

如果你暂时没有 6 400 万美元打造自己的拉什莫尔山，那也可以选择一种规模小一些的方案。1979 年，有人匿名委托施工方在美国佐治亚州（没错，你猜对了）建造了佐治亚引导石，并于 1980 年揭幕，这是由 5 块花岗岩石板外加一块压顶石组成的巨石阵，总体高度接近 6 米。石板上用 8 种语言（阿拉伯语、汉语、英语、希伯来语、印地语、俄语、西班牙语和斯瓦希里语）刻了相同信息。

遗憾的是，这条消息本身相当没用：只是 10 条指令，包括"废止琐碎的法律、弃用无用的官员"（谢谢建议，巨石阵！），

---

① 当然，狮身人面像引发的争议要比"一个三 K 党委员会成员把一群美国总统（其中两位是奴隶主）的头像雕刻在一座本就来路不正的山上"小得多，这意味着拉什莫尔山上的雕像存续时间可能会比狮身人面像短一些，当然，这取决于人们未来对山上雕像的看法。

"用一种新语言团结人类"（人类社会使用多种语言没有什么问题，因为它们都不可替代，而且确实能体现人类发展历程和人类文化的深度和广度，明白了吗，巨石阵？），"以睿智的方式引导生育——增进人类健康和多样性"（为什么你要引入人种改良理论的内容，巨石阵？）。自完工以来，佐治亚引导石已经存续了几十年，只是因为规模较小且容易接近而频繁受到破坏。

然而，麻烦的还不只是侵蚀。六祖父山位于南达科他州，那里的气温有时会低到冰点以下。任何积了水的裂缝都有在冬天结冰的风险。这些裂缝结冰后会膨胀，进而破坏雕像，且破坏速度比单纯的自然侵蚀快得多。为了缓解这个问题，拉什莫尔山的所有裂缝都用硅做了填充，以防积水。但你总不能把自己未来的名声赌在这些黏合剂上吧？除了祈祷它们能让你的雕像维持几千年，你还有没有别的选项？

一个方案是把它建在温度很少（甚至完全不会）降到零度以下的地方，就比如埃及的狮身人面像的所在地。不幸的是，在一万年如此漫长的时间尺度上，我们无法确定原本合适的气候是否能一直保持这个状态。举个例子，如今撒哈拉沙漠所在的那片非洲土地6 000年前到处是湖泊和树林。在欧洲，从14世纪到19世纪，小冰河期导致冬夏两季都变得更冷，于是，这片土地上出现了以前从未有过的农作物歉收、饥荒等灾荒，连岩石都因为长时间冻结而变脆了。当然，人类产生的温室气体很可能会在未来几千年里使地球持续变暖，这确实降低了地球上原本温暖的地区变冷的可能性（第4章介绍了一些或许可以缓解这种情况的技术），但在这样漫长的时间跨度上，不确定性仍旧存在。另外，考虑到这类雕像纪念山的大小，多建造几处作备份（就像青铜雕塑方案那样）也大概率不可行。相反，你能做的就只是挑一个温暖的地方，小心翼翼地慢慢雕刻花岗岩以避免岩石破裂，同时精心雕琢字母或笔画，以保证水经过时会缓慢流过而非积在那里，然后祈祷在接下来的几千年里，它会像狮身人面像一样，不会被任何人狠狠糟蹋。

把你想留下的信息刻在这个星球的地壳上，这个方案生来就很有吸引力——而且生来就很符合超级大反派的风格——并且也的确可以让信息流传得更久远。另外，如果你能用多种主流语言重复刻下信息，那至少也是一种保险——哪怕某种语言版本中的一个单词丢失或损坏了，后人也可以通过其他语言版本知晓信息。

好了！这就是我，千年来最伟大的人物。这段文字是我在过去留给你们的！注意我说的话，因为你一定（后续内容见狮身人面像2号）

上述想法的一个实例，你或许能更进一步——大概应该做得到

不过，先等等。回想一下，我们最初为什么要使用多种语言？因为语言在不断演化，同时留下多种语言可以提高后人读懂我们留下的信息的概率。这点在几百年、几千年的时间尺度上是正确的，但我们能否指望它在数万年的时间尺度上也同样正确呢？

答案恐怕是否定的。在此，我们必须面对一个不容忽视的事实，人类历史上没有一种语言存续超过一万年。

目前已知最早的人类文字是楔形文字（书面苏美尔语），大约可以追溯到公元前3200年，但这种语言在公元200年左右失传，存续时间不到4 000年。显然，在人类于公元前3200年左右开始用文字书写东西之前，他们就在口头讨论各种各样的东西，但这些存在于人类社会早期的语言已经完全失传了，我们唯一拥有的相关证据来自重建。

印欧语系的语言，比如英语、俄语、希腊语、德语、印地语、旁遮普语、亚美尼亚语、意大利语、拉丁语、梵语和法语（仅列举了一部分，并非全部），都源自一种我们称之为原始印欧语（PIE）的源语言。人类大约在公元前 4500 年到前 2500 年使用这种语言。[①] 也就是说，原始印欧语已经失传了几千年：当操原始印欧语的人迁移到其他地方并形成新的社群时，他们自带的说话风格就变成了口音，口音之后又变成了方言，而方言最后就会变成新的语言。我们可以通过研究从原始印欧语演变而来的各种语言来部分重建原始印欧语。这就有点儿类似于你通过观察青蛙和蜥蜴推断出它们的共同祖先很可能有脊椎、有两只眼睛、有四条腿，并通过产卵繁殖。然而，因为缺少真正的世系演化证据，所以我们只能推断出原始印欧语的大致特征，看不到藏在语言细节中的魅力、美丽和优雅。我们可以在原始印欧语的所有后裔中找出听起来相似的单词，并据此猜测那个原始词根的发音。另外，我们也可以从相似的语法规则中推断出原始印欧语的大致语法规则。然而，无论如何，这些推断永远都只能是猜测，因为真正的原始印欧语已经永远离我们而去了。

而原始印欧语甚至不是第一种人类语言！在它之前，人类说的很可能是原始亚非语。另外，虽然我们无法肯定，但人类有可能早在公元前 5 万年就会说话了，而且说的是另外一种语言。我们很可能永远都无法确定人类当时说的是哪种语言，因为讲这些语言的人从来没有把它们写下来，更没有在山上刻下巨大的文字，而语言发展得又是如此迅速，导致我们完全没有办法在今时今日重建这些最早语言的任何特征——尤其是在没有文字

---

① 苏美尔语不在这个名单上，因为它不是从原始印欧语进化而来的：实际上，我们压根儿不知道它是从哪种语言进化而来的。与其他语言没有明显关系的语言叫作"孤立语言"，它们要么是自发演化出来的（一般不太可能），要么与其他语言之间的关系实在太过遥远，导致我们无法查明，要么是由一种已经失传的母体语言演变而来。

记录的情况下。

那么，考虑到如此种种情况，考虑到我们已经失传的各种语言，考虑到语言惊人的进化速度，考虑到你要在如此巨大的时间跨度中保存信息，要怎么做才有可能让一万年后的人类知晓你的丰功伟绩呢？

美国政府随时准备向你提供帮助。

核活动产生的放射性废料在一万年后仍然会对人类健康构成威胁。我们意识到，如果把它们埋在某个地方——就像我们在新墨西哥州卡尔斯巴德废物隔离试验工厂中做的那样——那么就有必要警告未来某个时候住在那里的人们千万不要把这些核废料挖出来。这就产生了跨巨大时间尺度交流的问题。为此，作为掩埋核废料试验计划的一部分，美国能源部委托了各种研究小组寻找解决这个问题的方案。

1984 年的一项研究建议设立"核祭司"。一群核祭司可以通过自荐的方式加入这个计划，并被告知有关此事的全部真实情况，然后由他们炮制虚假线索，形成某种迷信思想，以让人们远离这一地区。祭司们可以每年举行一次仪式反复提醒人们"远离这一地区，否则复仇之神将惩罚你"，以保证这种警示一个世纪又一个世纪地流传下去。假故事的复仇之神还要求该地区周围的所有书面警示标志每 250 年重写、替换一次，以确保当时的人们能看懂。[1]唯一的问题——这项研究的报告也承认这一点——是很难建立这样一种类似宗教的迷信，而且从过去的经验来看，借助某种神性的威胁来保护某些东西——比如散布对书籍和坟墓的诅咒，警告大家不要偷窃或惊扰——通常对动机明确的抢劫犯没有任何作用。

---

[1] 这项名为"万年交流方案"的研究还表明，让某个地方散发出难闻的气味并不是让人们远离的可靠方法，因为未来的人类很可能会通过没有嗅觉的机器人（或是人类穿着密闭性极强的机器人套装，语言总是有一定模糊性）来探索世界。这项研究还顺便提到，未来有一天，信息会成为对人类生存至关重要的因素，重要到可以影响人类这个物种的存亡，所以我们可能会通过"显微外科手术干预"等手段把最为重要的信息添加到 DNA 中……不过，令人沮丧的是，这项研究并未指出所谓"最为重要"的信息究竟是什么。或许就是你留下的信息？

诅咒你们，你们这些蠢货！

人类历来有以诅咒作为安全措施的传统，而且很是为此感到自豪。用"复仇之神"保护核废料的想法就是这种悠久传统的又一体现。威廉·莎士比亚的墓志铭上写着"好朋友，看在耶稣的分上 / 请不要掘开此地的尘土 / 放过这些石块的人将得到祝福 / 移动我尸骨的人会受到诅咒"。[2015 年，对研究莎士比亚尸骨很是感兴趣的威特沃特斯兰德大学学者弗朗西斯·撒克里（Francis Thackeray）提出，他可以只检视尸骨的表面，不去移动尸骨，这样也就没有违背莎士比亚的遗愿了。他之后又发现了莎士比亚遗愿中的一个漏洞："另外，莎士比亚的墓志铭里可没提到牙齿。"]

至于书籍，因为中世纪欧洲的书都是手写的，制造起来费力得多，价值也高得多。于是，在书最后一页的附注上添加诅咒也算是常规操作了。以下就是一些诅咒的实例：

- 革除教籍（"不论是谁拿走了这本书，他都永远无法进天堂见上帝"）；
- 下地狱（"偷书的，借书不还的……这本书会在他手中化作一条蛇……让他在痛苦中煎熬，大声哀求请求饶恕……让地狱之火炙烤他，直到永远"）；
- 生病（"拿走这本书的任何人，上帝之手同样会让他染上最令人痛苦的瘟疫"）；
- 同类相残（"不论是谁拿走了这本书，都让他死，把他放在油锅里煎"）；
- 绞刑（"别偷这本书，我最忠实的朋友 / 我怕你会被送上绞

刑架 / 怕你死的时候上帝会说 / 你偷的书呢？"）;

- **绞刑外加鸟类折磨**（"想偷这本书？尽管试试 / 你会被吊起来绞死 / 乌鸦聚在你周围 / 找到你的眼睛，把它们啄出来 / 等到你尖叫、哀嚎的时候 / 记住，你活该"）。

到印刷术发明后，书就没那么值钱了，书后的诅咒就变成了藏书票：一种简单的私人所有权声明，通常（但不是全部）不会明确诅咒那些借书不还的人。

之后，美国能源部又召集了两个专家小组，他们在 1993 年提交的联合报告与 1984 年的研究南辕北辙。联合报告建议直接向大众公布真相，并指出按照 1984 年的研究方案，如果有人敢于挑战这个可怕的神话而且没有什么坏事立即发生——核废料导致的癌症等后果可能需要过几十年才能显现——那么整个"宗教"的可信度就会受到质疑。因此，他们转而建议将信息分解为四个复杂程度不同的级别，目的是确保至少部分信息在一万年后仍能被人类理解。这四个级别分别是：初等级别（"这里有人类制造的东西"）、警示级别（"这里有人类制造的东西，而且非常危险"）、基本级别（说明核废料的内容、地点、掩埋时间、掩埋原因及掩埋方式）和复杂级别（极为详细地解释基本级别中的各项要素，并且以各种文件记录、图、表、地图等手段辅助说明）。

有意思的是，这份报告建议，前两个级别的信息可以用非语言形式传达，比如在目标地点周围设立警示性极强的宏伟雕塑和附加物：令人望而生畏的庞大的花岗岩块、从地下伸出的石柱、"气势汹汹的土地工艺作品"、风吹过时会发出令人不安的幽灵声音的石头，等等。实际上，这些专家认为可以通过这类布置传达的许多非语言情感警示效果可能是以下超级大反派式威胁的两倍多："这个地方传递了一个信息……也是某个信息系统中的一部分……注意了！发送这条信息对我们来说很重要。我们认为自己的文化很强大。这条信息是警告你们这里存在的危险。这个危险在你们的时代仍然存在，与我们的时代没有什么不同。这个危险是针对人类身体的，能置人于死地。不过，只有当你实质性地从物理上扰乱这个地方，危险才会释放出来。因此，最好避开这个地方，让它保持无人居住的状态。"

因此，你总是可以尝试借助这种经久不衰的邪恶艺术工程向后世传递信息。不过，假如你还想更进一步，应该怎么做呢？

这份联合报告还提出了备份方案：基本级别的信息不仅会以多种语言镌刻在花岗岩结构上（底部留有空间，供后人添加他们发展出来的新语言），还会铸在小陶瓶①上并埋在目标地点。这样一来，任何在那里挖地的人都有可能发现这些小陶瓶，即便上面提到的那些尺寸较大的标记物已经退化或损坏，这些小陶瓶也能增加后人发现信息的概率。自 20 世纪以来，这种用特定的图像或信息地毯式覆盖某个区域的想法已经在商业品牌推广领域应用得风生水起了。从这个角度来看，像麦当劳和迪士尼这样的大公司已经在以一种你可以轻易效仿的反派风格行事了：毕竟，你的诉求是要把信息保存到金拱门、米老鼠和多管闲事的蜘蛛侠消失之后许久。

另外，专家们还推荐，掩埋核废料的建筑本身要造成识别度很高的几何形状，这样即使它部分被损毁，建筑的整体形状仍然可以被轻松识别。这个想法的灵感来自最早建于公元前 2300 年左右的巨石阵。如今，那座巨石阵中的石头已经有大约三分之一不见了，但由于这些石头是按规则摆放的，我们仍然可以根据保存下来的那部分重构石阵最初的整体面貌。

最复杂的信息则存储在建筑中间类似博物馆的地方（主要建筑材料也是花岗岩）。在那里，可以借助比例模型和元素周期表（但愿一万年后还可以辨认得出）解释有关这处建筑以及其下掩埋的核废料的一切。博物馆本身是封闭的，只有一块较小的石头可以划开——移开这块石头后的空间足

---

① 截至目前，我们发现的历史最悠久的陶器可以追溯到公元前 18000 年左右；埋在地下的陶器可以保存很长时间。为了提升安全性，你可以选用多种制作材料——塑料、钛、硬玻璃等——起到四处下注的效果。这样一来，即便其中一种材料失效了，其他的还有希望保存下来。（顺便一提，钛并不便宜，但它确实能像青铜一样形成一层氧化膜。）

以让一个人爬进去，但又不够从里面搬出刻有说明文字的花岗岩。

　　不过，这个方案可行的前提也同样是，后人可以读懂刻在石头上的文字并把它们翻译成自己的语言。这份联合报告也承认，如果这个前提不成立，那就无法传递复杂信息。未来总会有人类想要翻译你留下的文字——毕竟，我们在发现象形文字后就立刻产生了翻译的冲动，神秘的事物总是很诱人——但没人可以保证他们能翻译成功。

　　如果语言文字不可靠，那我们还有什么手段？

　　符号似乎可以表达自身含义：它们比单词更常见，我们也似乎可以以它们为基础建立一种特别的语言用于交流。另外，我们已经有了代表核辐射的符号——那个由三个楔形围绕在一个圆周围形成的符号——所以我们已经开了一个好头，对吧？但现在的问题是，即使是同一种符号，不同的文化也会有不同的解释。在 20 世纪 30 年代的印度，符号卍代表好运，但在同一时期的德国，它的含义就大不相同了。天文学家卡尔·萨根曾给美国能源部的这个项目写过一封信，推荐用头骨和交叉的骨头代表死亡和危险，理由是所有人都有头骨、骨头，知道它们代表什么含义，而且它们的基本形状不太可能改变。然而，哪怕是萨根提出的这个符号，具体含义也会随所在环境而变化。那份联合报告特别指出：在瓶身上，头骨和交叉的骨头代表毒药；在一艘大船上它就代表海盗；对中世纪的炼金术士来说，头骨代表《圣经》中亚当的头骨，交叉的骨头代表复活。换句话说，在中世纪的炼金术士看来，头骨和交叉骨头的符号代表"永生"，这与我们想要传达的情感（警告此处有危险的核废料）完全相反！此外，核辐射的标志是 1946 年才诞生的，还很新，赌一万年后的人类仍能看懂它实在太过冒险。这份报告甚至指出，未来的人类看到这个标志可能会困惑于为什么我们要大费周章地吹嘘在这里埋了几个轮船螺旋桨。①

---

① 　2007 年，国际原子能机构和国际标准化组织公布了一个代表电离辐射的新图标，作为补充。这个图标仍旧有原来的"螺旋桨叶片"，只是现在从叶片上面发出了波浪线，指向一个正在逃离头骨和交叉的骨头的人。

左边这个标志警示此处有致命辐射，但也有可能是提示此处有好玩的自行式水上娱乐工具；右边这个标志代表死亡或海盗，也可能代表永生

　　显然，肯定有些形状在一万年后仍可识别，但我们无法保证后人对它们的理解与我们相同。例如，刀的形状是代表威胁，还是表示附近正在做饭？实际上，我们对洞穴壁画就有类似的困惑：我们可以辨认出壁画上人和动物的形状，但至于古人画这些形状是什么意图，就只能靠猜了，我们甚至不能确定它们代表的究竟是什么。报告中还提到了另一个例子：快，告诉我，下面这幅画想表达什么？

　　这两个人有可能是在打架——也可能只是在跳舞。先不管他们具体是在做什么，作者作这幅画的寓意是什么？是歌颂这种行为，还是想讲述一个警世寓言？我们是应该为这种行为鼓掌，还是该批判？我们应该模仿画中的行为，还是应该规避它们？如果知道作者的文化背景——知道我来自一个热爱布吉舞的民族——你就可以做出有根据的猜测。然而，我们无法保证一万年后的人类还能理解我们的文化，而我们也肯定理解不了他们的。如果我们通过按序排列多个符号的方式讲故事——也就是通过漫画的形

式——那么我们也需要找到一种方法确保后人按正确的顺序阅读这些符号。

按从左往右的顺序阅读，那这则漫画讲述的就是一个可怕的警示故事，告诫你千万不要饮用受核污染的水；按从右往左的顺序阅读，那这则漫画就是一条颇有吸引力的广告，它向你推销一种用核物质制成的灵丹妙药，吃了它可以改善胃部不适并且能让人心情愉悦！

不过，到目前为止，有一组符号的含义对人类来说从未改变，那就是人类自己的面部表情。在任何历史时期的任何文化背景下，人类婴儿面对相同的外部刺激总会做出相同的面部表情：开心时会微笑，生气时会皱眉，受伤时会痛苦，害怕时会惊恐，等等。我们完全有理由认为，一万年后的人们也会把惊恐的表情视作一种警告——当然也有可能会误解，比如误认为留下这种标记的是某种崇拜恐惧的文化。不过，如果你在花岗岩上刻上一堆尖叫的脸庞，那完全可以合理地猜想，未来的人们至少可能会把它们理解为一种威胁或警告。当然，美国能源部的这份报告还在一个问题上举棋不定：任何警示危险的装置本身都很有趣，而任何有趣的东西都会吸引好奇的人类。可是，这对你来说完全是优点！你就是想让自己留下的信息看上去有趣，你就是想要吸引后人的注意力。这完全就是我们在拉什莫尔山刻下信息（多么庞大的工程）的初衷啊！

所以，你只要把信息刻到山上并且做到以下几点，这本书——以及美国政府汇集的各种知识和资源——就很可能可以确保一万年甚至更久之后的人类仍能接收到你的信息并正确理解：1. 要用多种语言翻译信息并把它们全部刻到山上；2. 在山体周围造一些外观可怕的设施；3. 添加一些表情惊恐的面孔；4. 把相同的信息刻在许多小物件上并埋藏在地下不同深度处，作为备份方案，同时确保其中一些埋得足够深，没有机械化手段无法轻易把它们挖出来；5. 以不同的复杂程度和详细程度重复你的信息，并确保制作材料本身没有什么价值，很难（甚至完全不可能）回收成更有用的东西（也就是要用花岗岩和陶瓷这两种材料：如果你用金属，那就一定要把它们埋得更深，保证不会被劫后余生的社会轻易获取）。

另外，即使一万年后生活在我们这个星球上的人们无法理解你留下的信息，那么无论你的纪念山还剩下了什么，都至少可以激励他们把你当作一个古老而强大的神来崇拜，这总算是一个相当体面的安慰奖。

时间尺度：至少 100 000 年

方案：我们还是把信息扔到海里，但这次要用另一种方法

成本：大约 33 000 美元，再加上旅费，不过，你用青铜雕像方案会更贵

> 有人说世界将毁灭于火，
>
> 有人说世界将毁灭于冰，
>
> 我尝过欲望的味道，
>
> 所以站在会灭于火这一边。
>
> 不过，如果世界必须毁灭两次，
>
> 我想我也很了解什么是恨，
>
> 就毁灭来说，
>
> 冰也足够强大，
>
> 足以胜任。
>
> ——罗伯特·弗罗斯特（Robert Frost），1920 年

要想保证你的信息能流传 10 万年，首先必须知道地球在这 10 万年中

将面临什么威胁。没错，未来的人类的确有可能变得很伟大，免于战争，减少饥荒，治愈瘟疫，做成所有我们真的想做但还没腾出手去做的事。然而，到目前为止，还没有任何人想到阻止行星规模的自然灾害的方法，其中就有两大灾害会干扰你的计划。

第一个是新的冰期。冰期经常周期性降临地球，上一次冰期的冰盖达到历史最大值（发生在大约公元前 24500 年）时覆盖了北美、北欧和北亚的大部分区域。在冰期内，巨大的冰川会反复冲刷地球，抹去地球表面所有人类居住过的痕迹，拉什莫尔山也会四分五裂（同样四分五裂的可能还有你在上一节中建造的拉什莫尔山复制品，如果它的所在地也遭遇了冰川的话）。下一个冰期高峰预计将在未来 5 万年内的某个时候到来。当然，人类产生的温室气体可能会推迟这一时间，最多可能会再推迟 5 万年——正好赶上我们正在考虑的时间跨度的最小值。因此，如果我们想让我们的信息保存 10 万年或更长时间，就必须考虑到一个非常现实的可能性，也即地球即将深入另一个冰期。

然而，冰期还不是唯一的威胁。第二个威胁是超级火山——这是一个客观上令人生畏（并且近乎邪恶）的名字，它的科学定义是"任何大到超过火山爆发指数最大值的火山"。火山爆发指数最大值是 8，达到这个数值的火山会喷发超过 1 000 立方千米的物质，并有足够的力量把这些喷发物注入平流层。这么多物质足以在加拿大安大略省多伦多到魁北克省蒙特利尔之间铺设一条由火山灰、浮石和熔岩构成的 1 千米宽的带状区域，并且继续在这片区域堆积火山喷发物，直到厚度达到 2 千米。这意味着，即便把当今世界最高的建筑哈利法塔摆在那里，它也仍然会被埋在超过 1 千米厚的火山物质之下。而这只是超级火山的最低标准！当然，在现实生活中，超级火山的影响范围远大于刚刚提到的两座加拿大城市之间 1 千米宽的带状区域：超级火山的规模足以影响整个北美地区，并且在这个过程中改变全球气候（火山对气候的影响我们在第 4 章中已经看到了）。人类从来没有以科学视角观察过超级火山爆发（主要是因为我们很幸运，还没有遇到过这样的事件①），但我们已经发现并研究了超级火山爆发在地球表面留下的疤痕。通过研究超级火山爆发的历史——"超级火山爆发"这个词不是我编造的，而是从一些简直令人惊讶的地质学论文中摘录的——我们发现，这一事件平均每 10 万年发生一次。讲道理，如果你留下的信息被掩埋在未来超级火山爆发形成的数千米厚的火山灰、浮石和熔岩之下，那么未来的人类恐怕很难找到它们。

因此，火和冰——或者更准确地说，超级火山和全球冰川——就是限制我们存储信息的两大重要因素。距赤道过远地区的地表或地表附近位置显然不是存放信息的好地点，因为冰川会摧毁它们。距地质板块边界过近的位置也不会是理想地点，因为那里正是火山形成的地方。因此，我们只能选择赤道附近的、地质构造稳定的区域。另外，鉴于我们很明白人类有多喜欢到处乱挖，所以又得把目光投向海洋了。没错，这一次，我们还是会把信息扔进海洋。在那里，你留下的信息至少有可能在 10 万年的巨大时间跨度内躲过超级火山爆发、全球冰川和人为破坏。

你也可以再试试青铜作为记录信息的材料，但遗憾的是，没有任何证据表明青铜雕像能在水下保存这么长时间，这和铜绿倒没有多大关系，只是因为这种材料的历史本就没有那么长。严格来说，人类文明的历史都还没有那么悠久。虽然 10 万年前已经有人类出现，但他们应该刚进入石器时代，还谈不上文明。当然，如果你很有钱，你仍旧可以尝试铸造青铜雕像，但对于这个时间跨度，你最好还是用另一种材料来记录信息。这种材料远没有青铜那么有名，但肯定更加常见，尽管我们直到公元 1907 年才发明了它。

记录你丰功伟绩的材料应该是塑料：合成塑料，比如聚对苯二甲酸乙二醇酯（PET）。

---

① 最近一次有过超级爆发的超级火山是大约于公元前 24500 年喷发的新西兰陶波火山。万幸的是，新西兰当时还无人居住，但附近的澳大利亚肯定有人，他们很可能注意到了某些情况。

你很可能听过环保人士对海洋塑料的警告。塑料之所以会对海洋构成如此大的威胁，是因为虽然合成塑料会光降解（在紫外线下分解成越来越小的碎片），但它们通常不会生物降解。鉴于塑料的历史如此短暂，曾经有那么一段时间，我们认为地球上没有任何动物可以消化这种材料。虽然我们最近发现了一些有这种能力的动物——2017 年，研究者发现一种蜡螟的幼虫可以慢慢咀嚼塑料——但都是例外，它们分布不广，而且非常非常罕见。因此，除非焚烧殆尽，否则我们制造的绝大多数聚乙烯始终会以某种形式存在于某个地方，而且其中大部分是垃圾。这对地球来说是个坏消息，但对超级大反派来说却是一个不得了的好消息，我们完全可以利用这一点克服跨时空交流的困难！你现在只需要寻找一个几十万年都晒不到光而且不会遇上会吃塑料的地球小生物的地方，而我们碰巧具备这三个条件：1. 光在海面下方大约 1 千米左右就会完全被吸收；2. 海洋最深处深度超过 10 千米；3. 据我们目前所知并且根据现存所有证据推断，没有任何吃塑料的小动物能在海底的高压、黑暗环境中生存。

完美。

某些塑料会漂浮在海面上（你可以在大太平洋垃圾带[①]中找到数以吨计的塑料漂浮物），但我们也可以生产密度足够高的塑料，它们既能沉入海底，又能承受海底的高压。把记录着你信息的聚对苯二甲酸乙二醇酯塑料倾倒在赤道附近远离任何板块构造边界的某个地方，你的信息就很有可能保存 10 万年以上……遗憾的是，这并不意味着未来的人类有很大可能真的找到它们。请记住，海洋面积极大：地球海床面积几乎是陆地面积的 2.5 倍。一块 2 米长的塑料有很大的藏匿空间。为了增加未来某一天人类发现这份"塑料信件"的概率，你一定会想把它放在能引起人们兴趣的地方。

可是，你要怎么知道什么样的地点在 10 多万年后会引起人们的兴趣?

①　具体位置是在西经 135°~155°，北纬 35°~42° 的区域内。

看看人类现在对这个星球感兴趣的地方就会发现整个地球上最吸引人的地点之一——全世界的成年人和未成年人都感兴趣的——就是珠穆朗玛峰。对我们中的大多数人来说，珠穆朗玛峰的魅力不在于它的地质状况、历史沿革或原生物种，而是在于它是地球最高的地方，一旦你登上了珠穆朗玛峰峰顶，就再也没有更高的山峰可以攀登了。珠穆朗玛峰遥远而致命，登顶的山路上到处是那些试图冲顶却失败了的人的尸体，但无论如何，人们就是希望攀上珠穆朗玛峰峰顶，因为它就在那里。①

在海洋底部，地位与珠穆朗玛峰相当的是马里亚纳海沟，那里是全球海洋最深的地方。假设你的塑料纪念碑在马里亚纳海沟中保存了下来，那么相对于放在别的地方，未来探索海洋的人类找到它的概率就会高得多，因为一旦未来人类掌握了探索马里亚纳海沟的技术，他们自然而然地就会去参观那里。

唯一的问题是，你的纪念碑不会是第一块等待他们发现的塑料。

虽然马里亚纳海沟位于海平面下 10.9 千米处（这个深度大到即使把珠穆朗玛峰放在那里，峰顶都不会露出水面），但里面已经有塑料了，它们同样等待着未来探险家去发现。当然，这些塑料不是有人故意放在那里的，但海洋探测器已经拍到了一个塑料袋——那种你可能在杂货店买到的，用一次就会丢掉的普通塑料袋——这些真正意义上的海洋垃圾会在你冲线前打败你，让你功亏一篑。

---

① "因为它就在那里"是英国登山家乔治·马洛里（George Mallory）在解释自己为什么想要登顶珠穆朗玛峰时的名言。1924 年，他和搭档安德鲁·欧文（Andrew Irvine）在试图登顶的过程中失踪。1999 年，马洛里被冻存的尸体被发现，但欧文的尸体一直不知所踪。为了拍摄珠穆朗玛峰峰顶的美景，欧文当时随身带着一台早期柯达相机，即便过了这么多年，仍有可能把相机内的胶片冲洗出来。因此，找到这部相机就有可能知晓他俩是否在遇难前登顶成功。所以，现在你有两个攀登珠穆朗玛峰的理由了：一，因为它就在那里；二，因为欧文吸引人又颇为神秘的冰冻尸体也在那里。

一条从过去传递给遥远未来的信息。袋子上印着"祝你今天不愉快"。不用多言，我们就能明白它的含义是："哈哈哈，抱歉啦，我抢先一步？？"要是用语言解释一下它背面的文字，那可能是：顾客总是能在西夫韦[1]省下很多钱

实际上，我们自从于 2018 年首次在马里亚纳海沟内发现塑料袋之后，又陆续发现了更多塑料袋。所以，没错，你的竞争对手就是字面意思上的垃圾，但你的纪念碑会更大、更坚固、更令人印象深刻。而且，虽然这个纪念碑上的所有信息只与你有关，但它仍然会比塑料袋内的文化内涵更能让未来的人类感兴趣，因为塑料袋传递的信息仅仅是"我们这个时代的人类对污染问题想得没那么周全，所以不知怎么的，我们把这些垃圾送到了地球上最难以到达的地方，哈哈，哎呀，这都是怎么搞的"。

另外，马里亚纳海沟位于板块构造活跃区：太平洋板块在此处滑到马里亚纳板块下方。这两个板块每年移动的距离以毫米计——太平洋板块相对于马里亚纳板块每年只移动30~57毫米——这意味着即便是在 10 万年后，太平洋板块的相对移动也不过 3~5.7 千米。因此，只要保证你的纪念碑放在马里亚纳海沟以东至少 6 千米处，那么即使在 10 万年这个时间尺度上，也不必担心它会被我们星球内部肆虐的熔岩摧毁。你真正需要担心的是火山活动带去海床表面的那些暴虐熔岩，但经过计算，这个风险不算高，而且有办法降低它的危害——为防万一，你可以把备份纪念碑放在海洋中更安全的地方。把塑料纪念碑放在马里亚纳海沟以东至少 6 千米处还有一个

---

① 西夫韦是美国一家连锁超市。——译者注

额外的好处：随着地质构造板块不断滑向该沟，你的纪念碑也会跟着越来越靠近海沟，这个过程虽然很缓慢，但一定会在10万年的时间跨度内一点一点地提升纪念碑未来被发现的概率。

然而，还有一个因素也会威胁到你的计划，那就是：进化本身。

塑料不容易生物降解的原因是这种材料实在是太新了。地球上少有的几种能够消化塑料的生物也都是偶然具备这种能力的——它们的正常食物来源恰好在化学成分上与塑料这种合成材料足够接近——但目前还没有任何生物进化到可以直接以塑料为食。但是，这只是现状，并不意味着最终不会出现只以塑料为食的生物。塑料的高分子链中锁住了大量能量，而且与青铜不同的是，它们由有机分子构成，其元素碳、氧、氮等也都是生命元素。历史表明，当周围有很多潜在的食物时，最终总会有一些生物进化出利用这些食物的能力（就像第4章中介绍的，微生物在数百万年后终于找到了吃木头和树皮的方法）。虽然我们不能肯定，但10万年的时间可能刚好足够让一些生活在海底的海洋微生物进化出这种能力。这些生物生活在寒冷的永恒黑暗中，食物稀缺。对它们来说，越来越多的塑料抵达海床，就意味着周围出现了越来越多的潜在食物来源，它们很可能可以找到依赖这些资源生存的方法。所以，你留下的纪念物还得与进化赛跑，进化可真是个小浑蛋啊。

至于成本，你可以买几张重型PET塑料，并把它们焊接在一起，当作你的纪念碑，然后直接将信息雕刻在这些塑料上（要么是直接刻出字母以记录信息，要么是雕刻字母周围的空间以露出字母，用专业一点儿的话来说就是"阴刻"与"阳刻"）。一块至少0.5米高、1米长、10厘米厚的工业PET板材价格约为3 500美元，你需要8块才能造出与之前青铜雕像大小相当的塑料工艺品——当然，如果你这个超级大反派预算紧张，也可以只使用一块PET板材，但就要相应承担未来更难被发现的风险。假设你选择了8块PET板材的制作方案，那么每座纪念碑的成本是28 000美元，加上焊接以及两面雕刻的费用（保险起见，就给个5 000美元的预算吧），总计是 33 000 美元。之后的费用就是雇一艘跨太平洋的游轮和一名知道怎么把嘴闭上的船长。

一位理想的船长

把你的纪念碑放在大家都感兴趣的马里亚纳海沟附近，再把其他备份放在更安全但吸引力稍差的地方（远离地球板块构造运动活跃地区），你就把 10 万年后的人们发现这座个人塑料纪念碑的概率提升到了最大。

时间尺度：至少 100 万年

方案：彻底放弃地球

成本：不到 4 000 万美元

为什么天堂并没有充满光？为什么宇宙会陷入黑暗？

——爱德华·罗伯特·哈里森（Edward Robert Harrison），1987 年

你很可能已经在上一节中注意到，我们不断延长信息保存时间的唯一

方法就是去寻找尽可能稳定、孤立、远离人类的地方。不幸的是，当目标提高到长至100万年时，我们就没有多少远离人类干扰的方法了。

在为数不多的方法中，一种是化石。我们可以试着生产与化石性质大致相同的陶瓷制品，然后把它们埋起来。或者，我们甚至可以把刻有字母的金属埋在可能产生天然化石的地方，比如沙质河床的拐弯处。我们知道这些地方产生的化石可以保存数百万年。但即使是化石，也不算很理想的方案，因为现实数据相当惨淡：99.9%的生物死后没有留下任何化石，任何东西变成化石的概率都不到十亿分之一。即便你真的击败了这个概率，成了极少数幸运儿中的一分子，那也仍然不够。要进入化石记录，就必须有人再次发现你留下的物件。这意味着，你保存纪念物的地点必须具备产生化石的条件，并且切实把你留下的物件变成化石，还要保证能在不破坏这个化石的前提下把它保存到100万年后，这个地点还必须位于我们人类可以找到的地表附近，还要有人真的在那儿挖掘并发现了你的纪念品，并且他们要知道自己发现了什么且愿意与世界分享。据估计，在所有曾在地球上生活过的物种中，只有万分之一出现在化石记录中——哪怕只有一条。（其他的估算结果更悲观，概率为十二万分之一！具体计算结果取决于你认为地球上存在过多少物种，但这真的很难准确计算，因为大多数物种没有留下任何化石记录。）

所以，去它的地球。不管怎么说，地球都太热了，同时也太冷了——有时还不知怎的既太热又太冷。把这个宝贵的星球留给那些愚蠢的凡人吧，而你在地球之"上"追寻永生。具体来说，就是在地球上方大约5 900千米处的一条稳定轨道上。

在这里，我们参考的模型是1976年发射的LAGEOS–1（激光动力学1号）卫星。它是一个重400千克、直径60厘米、中间是黄铜核心的铝制球体。球体表面还覆盖着426个形如立方体角的反射器，整个球体看起来类似高尔夫球，但大小大约是篮球的两倍。LAGEOS–1卫星没有搭载任何电子设备或活动部件，因为它的任务目标就只是将激光反射回地球。我们可以精确测量激光脉冲抵达 LAGEOS 卫星和被反射回地球之间的时间差，进而精确计算 LAGEOS 卫星和激光观测站之间的距离。人类在首次利用 LAGEOS 卫星完成精准激光测距后就解锁了对大陆漂移和地球自转中微小异常情况的测量。

对我们的目标来说，更有用的是，LAGEOS 卫星处于一条足够高的稳定极地轨道上，它会缓慢减速，每天高度仅损失 1 毫米。NASA 计算，按照这样的速度，LAGEOS 卫星将在轨道上停留大约 840 万年，然后落回地球。NASA 意识到这是他们向未来传递信息的机会，便建造了一个卡尔·萨根设计的信息牌（由两块相同的不锈钢组成），装在 LAGEOS 卫星内部。遗憾的是，这两块蚀刻不锈钢（18 厘米高，10 厘米宽）上只记录了"二进制中的数字 1~10，2.68 亿年前地球大陆的样子，我们发射 LAGEOS 卫星时地球的样子，以及一些我们一直在讨论的有趣想法：840 万年后的你们眼中的地球是什么样子"。[①]

这种向未来传递信息的方式非常可行：除了发射火箭（已经发明）之外，无需特殊工程技术，而且因为我们不关心激光反射测量工作，所以只需要将随便什么物体发射到类似的中等高度地球轨道上就可以了。因此，这个方案的成本也不高：LAGEOS 的总成本——包括卫星和运载火箭——在 1976 年时仅为 850 万美元，折合现在约 4 000 万美元。随着众多企业开始争夺私人卫星市场，这个价格还在下降。此外，在火箭发射工程中，成本随着重量的增加而上升，所以你发射的卫星越轻，成本就越低。

---

① 把 LAGEOS 卫星信息牌中介绍 840 万年后地球大陆样子的图片描述成"我们一直在讨论的有趣想法"并不是没有道理。NASA 在 1976 年 LAGEOS 卫星发射升空时公布的新闻宣传材料中称，他们绘制的未来地球大陆模样"几乎没有比纯猜测更有根据"。新闻宣传材料还补充说："LAGEOS 卫星的升空可以显著提升我们对大陆漂移现象的认识。"的确如此！可爱的是，这份新闻宣传材料还大力支持了让 LAGEOS 卫星携带这个信息牌的做法："在那个遥远的时代（LAGEOS 卫星返回地球的时候），无论是谁居住在地球上，应该都会喜欢来自遥远过去的贺卡。"他们可能会吧！

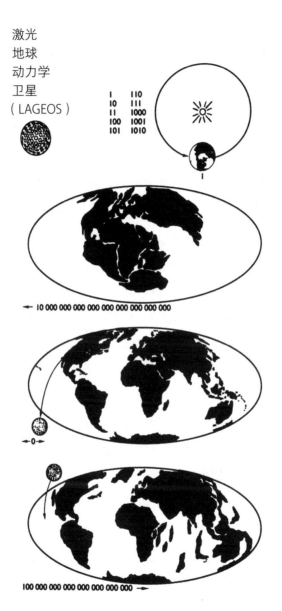

LAGEOS卫星内部携带的信息牌，旨在告诉未来的人类，我们至少知道一点儿关于地球大陆漂移的知识

减掉卫星 400 千克的重量，就相当于把钱存进银行了。[①]当然，就像这里介绍的所有方案一样，我们不能做出任何保证，太空发射完全可能变得越来越普遍，进而破坏、摧毁或是提前回收你的卫星，但也同样有可能这些不利情况都不会发生。

至于你的信息牌上应该写些什么，我们现在面临一个非常现实的可能：在 100 万年的时间跨度中，即便是我们在前几节中依赖的那些基本面部表情也可能不再具有普遍性。要知道，往前推 100 万年，现代人类还不存在，我们的那些原始人祖先，比如直立人，做的事情也只是"点火"和"照顾受伤的家人"之类的试验。我们完全不知道他们是否也以同样的面部表情表达情感——也许是？——这意味着我们绝对不知道 100 万年后生活在地球上的人们是否也会有与我们一样的感受。我们甚至不知道他们是否还会认为自己是人类！所以，到那个时候，人类现在的面部表情很可能已经不适用了，现在的语言是肯定不适用了，我们只能退而求其次地选择信任描绘地球本身的图像和基本计数体系，就像 LAGEOS 卫星信息牌那样。然而，即便是这样，也无法保证 100 万年后的人们能理解你留下的信息。

不过，老实说，能向 100 多万年后的未来发送一条信息，这本身就已经是一项了不起的成就，至于你留下的具体内容是什么反倒不再那么重要了。去疯吧。大胆写下你的宣言，吹嘘你的伟大，恐吓他们的孩子，或者只是给他们看一张你在 1981 年推出的游戏《大金刚》（*Donkey Kong*）中完成击杀画面的雕版照片。等到 100 万年后的人类发现你留下的信息牌后——前提当然是他们真的能发现它——他们肯定会自发研究、检查这个物件，让它成为全球知名的文物。因此，怎么写都可以，没有错误答案。

---

① 但也存不了太多。NASA 之所以要在 LAGEOS 卫星核心部分使用黄铜，是因为纯铝制卫星虽然更轻，但也更容易受到阻力的影响。我们希望卫星有足够的惯性，以确保它不会太快减速，因为过快减速会让它提前落回地球。

一幅诱人的未来图景。让我们放大来看图中的纸上写了什么：

亲爱的未来人，我统治了《大金刚》世界。以下是证明

排名	得分	名称
第一	218000	闲逛
第二	107650	AAA
第三	006100	拉屎
第四	005950	撒尿
第五	005056	大笑

时间尺度：至少 1 000 万年

　　方案：个人的一小步，人类的一大步

　　成本：1 亿美元（无人任务）到 200 亿美元再到 300 亿美元

　　　　（如果你想亲身参与），误差大概为几十亿美元

我有一个独属于我一人的秘密，这就是我的期盼，我为之献身的期盼。夜半时分，我急切地闯入大自然奥秘的藏身之处，凝神屏息，埋头苦干，丝毫不敢松懈——明月便是我的见证。

——玛丽·雪莱《弗兰肯斯坦》[①]，1818 年

要想向 1 000 万年后的未来发送信息，你得把它放在某个地质活动不活跃、不受任何破坏性天气的影响（甚至根本没有天气）的地方。这个地方距离所有地球人都超过 38.4 万千米。

你要把信息放到月亮上。

由于月球缺少氧气——以及任何大气[②]——我们不用担心生锈的问题，所以完全可以使用比青铜更便宜的金属。当然，还是有一些环境因素需要考虑：在近乎真空的环境中，我们希望用到的材料能够耐受极端高温和低温，并且在暴露于这两种环境中时不会过度膨胀或收缩。考虑到这些限制，你将使用在其他航天器中屡试不爽的材料：不锈钢。不锈钢的密度足以承受一些流星体的撞击——要想在月球上长期保存，这一点很重要——而且强度也很高，足以保证在未来数百万年中存活过一个又一个冷热周期：先是连续 13.5 个地球日接受阳光直射，月表温度可高达 127℃；再是连续 13.5 个地球日的无尽黑暗，月表温度可低至 –173℃。[③]

在月球上保存信息的主要自然威胁来自之前已经提到的太空撞击。地

---

① 引自《弗兰肯斯坦》，玛丽·雪莱著，刘新民译，上海译文出版社（2020）。——编者注

② 严格来说，这个说法不完全正确。月球其实有非常稀薄的大气，大概和国际空间站运行轨道处的地球大气相当。对我们的计划来说，也的确差不多可以认为是完全没有了。

③ 如果你想进一步提升安全系数，月球南极附近有很深的陨石坑，它们永远处于黑暗之中。虽然那里的温度也更低——最低可达 –247℃——但波动绝不会像阳光直射地区那么大，而且也永远不会高过 –173℃。然而，我们认为这些陨石坑中也可能存在一些长期冻结的月球水冰，这会提升这些陨石坑的吸引力，因而放置在那里的纪念碑更有可能提前受到人类的打扰。

球的大气层可以缓冲流星体和小行星的撞击①，除了这些天外来客中最大的那一些，其余所有都会在地球大气中燃烧成无害的烟和火。而在月球上，这些太空天体会以完整大小和最快速度直接撞击月球表面。遗憾的是，我们实际上并不知道这些太空岩石撞击月球的频率，因为我们从来没有在那么漫长的时间跨度上持续观测过月球。不过，按照（非常！）粗略的估算方法，既然月球和地球相距这么近，那我们不妨假设两个星球面临的太空天体撞击威胁相似，那么，月球受到撞击的次数要等比例减小，因为它作为目标更小：月球直径大约是地球的 1/4，质量更是仅有地球的 1.2%。你的纪念碑活过小天体撞击没有问题，但躲不过大天体的撞击。我们估算，直径 1 千米左右的小行星——大到足以摧毁一座大城市，但还不足以终结我们知道的生命——大约每 50 万年撞击一次地球。月球的直径只有地球的 27% 左右，如果按横截面积等比例缩小，那就意味着月球平均每 670 万年左右就会遭遇一次类似的撞击：这仍然短于我们的目标。因此，在小天体撞击事件上，巨大的小行星现在也成了你需要担心的事情。

有两种方法可以缓解上述威胁。第一种是我们提了一遍又一遍的"在多处地点放置多个副本"方案，这么做总能提高其中一个纪念碑完好无损地保存下来且被后人识别并理解的概率。第二种是把你的纪念碑埋在月球表面之下：月球地质活动较少，也没有液态水（以及任何形式的生命），这意味着埋在月球表面之下的东西要比埋在地球表面之下保存得更好，而且你埋得越深，它就越能抵御外来天体撞击。虽然这通常会提升后人找到纪念碑的难度，但在一个没有其他任何东西的星球上，一块埋在地下的不锈钢纪念碑本身就很有吸引力。如果未来的人类能够探测到这块纪念碑，那他们肯定迟早会找到你留下的信息。

把一座不锈钢纪念碑送到月球上的成本略高于 1 亿美元：这是 2019

---

① 从本质上说，流星体和小行星是一回事：都是来自太空的岩石物体。不同的是，流星体直径不超过 1 米，而小行星的直径大于 1 米，但仍然小于行星。好了，现在你知道了！你的朋友以后再也不能在这两个称呼上纠正你了，而你反而可以去纠正别的一些朋友了！

年将以色列创世记号登陆器送到月球的费用。没错，陀螺仪故障导致创世记号径直撞向了月球，而不是像预计方案中那样软着陆，但这实际上对你反而是有益的：猛烈的硬着陆反而有助于你埋藏纪念碑。虽然1亿美元是目前为止我们讨论的各种方案中遇到的最高价格，但与美国20世纪60年代的类似计划"游骑兵"相比，这已经相当便宜了。"游骑兵"计划中包含一系列明确设计用于撞击月球的探测器（理想情况下，会在坠向月球表面的途中拍摄照片），当时这个计划的成本折合现在至少约10亿美元。

不过，如果登月的全部目的就是保证你能留下纪念碑，那这个计划可能值得以一种更符合超级大反派风范的方式执行：亲自造访月球并安装你的纪念碑。2019年，NASA提出了在2024年重返月球的计划，预算200亿~300亿美元。这个数字多少有点儿粗糙：它不仅包括一些NASA为节省成本而采取的特定举措，比如重复使用现有航天器（这种技术对你没什么用），还包括了月球基地的成本——不可否认，在与未来交流了漫长的一天后，能在基地中好好休息是件好事，但这肯定不是必备项目。

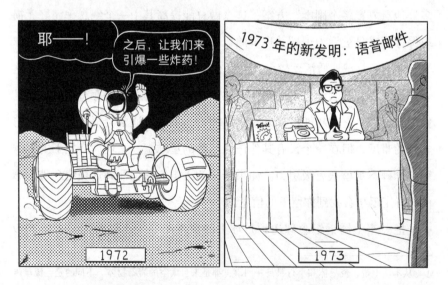

一个可以说迷失了方向的文明？（顺便一提，左图中提到的那次爆炸是真实存在的。宇航员为了获取月震数据而引爆了炸药）

一如既往，你面临的最后一个威胁，就是那些爱捣乱的孩子：说得更准确一些，是今天活着的人和他们的后代。如果在接下去的1 000万年中有除了你之外的人前往月球，而且他们在月球上蹦蹦跳跳，打高尔夫，碰倒这个，炸飞那个，把月球表面弄得一团糟，那就很可能会打乱你精心制定的计划。在这个问题上，你的优势是，就目前的情况来说，月球旅行仍旧是一件稀罕事：截至目前，只有8人已经去世，而且自1972年12月以后就再也没有人重返过月球，"21世纪登月第一人"的席位仍然空缺。于是，这也带来了一个机遇：你的纪念碑越早到达月球，它就越有资格成为全球人类遗产中不可替代的一部分，成为另一个世界中永远属于人类的一个小小角落。

永远属于人类

"永远属于人类"这个说法源自威廉·萨菲尔为时任美国总统理查德·尼克松撰写的演讲稿。这个稿件是为了应对登月计划失败（如果登月舱失灵，导致尼尔·阿姆斯特朗和巴兹·奥尔德林被困在月球表面）的后果。万一登月行动失败，尼克松将在演讲中赞扬阿姆斯特朗和奥尔德林的勇敢，谈及他们为追求知识而勇于奉献的崇高牺牲精神，最后以一段漂亮的煽情语句结尾："后人会跟随他们的脚步，一定会为他们找到回家的路。人类的探索进程不会停歇，但他们是最重要的，会永远留在我们心中最重要的位置。每一个在夜晚仰望月亮的人都会知道在另一个世界，将有一角永远属于人类。"

按照计划，万一登月行动失败，尼克松会在宇航员受困但还活着的时候发表这个演讲，演讲完才会切断任务控制中心与月球之间的通信，给阿姆斯特朗和奥尔德林留下个人空间。我们都会孤独地死去，但阿姆斯特朗和奥尔德林当时面临着以人类历史上最孤独的方式死去的可能。

目前看来，阿波罗 11 号登月飞船的登陆地点——1969 年，阿波罗 11 号率先将人类送往月球，并在那里留下了他们的足迹、便袋以及其他人造物品（参看第 279 页方框）——很可能会成为未来人类保留并保护（甚至在意外损毁后还会重建[1]）的历史遗址。不过，阿波罗 11 号的登陆地点能享有如此殊荣的部分原因是，在阿波罗 11 号登上月球之前，月球上只有 30 个地球制造的物件：都是故意或意外撞击月球留下的航天器残骸。而时至今日，至少已有 80 个各不相同的地球航天器散布在整个月球上，如果再包括它们从地球上带过去的物件清单的话，那还有：月球车、高尔夫球、一件铝制宇航员微雕、因为爆炸而散布在各处的小金属块（上面有苏联标志）[2]，可能还有安迪·沃霍尔的生殖器小画[3]——林林总总加在一起差不多

---

[1] 2020 年 12 月 31 日，《保护太空人类遗产的一小步法案》在美国成为正式法律。它要求与 NASA 合作的公司保证不破坏美国的所有登月地点。密西西比大学航空航天法讲师米歇尔·汉隆（Michelle Hanlon）指出，这恰好也是"国家层面制定的第一部承认人类在外太空保有遗产的法律"。

[2] 1959 年苏联的月球 2 号任务把这些金属撒在了月球上。这是人造物体第一次接触（和/或撞向）另一个天体。月球 2 号航天器携带了两个金属球体，每个都由 72 块小金属盾构成，其中一些上面有苏联盾形纹章，另一些上面有 CCCP（苏维埃社会主义共和国联盟的俄语缩写）字样。月球 2 号把这两个金属球弹射出飞船，并有意让它们在撞击月球表面时爆炸，于是——假设这些小金属盾没有全部被摧毁——就在月球表面撒满了苏联标志。

[3] 嗨，杰出的读者，欢迎来到"安迪·沃霍尔的生殖器小画"脚注！事情是这样的，美国雕塑家弗雷斯特·迈尔斯从其他艺术家那里收集了简单的黑白素描——其中就包括沃霍尔的——然后把它们印在一块 19 毫米长、13 毫米高的小硅晶圆上。迈尔斯声称，一名参与阿波罗 12 号项目的工程师秘密把这个硅晶圆放到了阿波罗 12 号登陆舱的隔热罩之下。迈尔斯向全世界宣告这个行为时，阿波罗 12 号机组成员已经离开了月球和那个可能存在的小型月球艺术画廊，因而为时已晚、无法核实。同一时期刊登在《纽约时报》上的"月球博物馆"晶圆照片中，有人用拇指偷偷掩盖了沃霍尔的贡献。

得是几万件文物了。

而它们不可能都很特别。

随着越来越多的地球物件最终抵达月球，月球上的新鲜玩意儿变得越来越不特别——一般来说，越晚抵达月球就越不特别。因此，你现在要尽可能排在队伍的前列，这样有助于你的信息尽可能被保存到未来。

阿波罗 11 号留在月球上的东西

阿波罗 11 号的宇航员登陆月球后，采集了一些岩石样本以带回地球，这显然大大增加了航天器的重量。为了最大限度保留岩石样本，他们放弃了不再需要的东西，因而在月球上留下了 100 多个物件：空食品袋，两双太空靴，一把锤子，一面美国国旗，没错，还有他们拉屎用的袋子，里面装满了他们的粪便。绝不会有人想把这些恶心的袋子带回家！

至少我们是这么想的。不过，从阿波罗 11 号回到地球时起，就有人出于正经科学兴趣起了回收那些便袋的念头。因为人类的粪便里充满了细菌，如果我们回收那些便袋后发现里面仍然有活微生物（哪怕处于休眠状态，反正就是通过某种方式在恶劣的月球环境中活了下来）的话，我们就能知道地球微生物在未来太空任务中意外污染其他星球的概率有多高了。

顺便说一句，阿波罗 11 号宇航员在月球上支起并拍摄的那面著名美国国旗后来在他们启动登陆器返回轨道时被喷出的气体吹翻了。从那以后，在多年强烈的阳光照射（没有大气缓冲）下，这面国旗开始褪色并分解。给你一些带有请求性质的建议：不要用细细的尼龙绳传达你想留给未来的信息。

时间尺度：至少 1 亿年

　方案：你得去太空墓地

　成本：2 万美元到大约 3.65 亿美元，如果你能说服某人相信
　　　　你的宣言具备艺术价值，那成本就可以是这个范围中
　　　　最小的数值

她艰难地走出了自己的路。

——贝蒂·戴维斯（Betty Davis）的墓志铭，1989 年

许多通信卫星都在地球静止轨道上运行：那是位于赤道上方 35 786 千米处的一条稳定轨道，在这条轨道上，卫星的运动方向与地球自转方向相同。从地面上看，在地球静止轨道上运行的卫星看起来就像一动不动地挂在天空中的某个固定位置上一样。这条轨道真的很有用，否则你看卫星电视的时候就得不停调整地面上的天线了。

然而，这条环形轨道能够同时容纳的卫星数量是有限的，所以按照现在的法律规定，进入地球静止轨道的新卫星在使用寿命将尽时，必须保留最后一部分燃料用来驶离地球静止轨道、往上飞行大约 300 千米，然后再关闭。（将卫星送往更高的空间比让它们落回地球成本低得多。）这条卫星走向死亡的更高轨道叫作"墓地轨道"：它没有别的用处，只是废弃的卫星可以留在那里，在未来数亿年乃至更长时间内永远缓慢绕着地球运动。

"可以"这个词在这里有很大作用：从数学上说，太阳系是混沌的，即使是我们对行星轨道的最佳预测，在 200 万年到 2.3 亿年之后都可能变得非常不准确——具体是 200 万年后，还是 2.3 亿年后，取决于我们预测的是哪颗行星的轨道，以及最初的测量结果有多准确。不过，虽然我们不能指望所有卫星 1 亿多年后都仍不受干扰地留在墓地轨道上，但我们完全可以合理地假设，其中一部分卫星可以做到这一点。于是，这些卫星事实上

成了能够证明人类在太阳系中生活的最长久证据。

而其中一个或多个卫星可以是你的。

在这个问题上，你的参考标准是 2012 年发射的电视卫星回声 16 号（EchoStar XVI）。按预测，等到 2027 年，它就会达到使用寿命，当然要从现在的地球静止轨道向上转移到墓地轨道。回声 16 号卫星的特别之处在于它搭载了一个直径大约 12 厘米、体积不大的镀金铝翻盖盒，盒子里还装了一个硅盘。蚀刻在这个圆盘表面的是"最后的照片"：艺术家特雷弗·帕格伦（Trevor Paglen）及其团队精心挑选的 100 张不同黑白照片，代表现在的地球留给遥远的未来。把硅盘装在铝盒里是为了保护它免受恶劣的太空环境的伤害，给铝盒镀上黄金是为了让它看起来像宝藏，圆盘用硅制作是为了降低重量（把任何物件发射到太空时，质量总是一个避无可避的问题），也是因为这种材料此前在各种航天器上大获成功，表现出了很高的稳定性。

在 1 亿年这样的时间跨度下，你需要担心扩散问题：原子在足够长的时间里，会以扩散的方式在固体物质内移动。当同一种物质中存在两种或两种以上不同种类的分子时，就有可能发生扩散，而且随着时间的推移，原子运动会分散乃至毁坏原本编码在材料中的所有信息。[1] 为了缓解这个问题，圆盘只由一种材料制作，也就是硅，而且这种硅的结构是直到边缘都十分完整的晶体，也就是所谓的"单晶硅"。单晶硅不但既坚硬又稳定，而且还有一个额外的好处，那就是我们已经发明了在如此微观的尺度上雕刻硅的技术：地球人在制造计算机集成电路时一直在使用这种技术。最后的发展结果就是，这种硅晶圆能承载大量信息，同时又足够轻，方便火箭把它发射进入太空，而且一旦进入太空后，它的强度又足够高，可以在恶劣的太空环境中保存。另外，硅晶圆上雕刻的照片大到用肉眼就能分辨，而在放大的情况下又可以看到更多的细节。

---

[1] 纽约市 J. 胡德·赖特公园内的一件艺术品就是基于这个现象制作的。它由 2 000 千克的镁和铝组成，雕刻者特里·富盖特–威尔考克斯（Terry Fugate-Wilcox）预计，这些镁和铝会在公元 3000 年聚合在一起——而"公元 3000 年"正是这件艺术品的名字。

回声 16 号卫星上的空间是被无偿捐赠的，所以，如果你能说服这家卫星公司（和硅制造公司）中的某位掌权人支持你的计划，你实际上就花不了几个钱了。但如果你不能，那么我们就得好好计算一下。回声 16 号卫星由俄罗斯质子–M重型运载火箭发射升空（每次发射成本：6 500 万美元），另外还要花费多达 3 亿美元才能抵达地球静止轨道。如果你的卫星足够小、足够轻——这完全可能，因为除了记录你信息的硅晶圆之外，它唯一的载荷就是发动机和燃料（用于从低地球轨道移动到更远处的地球静止轨道）——那就可以同时发射多颗卫星，从而降低每次发射的成本，并增加其中一颗卫星像回声 16 号卫星上的照片那样留存 1 亿年的概率。而硅晶圆本身的制造成本就相对低廉得多了：一个不到 2 万美元。①

至于你应该在硅晶圆上写些什么，还记得在保存信息 100 万年的任务里，我们是怎么说的吗？当时，我们就说，在这个时间尺度上，你具体写些什么并不重要，因为真正重要的是你的信息流传了足够长的时间，抵达了无比遥远的未来，这个事实本身才是未来人类最看重的。这里也同样适用这个论断。

我们为了把信息保存到未来竭尽全力，但同时又明确知晓成功实施计划有多么困难。我曾询问特雷弗如何解决这一对矛盾，他承认，他参与挑选的照片未来有一天可能会成为人类的墓志铭，对人类的警告，或者——也是最有可能出现的情况——未来发现它们的人完全无法理解。不过，知晓这一切并没有妨碍他有意选择这些照片。特雷弗说："在这个世界上，存在比任何个人都强大得多的力量，无论是经济力量、气候力量还是政治力量，等等，任何个人以任何方式（更别说是以积极的方式）影响这些力量的可能性基本上接近于零，但这并不意味着你可以不关心这些话题，更不意味着你不能参与这些事务。"

---

① 这是制造硅晶圆的麻省理工学院为这件"最后的照片"项目捐赠品给出的预算，费用涵盖了材料费、实验费、制作费、实地勘测费以及雇用一名研究生（帮助处理与项目相关的各项事宜，以便更好地推进项目进展）的人工费。一次制作多个硅晶圆还能让单价再下降一些！

和所有的超级大反派一样，你要尽最大的努力去参与。

回声16号卫星上的照片包括一些你可能会想到的主题（地貌景观、植物和动物、洞穴壁画、火箭发射、从月球上看到的地球照片），还有一些不拘一格的主题，例如交互式小说游戏《魔域》（*Zork*）的前几个字的截图（"你站在一座白房子西边的开阔地带，前门用木板钉着。这里有一个小邮箱"），1972年电影《猩球征服》的幕后快照，以及1970年罗伊·托马斯撰写、约翰·巴斯马铅绘、汤姆·帕尔默上色的漫威漫画《复仇者联盟》第75期中的美国队长画像。[①]

如果你想用更黑暗的意象，也不是没有先例：回声16号卫星还收录了绝对算不上值得赞扬的地球生命照片，比如埃博拉病毒、一排排被关在工厂化农场里的鸡，第二次世界大战期间被关押在美国拘留营内的日本儿童，因越战时美军广泛使用的化学药剂橙剂而出生就有缺陷的越南儿童，以及美国中央情报局（CIA）的"捕食者"无人机——这张照片是在巴基斯坦地面拍摄的，当时它正在执行美国政府的远程暗杀计划，从照片拍摄者头顶飞过。

这些照片中的每一个物件、每一个人都很可能比我们所有人流传得更久。

一条未来人类很可能完全无法理解的信息，但内容其实很棒

---

① 给为你创作艺术品的艺术家署名很重要，哪怕是在太空中。

回收卫星

还有一个始终存在的威胁在于，未来人类可能会回收利用废弃卫星材料。2012 年，美国国防部高级研究计划局（DARPA，美国国防部下属的一个与发展军用技术有关的部门，遥控机械甲虫、之前提到的"捕食者"无人机以及互联网就是这个部门的杰作）提出了一个名叫"凤凰"的项目。这个项目计划派遣一颗机器人卫星前往墓地轨道回收"死亡"卫星身上的有用部件（比如天线），然后利用这些原材料在轨创造新卫星。2015 年，原来的方案终止，项目目标变更为检修现有卫星。

到目前为止，人类还没有发射任何用于回收死亡卫星的卫星。不过即使有，你也别太担心：你的卫星（功能上毫无用处）应该在任何人列出的"深空轨道卫星回收清单"的末尾。

时间尺度：至少 10 亿年
　　　方案：搬去土卫六
成本：39 亿美元左右

你觉得有一堵像地面一样坚固的墙把文明和野蛮区分开。我告诉你，区分文明和野蛮的只是一根线、一块玻璃，这里碰一下，那里推一下，你就回到农神萨杜恩统治时的状态了。

——约翰·巴肯（John Buchan），1916 年

2017 年 9 月 15 日，在执行了近 20 年的太空任务后，卡西尼号航天器

接到指令故意撞向土星，自我毁灭，这是能拿下艾美奖的大结局。[①]不过，在那之前许久，也就是早在 2005 年，卡西尼号搭载的探测器惠更斯号就成功地降落在土星最大的卫星土卫六表面。土卫六的迷人之处在于，它可能非常适合生命生存。

虽然相比地球，土卫六离太阳远得多——它接收到的阳光大约只有地球的 1%——但我们相信，这颗土星卫星的表面冰壳下有一个富含氨的海洋。液态水偶尔会从海洋火山喷发到土卫六表面。另外，土卫六表面还有由碳氢化合物组成的湖：它们是我们在地球之外的其他星球发现的第一批稳定存在的液态地貌。土卫六大气富含氮，密度比地球大气大，因此，你可以（非常短暂地）不穿宇航服在土卫六地表到处走，然后就会因为缺氧而窒息，或是在 -179℃的环境中冻死。土卫六有天气和季节变化，还有与地球水循环对应的甲烷循环。如此种种都提升了一种遥远的可能性——只是一种可能——土卫六的条件适合在未来某一天孕育出生命，甚至，在这颗遥远土星卫星内部的某个地方现在就栖息着生命。[②]即使土卫六上现在还没有生命，那也并不意味着未来不会进化出来。

大约 54 亿年后，我们的太阳就会进入红巨星阶段——在此期间，它会开始膨胀，最终大到足以吞没水星、金星，很可能还有我们的地球、月球，以及在这些天体周围轨道上运行的所有其他人造卫星。[③]到那时，也就是大约 70 亿年后，太阳释放的能量就足够让土卫六的温度一路飙升到 -70℃左右，由于土卫六的海洋主要由氨构成，所以这个温度已经足以让它熔化了。

---

① 准确地说，是艾美奖最佳原创互动节目奖。实际上，卡西尼号最后奔赴土星的旅程就叫作"大结局"。

② 由于惠更斯号探测器在着陆前没有消毒（它发回的数据表明，土卫六比我们最初认为的还要适合生命生存，所以探索这颗卫星的后续任务必须更加小心），更有可能出现的情况是，一些地球生命在探测器着陆时碰巧抵达土卫六，并以某种方式进入这颗卫星的地下海洋。

③ 写到这里，我必须向你道歉，因为我让你浪费了大把时间阅读这一章中提到的各种与未来交流的计划——届时我们现在的一切努力都会被进入红巨星阶段的太阳吞没——如果你还是一边阅读本书，一边实施计划的，那我就更加抱歉了。

现在我们玩的是等待游戏

更重要的是，太阳在随后的数亿年（比地球生命进化所需的时间还要长）内都将保持这样的状态，因此，土卫六届时将成为太阳系中最有可能进化出生命的地方。[①]如果土卫六上真的出现了生命，而且是有智慧的生命，而且他们能适应太阳之后开始变冷的进程，那么他们就能存活很长一段时间，长到可能——只是可能——读到我们留给他们的东西。当然，这种情况发生的概率极低：一旦你企图讨论 10 亿年以后的未来存在的生命实体，除了极大可能失败，别的什么都保证不了。不过，美梦成真的概率总是存在的。

---

① 在探讨这种可能性的诸多论文中有一篇——拉尔夫·D. 洛伦兹（Ralph D. Lorenz）、乔纳森·I. 卢宁（Jonathan I. Lunine）和克里斯托弗·P. 麦凯（Christopher P. McKay）撰写的《红巨星太阳下的土卫六：一种新的"宜居"卫星》——情不自禁地想把这种地球生命原始汤的低温版本称为"原始西班牙凉菜汤"，而我也情不自禁地想把这点告诉你。

地球死亡的最后一刻

好消息是，地球上没有人会在 50 多亿年后太阳变成红巨星时死亡！坏消息是，这是因为在那之前许久，所有地球人都早就死了。从现在开始再过 10 亿年，地球海洋就会因为太阳的升温而被煮沸，整个地球都不会再有适宜人类生存的地方。那之后再过最多 18 亿年，即便是能在与外界隔绝的隐蔽地区（想想凉爽的山顶或冰冷的洞穴）存活的单细胞生命小群落也会死亡。因为那里的水最终也会蒸发干净，而我们压根儿不知道有什么形式的生命可以在完全没有水的环境中存活下去。

也就是说，28 亿年后，地球就会迎来死亡的最后一刻，所有地球生命的故事就会回到原点。哪怕地球生命曾经自豪地进化出了像狗、恐龙、奇怪虫子和人类这样多种多样的生物，地球最后的幸存者也很可能是一种简单的细菌：肉眼看不见、单细胞、孤零零，一如大约 68 亿年前第一个微生物诞生时的样子……再之后，即便是这个简简单单的细菌也会从地球世界消失。

而你会抓住这个希望渺茫的机会。你将完成一件 NASA、欧洲空间局、意大利空间局联合起来都做不到的事情：跨越 10 亿千米的空间和 10 亿年的时间，向为冰雪覆盖的土星卫星土卫六发送信息，而且，在你的计划中，信息的接收方不是人类[①]，而是现在都还没有进化出来的智慧生命。

---

① 早在上一个方框中，所有地球人就都已经灭绝了。很遗憾你没有注意到这点。真的很遗憾！

  1997 年从地球发射升空的卡西尼–惠更斯号探测器没有为可能存在的外星生命带去任何消息，但情况并非一直如此。早在 1994 年，NASA 旅行者号探测器携带的唱片（我们马上就会讲到它）的设计总监乔恩·隆伯格（Jon Lomberg）就领导了一个雄心勃勃的计划，目标是联系任何未来可能在土卫六上进化出来的生命。这个计划是将信息刻在一块厚度 1 毫米、直径 2.8 厘米、重 4.32 克的工业用单晶金刚石圆形晶圆上。来自美国喷气推进实验室和加拿大国家研究委员会的科学家们合作研究出了一种将微观信息蚀刻到金刚石上的方法。这件事此前从未有人做到过，但他们成功地证明了这个方法可行。金刚石这种材料显然价格不菲，选它有几个原因：它是我们拥有的最坚硬的材料，能够比我们知道的其他任何材料都更好地抵御磨损和风化，而且它的化学性质相当不活泼，不会与土卫六上的任何已知物质发生反应。最棒的是，金刚石是透明的，这意味着我们完全可以在上面再放一层金刚石，从而在保护信息不受岁月影响的同时，让任何发现它的人都能清楚地读到上面刻着的信息。当然，我们不能保证金刚石上的信息一定能保存至少 10 亿年，但它至少有可能做到。

  在这个尺度上，空间只够我们放几张图片。而且，等到你放上一些记录时间和地点信息的图片——恒星和土星环（两者都会随时间缓慢变化）

的图片，有助于信息接收方确定它来自哪个时代；一张太阳系地图，一张显示大陆当前位置的地球示意图，等等——剩下的空间真的就只够再放一两张图片了。我们假设把这个位置留给"人类肖像"（并以此命名这幅图片），并用立体光学技术——两个镜头同时拍摄一张照片——拍摄。这也是一种备份性方案，而且如果这两幅图像都能保存下来，那么土卫六人就有可能注意到它们的细微差异，并推断应该把它们放在一起观看，从而形成一张三维图像，就像玩三维魔景机玩具那样。[①]这么做还有科学上的好处：可以通过背景指示物体的大小！

　　至于这幅图像的内容，我们会精心设计，让它展示一群不同年龄、性别、种族的人。所有人都要站在夏威夷沙滩上，其中一个拿着金刚石晶圆的复制品，这样土卫六人就会清楚知道每个人的身高、胖瘦。图像中会有一位正在哺乳的母亲，以此展示人类如何抚养孩子。还要有一对龙凤胎，以表

---

① 当然，我们完全无法保证土卫六人会进化出视力、双眼视力和三维魔景技术，但这么做至少能让他们有机会复原部分深度信息。

明人类之间的性别差异。1996 年 12 月，摄影师西蒙·贝尔在夏威夷拍摄了 1 000 多张立体光学候选照片。NASA 从中挑选出了一些，剩下的工作就是雕刻金刚石晶圆，并将其安装到航天器上，等待 1997 年 10 月发射升空的那天。

NASA 总共要制作 6 块这样的金刚石晶圆：一块放在惠更斯号上登陆土卫六；一块放在卡西尼号（当时还没有决定让它在土星上撞毁）上；两个备用航天器各携带一块；再加上用于测试的两块。据估计，1995 年制作这 6 片晶圆的成本大约是 6 万美元，大约相当于今天的 10 万美元——与这项任务最终的 39 亿美元耗资相比，简直微不足道。

就在那时，一切都崩溃了。

金刚石晶圆项目的资金由富士施乐公司提供，作为回报，他们希望把公司的标志也刻在金刚石上。要是 NASA 同意这个要求——他们最初的确同意了——就可能会让下面这个毫无创意、庸庸碌碌的冗长标志成为太阳系中最长久的标志，或许还可能是证明人类在太阳系中生活的最长久证据：

THE DOCUMENT COMPANY
FUJI XEROX

这家公司的标志比大多数象征全人类奋斗过程和胜利成果的标志都更接近永恒①

然而，等到 NASA 决定拒绝富士施乐公司的这个要求后，项目资金便出现了问题。比资金更麻烦的还有关于掌握图像最终决定权的人选纠纷，NASA 内部围绕谁能赢得这份殊荣展开了异常复杂的政治运作，总之是麻烦不断。最终，大家觉得要是不送这么一张刻有信息的金刚石晶圆去太空，操作起来就更简单，成本也会更低廉。于是，最后的卡西尼–惠更斯任务就成了后来的样子，土卫六可能也要再等上 70 亿年才能收到这样的信息。

---

① 富士施乐公司在 2008 年弃用了这个标志，换成了一个去除了标语、统一了字体，还加上了一个小球的新标志。

不过，你又不为NASA干活，而且你是个超级大反派啊！这意味着你不受那些政治规则和良心道德的约束，意味着你比NASA更乐意让富士施乐公司的好伙伴认为他们的标志将在土卫六上存在数十亿年……直到你的航天器从地球发射升空的那一刻，他们才会发现航天器携带的金刚石晶圆上面刻的是你的标志、你的脸庞和你给太阳系继承人留下的信息，甚至没有一点儿内容向未来的土卫六人推销这家公司的文件复印服务。

时间尺度：至少 100 亿年

方案：放弃整个太阳系，前往宇宙未知领域

成本：50 亿美元

> 这个小时终会过去——一切都会过去，
>
> 在人生稍纵即逝的这一幕；
>
> 但未来依旧是过去的镜子
>
> ——利蒂希亚·伊丽莎白·兰登（Letitia Elizabeth Landon），1835 年

你现在要向 100 亿年后的未来发送信息。这太疯狂了……但也不是完全不可能。回顾一下之前的信息保存计划。一开始，我们把你的信息上传到所有人都能看到的互联网上，后来把它转移到地球的轨道上，接着又转移到地球卫星上，最后还把它藏在 130 万千米之外其他星球的卫星上，希望它能在那儿不受干扰地保存足够长的时间，长到那里能进化出智慧生命并弄清楚信息的含义。每向更大的时间跨度迈进一步，我们就离地球上的其他人越来越远。而当你开始放眼 100 亿年这样的时间跨度时，即使是停留在太阳系边缘也不再有任何意义了。

100 亿年后，水星、金星和地球都很可能已经消失了，其中的某颗行星甚至可能在离去的路上和别的天体撞作一团：不用你费心了，水星。太阳——一度是红巨星，但现在也已脱离了那个阶段——早已将外层吹向深

空，自身坍缩成一颗密度极大、温度不断降低的白矮星。此时的太阳系糟透了。它的情况完全无法预测，我们甚至不知道太阳系内现在还剩下多少颗行星，而且这种不可预测性也会严重破坏我们渴望的永远稳定的轨道。

你的解决方案是抛下整个太阳系，向深空进发，也就是宇宙中的一块以几乎空无一物而闻名的区域。没有特定的目的地，也没有特定的信息接收对象，甚至没有怀揣能被发现的特别希望。即使真的有宇宙生物发现了你留下的信息，你也不能指望 100 亿年后那些在宇宙深处生活的生物能理解。然而，这就是你获胜的方式了。因为当你追随旅行者号航天器开辟的道路，从地球向外太空传递消息时，你发送的不仅是一张金唱片或者一些表彰自己丰功伟绩（也许还有人类的丰功伟绩）的纪念碑（当然，你知道的，前提是航天器还有空间容纳你的纪念碑）。

同时送到外太空的还有你美丽的尸身，它将被冷冻到略高于绝对零度的温度，并保存在冰冷的太空深处，永远不会腐烂。

许多细菌没有氧气就无法生存。即使是那些没有氧气也能生存的细菌，在如此接近理论最低温的环境中肯定也无法保持活跃。在未来很长很长时间内，你的尸身将和生前保持非常相似的状态，至少在宏观层面上是这样。[1]这就是第 8 章中人体冷冻术的宇宙尺度版本，而且无须持续添加冷却剂，也不用一直派人盯着。另外，你在太空中的尸身不仅会为有幸找到它的人提供大量有关地球生命的信息，而且因为穿越了深不可测的外太空深处，它还会成为——如果一切按计划发展的话——地球这颗行星上曾经存在过的或是未来将要存在的所有生命的最终遗言、永恒墓志铭与完美代表和/或纪念。

鉴于你是超级大反派，所以我打赌你过去曾说过"傻瓜们！我会证明

---

[1] 然而，你的身体由不同物质构成，这意味着你得担心一下原子扩散问题以及构成你身体的不同原子在漫长时间周期内四处移动的问题。不过，在这个问题上，你也掌握了一个优势：冷冻到绝对零度的原子压根儿不会运动。另外，与在近日轨道运动的航天器不同，进入外太空深处后，你的体温只会略微高于绝对零度。

给你们看！我会证明给你们所有人看!!"这样的话。不过，你真的决心这么做吗？因为成为这个星球最后留在宇宙中的物件之一，就是向他们所有人证明的终极方式。

以下是你的具体做法。

在这个方案中，你的参考对象是两艘旅行者号飞船。第一艘是旅行者1号，于1977年发射，执行太阳系观测任务。在这本书英文版出版的时候，它已经距地球220多亿千米了，而且由于它运动得实在太快（超过60 000千米/时），还会以每年5亿多千米的速度远离我们。旅行者1号既是飞得最远的人造物体，也是速度最快的人造物体之一，还是进入星际空间的第一个人造物体，而且它目前仍然活跃。（但它活跃不了太久了：到2025年，为旅行者1号提供动力的放射性物质就很可能会衰变到无法再产生足够的电力来运行飞船上的任何一个仪器。届时，飞船最终将完全关闭。）不过，旅行者1号即使在失去动力来源之后，也仍将以超过16 000米/秒的速度在宇宙中穿梭。另外，由于没有任何特定目标，而太空又如此空旷，所以旅行者1号完全有可能永远保持这种状态。

NASA知道两艘旅行者号飞船最终都会在外太空深处穿梭，所以做了一个非常有名的安排：在两艘旅行者号飞船上各放了一张直径30厘米、装在保护性铝壳内的镀金铜唱片。铝壳上写着解码唱片数据的说明，当然，发现唱片的生物能读懂这些说明文字的前提是他们的数学和感官系统与我们相似，而且能够理解唱片的播放速度是每分钟16又2/3转。唱片上编码了116张照片、90分钟来自全球各地的音乐、55种不同语言的问候以及其他一些来自地球的声音。①

---

① 乔恩·隆伯格（也是土卫六金刚石晶圆计划的领导人）告诉我，旅行者唱片计划能够成真简直就是个奇迹，因为这个项目从开始到结束总共只有6个星期。不过，这其实也是一件好事：紧张的时间安排让NASA的官僚们面临着要么带上它要么放弃它的选择，这阻止了他们过多干预唱片的具体内容事宜。最后，NASA决定带上唱片，于是，乔恩和旅行者唱片设计团队其他成员的这一作品很有可能会成为有史以来最长寿的人类艺术品之一。同时，隆伯格还为长期核废料信息传递项目做出了贡献！

旅行者唱片上还有什么？

不那么出名的是，旅行者唱片中还包括了一段长达一小时的大脑电活动信号记录。被记录者是极富创造力的旅行者唱片项目主管安·德鲁扬（Ann Druyan），工作人员用脑电图（EEG）监测技术记录了她的大脑活动信号，然后再转换成声音并压缩成一段1分钟的音频——按照极其乐观的推论，没有人可以断言10亿年后的外星人一定理解不了其中的内容。在记录大脑的电活动期间，德鲁扬想到了"……人类思想史和人类社会组织的历史"。"我想到了人类文明所处的困境，想到了让很多人生不如死的暴力和贫困。最后，我还给坠入爱河的感觉做了一段个人陈述。"既然这些相当有意义的信息已经借助物理媒介进入了宇宙，所以，别让任何人告诉你，你想要发送的信息毫无作用，包括你那留存了主宰世界、站上全球之巅记忆的脑电波记录。

不要把全部希望都放在这些思想活动能够复原上：实际上，真正的思想活动数据根本不存在。脑电图仪只是测量了头部不同区域的电活动，而且测量水平还相对比较粗糙。举个例子，脑电图仪可以注意到当你举起右手后，你大脑的哪片区域激活了，但它的分辨率距离重建你此时的真实思想还差得很远。这大概就相当于为了查明在中国生活的朋友这天是否过得愉快而研究轨道卫星拍摄的中国图像。

下面就是问题的关键所在。NASA工程师预测，两艘旅行者号飞船上的唱片能保存10亿年，主要是指唱片朝向太空的那一面，它要承受更多的灰尘和微流星撞击，而内部的那一面寿命可能会长得多。[1]如果两面都坏了，那还有一块直径 2 厘米的超纯铀–238 电镀在唱片的封面上，可以起到最后的计时功能。即使整张唱片没有留下任何完整的功能记录，只要这一小块铀–238（哪怕是这一小块的一部分）能保存下来——只要外星人知道铀–238 的半衰期是 45.1 亿年——他们就能推断出这艘飞船的历史至少有几十亿年，于是，我们也就多多少少传递了一些信息。但即便如此，我们仍旧必须面对这样一个事实：我们实际上并不知道大多数物质在如此巨大的时间跨度内会发生何种变化，我们只是在做有根据的猜测，因为我们根本没有足够长的时间来观察它们的真正变化。唱片或许可以保存得更久，但也可能保存不了那么久。地球本身只有 45.4 亿年的历史，这意味着我们现在面对的时间跨度是地球年龄的两倍多！当然，其他物质的威胁也总是存在：虽然太空基本是空的，但仍然存在星际尘埃和辐射以及其他我们之前提到的路过的天体，随着时间的推移，它们产生的破坏会慢慢累积起来，直到最后导致唱片无法被识别。这就是风险所在。但如果你想把信息传递给 100 亿年后的活人，你总是得冒点儿险。

你的计划是，先制作很有可能夸大你的功绩的个人定制版旅行者唱片（1977 年的制作成本是 1.8 万美元，折合今天约 8 万美元），内容包括你人生中的荣耀时刻、一些把你拍得最好看的肖像，也许还有几首你最喜欢的波普爵士乐。然后，你要拨款建造属于你自己的宇宙飞船和发射工具（这也和旅行者号项目类似）。造完后，把飞船发射上天，并且把它送往海王星轨道边缘之外的深空。1977 年，这两艘旅行者号飞船的造价约为 8.65 亿美

---

[1] 尼古拉斯·O. 奥伯格（Nicolas O. Oberg）和塞巴斯蒂安·罗伦加（Sebastian Roelenga）最近的一项研究（奥伯格跟我分享了他们那篇预印本文章中的内容）估计，旅行者 2 号唱片的内侧那面可能可以保存到银河系和 M31 星系合并的时候，也就是大约 50 亿年以后。在那个时间点之后，就很难可靠地模拟航天器的演变过程了。不过，如果旅行者 2 号被甩出我们的星系，进入一个基本无尘的空间区域，且既没有穿过任何行星系统，也没有遭遇任何星际天体，那么唱片内侧那一面可能会再保存 10 亿亿年甚至更久——10 亿亿就是一个 1 后面跟着 17 个 0。

元，折合今天约 38 亿美元。当然，你只需要一艘飞船，所以这个预算应该是相当慷慨了，但我们还得再加 10 亿美元——这是对飞船做必要改装（为了让你能顺利进入飞船）的费用，同时还能把你的旅行者号飞船装饰得很有风格。请记住：你是在打造自己的坟墓，所以在此真的不应该太在乎钱。毕竟，钱是带不走的。[①]

好在，为了让你顺利进入飞船而实施的改装工程应该不会太难。飞船本身（不考虑各种吊杆和天线的话）的大小和重量大概相当于一辆普通汽车，因而有足够空间把你塞进去。要是你能扔掉一些旅途中不需要的相机和磁力计，那就更好了。除此之外，需要做的改动很少，因为与大多数载人航天飞行任务不同，我们压根儿就没想过让你活着回来。相反，我们的目标是让你进入太空，然后尽快死去。理想情况是把唱片绑在你身上，让你拿在手里，同时摆出一个让你的尸身看上去既难忘又有魅力的姿势。

虽然按照目前的估算，唱片大约能保存 10 亿年，但我们并不准确知晓人体能在太空中维持多久，或许"可能是无限期"：太空很大，几乎空无一物，没有氧气，而且非常非常寒冷，这些都是能长期储存人类遗体的理想属性。然而，另一方面，我们也同样知道，热力学第二定律决定了，即使你的遗体储存在接近绝对零度的真空中，它也不可能变得更有序。这就意味着它最终还是会分解。在 100 亿年之后，你身体的一部分——也许是很大一部分——也许仍然完好无损，但我们根本没有办法确定。

那么，接下来会发生什么呢？

这个嘛，你的遗体要么被撕成碎片掉进某个遥远的黑洞，要么没有；你的遗体要么被另一个太阳的日冕烧毁，要么没有；你身体的某些部分要么奇迹般地降落在某个遥远星球的原始软泥中从而永远改变那个世界上的大事件顺序，要么没有；随着宇宙走向终点，你的遗体要么被发现，要么

---

① 当然，你可以把一部分钱带在身边。没错，你带去太空的任何东西都可能比整个人类历史上的其他所有物件都更持久，但你还是不能把所有钱都带在身边。因为即使是超级大反派的宇宙飞船也有重量和尺寸限制。

没有。你唯一的安慰是，旅行者 1 号、旅行者 2 号和其他任何在星际间漫游的宇宙飞船同样面临这些风险。

无论如何，你用 50 亿美元的投资创造了一座很可能永远不会被盗窃的坟墓，还创造了一种新的永生方法。这种永生不同于那个失落而遥远的世界（在早已被遗忘的过去，正是那个世界曾经赋予了你生命）中的任何类似概念。

再访旅行者号

乔恩·隆伯格认为，旅行者唱片是一件艺术品，它既是来自地球的信息，也是发给地球的信息：唱片内容反映了人类看待自身的方式，至少是我们期望看待自身的方式。"这种方法自身就带有一种达观的心态：无论它是否会被发现——大概率不会——都几乎没什么关系。"隆伯格告诉我。至于唱片内容，他说："1977年时，我们对未来的看法要比现在乐观得多，对地外生命的看法也要比现在乐观、积极得多。在新视野号航天器项目中，我们本有机会再做一张旅行者金唱片，但NASA对此敬而远之……其中一个原因是，现在有越来越多人担心宇宙可能并不友好，我们不该大声向宇宙宣告自身的存在……实际上，宇宙没有发生任何变化，我们也没有发现任何支持或否定'宇宙威胁'的证据，只是我们的文化变了，我们变了。"

隆伯格向旅行者唱片顾问委员会汇总的第一批选择中有一条是：唱片应该展示人类的美好生活。"旅行者唱片中没有任何东西描述或暗示我们面临的诸多问题，"隆伯格说，"而这条建议当时几乎没有遇到任何反对意见。打个比方，你要是去相亲，个人介绍上肯定也不会列出自己的所有缺点。你见到相亲对象后，更不会把自己做过的所有可怕的事告诉对方——讣告上就更不会写这些了。讣告极少谈论死者的负面情况，而旅行者唱片就是人类的讣告。"然而，在隆伯格为新视野号航天器设计"旅行者唱片 2.0"之初，顾问委员会就做出了一个截然不同的决定："当我询问国际顾问团——由各个领域的专家组成——是否应该沿袭旅行者唱片'美好地球'的设计理念时，所有人都给出了否定的答复。描述地球现状的画面要是没有囊括我们在气候变化等诸多领域面临的种种困难，那肯定算不上诚实。"从这个角度出发，你从地球上发出的信息——你的遗体在空旷的深空中手里攥着一些金子——可能是人类向宇宙发送的最诚实自画像之一了。

顺便一提，NASA 并没有完全放弃向宇宙发送信息的长期业务，但这些年航天器携带的信息远没有之前那么雄心勃勃。他们邀请所有能上网的人在线提交自己的名字，然后在两块硅芯片内微雕上这些名字并粘到 2018 年升空的洞察号火星登陆车上，共有 2 429 807 人参与了这个项目。当然，很难想象碰巧发现这条信息的外星生命会高看发送这条信息的物种，毕竟，在这个可能同永恒对话的机会面前，我们最后的决定只是把几百万互联网用户的名字发送上去，尤其是他们甚至还没有附上自己的遗体。

时间尺度：**1 000 亿年以上**
　方案：**怀揣最好的希望**
　成本：**免费（前提是你已经完成了上一节中把自己遗体送入**
　　　　深空的计划）

对某些人来说，每天都是世界末日。时间之河不断上涨，等到它涨到与你眼睛平齐的高度时，你就淹死了。

——玛格丽特·阿特伍德，2000 年

即使我们尽了最大的努力，即使你的冰冻遗体在星际空间深处疾驰，我们也无法永远躲避时间的蹂躏。当你凝视 1 000 亿年后的未来，你看到的将是宇宙末日的开端。

这就是宇宙那时的样子。

虽然我们还无法确定宇宙到底会如何终结，但目前的一个主流理论认为，它会继续无限膨胀并冷却，这个图景叫作"宇宙热寂"。具体过程是这样的：

- 1 000 亿年后，宇宙的膨胀——我们最近发现，宇宙不仅在膨胀，而且在加速膨胀，而且加速程度比我们之前想象的更猛烈——将会导致，除了我们所在超星系团中的星星，天空中再也看不到其他星星，即使用上望远镜也是如此。[①]这自然会限制发现你冰冻遗体的外星生命范围。

- 3 360 亿年后，星系外的任何单个恒星都会成为一座孤岛，孤悬在这个黑暗、空旷、冷漠的宇宙中。此时的宇宙比我们今天知晓的大 2 亿倍，但其中的物质和能量总量保持不变。这进一步限制了发现你冰冻遗体的外星生命范围。

- 在大约 1.06 万亿年之后，宇宙会变得过于庞大——大到如今的 600 亿亿亿倍[②]——相应地，粒子密度会变得极低，低到星际空间中的所有个体粒子都处于孤立状态，再也无法同宇宙中的其他物质发生相互作用，其中就包括你在虚空中穿梭的冰冻遗体——或者遗体残存的粒子。

- 大约 100 万亿年后，再也不会有恒星形成，因为再也没有大到足以孕育恒星的气体云了。此时的宇宙已经大到无法想象了：是今天的 "1 后面跟上 2 554 个 0" 倍。仍旧活着的恒星能做的就只是用尽自身燃料，在宇宙逐渐暗淡的过程中等待死亡。到了那时，你冰冻遗体的残留物会变得更加冰冻，当然，在这个囊括一切的无边黑暗宇宙中，外星生命发现它的概率就更低了。

- 如果质子本身可以衰变（它们可能会衰变，我们如今没有观测到质子

---

① 虽然据我们所知，宇宙中没有任何东西的运动速度可以超过光速，但这并不意味着宇宙本身的膨胀有速度限制。想象两只蚂蚁站在一个没充气的气球表面。随着气球膨胀，哪怕两只蚂蚁自己没有移动，它们也会分得越来越远。如果这个气球的膨胀速度超过光速，那么这两只蚂蚁最终就会消失在彼此视线中，因为在宇宙的膨胀速度超过光速后，其中任何一只蚂蚁发出的光都永远无法抵达另一只那里：它们远离彼此的速度实在是太快了，连光都跟不上。

② 1 亿亿亿已经远远超越人类对尺度的想象范围了——如果你一定想知道这个数字究竟是什么的话，我来告诉你：那是 1 后面跟上 24 个 0。

衰变的现象可能是因为它们不会衰变，也有可能是因为它们都太年轻了，还没有开始衰变），那么原子本身的这种基本组件大约会在 10^{26} 亿年后开始分解成更轻的亚原子粒子。很不幸，这会摧毁你冰冻遗体的残留部分。

- 假设质子的确会衰变，那么黑洞将在 10^{32} 亿年后统治宇宙，这同样会摧毁你冰冻遗体的任何残留部分。如果质子不衰变，那么最终统治宇宙的仍会是黑洞，但需要的时间会长得多。

- 我们认为，随着时间的推移，黑洞也会通过一种叫作"霍金辐射"的过程蒸发。[①]

- 10^{92} 亿年后，所有黑洞都会完全蒸发，留下一个空空如也、仅保留一些孤独粒子的宇宙。

- 到了那个时候，恐怕很难找到任何关于你冰冻遗体残留物的好消息了。

虽然在这即将到来的宇宙结局中，所有生命都必将死亡，任何人所知的任何事物都难逃毁灭，但毋庸置疑，向未来传递信息的最优秀、最难忘、最精彩、最经济方式仍然是建造一艘合适的宇宙飞船并将它送入难以想象的深空，从而至少让你的部分遗体有机会在那里保存足够长的时间，直至看到宇宙热寂的开端。光是低廉的投资成本与"永生"的丰厚回报，这就已经是本书到目前为止介绍的最佳方案了。

祝你好运！

---

① 这个概念的核心思想是这样的。有时候，亚原子粒子可能会自发出现在宇宙中：一个正常物质粒子和一个反物质粒子。正常情况下，这两个粒子会在片刻之后相互湮灭，但在黑洞附近，其中一个粒子可能会被吸进黑洞，而另一个则逃逸到太空中。这将导致黑洞随着时间的推移而辐射粒子。另一方面，根据热力学第一定律，也即能量既不能凭空出现也不能凭空消失，黑洞每释放一个粒子就会变得比之前略小一些。

结语

你将成为超级大反派，同时也是世界的救世主

> 我早已习惯一头扎进未知世界，所以其他任何环境
> 和存在形式对我而言都是异域风情，不适合人类。
>
> ——沃纳·赫尔佐格，1981 年

这本书让你从"好玩的非虚构类图书的好奇读者"变成了"一个现在知道如何搞乱天气、统治国家、实现永生的人——同时还能保证自身成为宇宙中最后存在的物件之一，而这一切都是坐在舒适的恐龙战马上，驾驶着高悬空中的测地线球体时做到的"。

如果要我自己评价的话，这真的还不赖。

在接下来的日子里，在你成为超级大反派后的余生中，我要求你记住下面这几页上的经验教训。说起来也很简单：虽然这个世界可能很大、很复杂、很艰难、很不公平，但它也是可知的。我们完全可以理解这个世界的运作法则——作为一个物种，人类在过去几千年里始终在认识世界。而一旦理解了这些法则，我们就可以反过来引导、控制、改善这个世界。曾经看似疯狂和不可能实现的愿望一旦成真，很快就会变成日常操作——就是通过这个滑向世俗的过程，疯狂的科学内容才变成了……科学。无趣、寻常的陈旧科学，只是我们这个世界的另一部分，而在这个世界上，我们能在空中飞行，能与身处地球另一边的人聊天，能将机器人送上火星，还

能在短短一年时间内开发出针对全球性疫情的多种疫苗。

事实是，尽管我们的星球现在如此复杂，但仍然存在个体通过自己的努力改变历史进程的空间。[①]刚来到这个世界时，我们都是什么也不懂的婴儿，没有家人持续的照料就无法生存，但只需要短短几年，我们就能学会走路，学会怎么上厕所、不拉裤子里，学会如何从零开始通过观察周围人的说话方式和发音来理解和掌握语言。换句话说，在人生的起步阶段，我们都是充满好奇、早熟而目标远大的自我学习者。之后，我们中的一部分人从未停下学习的脚步，持续地吸收这世上的知识，让自己为美好的未来尽可能地多做准备——如果真的会实现的话——此时，我们才发现自己手中握着人类自身的命运。

举个例子，你，刚刚就完成了这个过程。

所以，大胆前进，勇敢追梦吧！一点一点地凿开贴着"不可能"标签的宝藏，直到显出哪怕一丝一毫的可能。建立更美好世界的力量就在你手上，同所有的超级大反派一样，你不会事先征求别人的许可，只会向着梦想一往无前。我相信你。更好一点儿的说法是：我相信我们。就像雷克斯·路瑟曾对超人说的那样：

"相信我，克拉克。我们的友谊将会成为传奇。"

---

① 不过，有必要指出我刚才举的例子（在空中飞行，与身处地球另一边的人聊天，将机器人送上火星，开发疫苗）都是集体努力的成果。没错：你的超级大反派养成指南在最后几页引入了反转情节。在续作中，你要和其他人组队统治星球，效果绝对比你一个反派单打独斗强得多。等不及了吧？

大胆冲上去吧

鸣谢

我们肩负的一种历史责任就是改写历史。

——奥斯卡·王尔德，1891 年

通常在这个环节，作者会为书中可能存在的错误道歉，同时向读者保证，虽然很多人都看过初稿，但书中遗留的任何错误都是他们自己犯下的或是无意间引入的。但是，这些作者中不包括我。虽然在这本书的出版过程中也的确有很多人帮过忙，但书中遗留的任何错误都是故意为之。它们是我秘密反派计划的一部分，有了这些错误，我才能保留所有计划关键环节的秘密。

不过，我确实还要感谢一些人！

首先，我要感谢我的编辑考特尼·杨，她在这本书从概念到执行的每一个阶段都给出了令人惊喜的反馈意见。如果没有编辑的努力工作，你最喜欢的作者什么都不是！什么都不是！而考特尼就是一位非常优秀的编辑。你是最棒的，考特尼。

当然要感谢我的老朋友兼新同事卡尔利·莫纳尔多，她的插图让这本书栩栩如生。插图中的那个超级大反派就是她设计的，她也因此立刻成了这本书的核心。

感谢在本书写作过程中与我交流并回答那些听起来很可疑的问题的专

业人士，包括特雷弗·帕格伦、布莱克·理查兹博士、西蒙·贝尔、尼古拉斯·奥伯格和乔恩·隆伯格。（我原本答应乔恩，他只需要快速回答几个问题就可以了。结果，我们的谈话时间比预期长了三倍，然后我才因为独占了他的时间而深感愧疚，并终止了对话。乔恩这个人有意思、有思想、有魅力，而且他和他的团队为两艘旅行者号飞船设计制作的唱片至今仍能激发人们的想象力。）

非常感谢克里斯托弗·奈特，他对全书做了事实核查，并发现了一些错误——这些错误是我故意放在那里作为测试的，并不是因为我不擅长写书哦！我应该为写了一本如此难以核查事实的书而向他道歉。真正的超级大反派一直都住在我内心。万分感谢，克里斯托弗！

埃米莉·霍恩总是我作品的第一个读者。她见多识广、学富五车且深谙世俗理性。读完本书后，她又一次出色地指出了其中哪些部分效果出色、哪些部分效果欠佳。谢谢你，埃米莉：因为你，这本书变得更好了。同时还要谢谢其他所有试读本书初稿并反馈意见的好心人——我的妻子詹妮弗·克卢格、我的父亲兰德尔、我的哥哥维克托，还有我才华横溢的朋友们，包括贾内尔·沙内、奇普·日贾尔斯基、迈克·塔克（我在上一本书感谢他的时候把他的名字拼错了，对不起，莫克）、乔恩·桑、迈克·托达斯科、玛格丽特·贝内特、普里亚·拉朱博士、凯蒂·麦克博士、兰道尔·门罗、瑞安·容克、乔恩·曼宁和秘密实验室的其他成员、格蕾琴·麦卡洛克和闪光定期阅读小组的其他成员——正是因为你们的建议，本书质量提高不少，显得我更有能力了。特别感谢凯利·魏纳史密斯和扎克·魏纳史密斯，他俩看到与自己工作重叠的内容后与我分享了一些研究笔记。（他们正在写一本书，应该会在本书出版的一年后出版，所以，瞧，你现在还有了一本未来的非虚构图书等着看了！）扎克阅完初稿后的反馈意见特别有帮助——他是一台不可阻挡的机器，源源不断地生产好主意和好建议。老实说，我真诚地建议，要同比你更聪明、比你更有才华的人交朋友。到目前为止，对我来说，这么做的效果很好。

感谢陆秋逸（S. Qiouyi Lu，音译）和阿尔潘·马尔维亚把第 9 章中的那句话分别翻译成汉语普通话和印地语。感谢伊莱贾·埃德蒙兹帮助我确定了那张送入太空的《复仇者联盟》画作的创作者。感谢尼基·赖斯·马尔基和戴维·马尔基，他俩帮助我解决了书中遇到的一个问题。没有哪个超级大反派是一座超级孤岛。

最后，我还要由衷感谢我的文学代理人和同为作者的塞思·菲什曼，我在上一本书中完全忘记向他表达感谢了。他为了证明别人对他的服务有多满意以便给一位潜在客户留下好印象，就从书店书架上拿了一本《万物发明指南》并翻开了致谢部分，结果发现我对他的贡献只字未提。哎哟，这可太糟了。因此，我应该在这本书中向他致以加倍的感谢。

再次感谢我的文学代理人和同为作者的塞思·菲什曼。

也感谢你阅读这本书！看到了吗？即使这本书的正文内容已经结束了，你还是继续读完了写在最后的这段额外内容并从中得到了别人的感谢。阅读再一次给了你回报！

瑞安·诺思

于加拿大多伦多

公元 2022 年

参考文献

最后，由于睡得太少、读得太多，他的大脑枯竭了，然后完全失去了理智。

——米格尔·德·塞万提斯，《堂吉诃德》，1605 年

以下是我精挑细选出的参考文献：都是与每章讨论的主题相关而且可以获取的资料，我认为超级大反派很可能对这些内容特别感兴趣。完整的参考文献篇幅实在太大，这里压根儿放不下，所以我把它们放到了网上——但愿你还没有彻底摧毁互联网——网址是 www.supervillainbook.com。

1 超级大反派的超级秘密基地

Craib, Raymond. Unpublished book notes for agrarian studies readers. Cornell University Department of History. n.d. Accessed May 2021. https://agrarianstudies.macmillan.yale.edu/sites/default/files/files/CraibAgrarianStudies.pdf.

Doherty, Brian. "First Seastead in International Waters Now Occupied, Thanks to Bitcoin Wealth." *Reason*. March 1, 2019. https://reason.com/2019/03/01/first-seastead-in-international-waters-n/.

———. "How Two Seasteaders Wound Up Marked for Death." *Reason*. November 2019. https://reason.com/2019/10/14/how-two-seasteaders-wound-up-marked-for-death.

Ells, Steve. "Endurance Test, Circa 1958: 150,000 Miles Without Landing in a Cessna 172." Aircraft Owners and Pilots Association. March 5, 2008. https://www.aopa.org/news-and-media/all-news/2008/march/pilot/endurance-test-circa-1958.

Etzler, John Adolphus. *The Paradise Within the Reach of All Men, Without Labor, By Powers of Nature and Machinery: An Address to All Intelligent Men, In Two Parts*. London: John Brooks, 1836.

Foer, Joshua, and Michel Siffre. "Caveman: An Interview with Michel Siffre." *Cabinet*. Summer 2008. https://www.cabinetmagazine.org/issues/30/foer_siffre.php.

Fuller, R. Buckminster. *Critical Path*. New York: St Martin's Press, 1981.

Garrett, Bradley. *Bunker: Building for the End Times*. New York: Scribner, 2020.

Hallman, J. C. "A House Is a Machine to Live In." *The Believer*. October 1, 2009. https://believermag.com/a-house-is-a-machine-to-live-in/.

Kean, Sam. "How Not to Deal with Murder in Space." *Slate*. July 15, 2020. https://slate.com/technology/2020/07/arctic-t3-murder-space.html.

National Technical Reports Library. *Triton City: A Prototype Floating Community*. U.S. Department of Housing and Urban Development. November 1968. https://ntrl.ntis.gov/NTRL/dashboard/searchResults/titleDetail/PB180051.xhtml.

Piccard, Bertrand. "Breitling Orbiter 3: GOSH Documentary." Accessed May 2021. YouTube video, 54:06. https://www.youtube.com/watch?v=kSmrHsG2v8I.

"Polar Explorer, Stabbed by a Colleague, Made Peace with Him in Court." *RAPSI News*. February 8, 2019. http://www.rapsinews.ru/judicial_news/20190208/294778187.html.

Poynter, Jane. *The Human Experiment: Two Years and Twenty Minutes Inside Biosphere 2*. New York: Basic Books, 2006.

seasteading. "THE FIRST SEASTEADERS 6: Fleeing The Death Threat." February 29, 2020. YouTube video, 10:59. https://www.youtube.com/watch?v=OovkeOuZsqU.

Silverstone, Sally. *Eating In: From the Field to the Kitchen in Biosphere 2*. Oracle, Arizona: Biosphere Foundation, 1993.

Stoll, Steven. *The Great Delusion: A Mad Inventor, Death in the Tropics, and the Utopian Origins of Economic Growth*. New York: Hill and Wang, 2008.

StrangerHopeful. "Can Cloud Nine Be Built?" *Stack Exchange*. December 30, 2016. https://worldbuilding.stackexchange.com/questions/36667/can-cloud-nine-be-built.

Tucker, Reed. "How Six Scientists Survived 'Living on Mars' for a Year." *New York Post*. November 14, 2020. https://nypost.com/2020/11/14/how-six-scientists-survived-living-on-mars-for-a-year.

Warner, Andy, and Sofie Louise Dam. *This Land Is My Land: A Graphic History of Big Dreams, Micronations, and Other Self-Made States*. San Francisco: Chronicle Books, 2019.

Wolf, Matt, dir. *Spaceship Earth*. 2020.

2　如何启动自己的国家

Abdel-Motaal, Doaa. *Antarctica: The Battle for the Seventh Continent*. Santa Barbara, CA: Praeger, 2016.

Adewunmi, Bim. "I Claim This Piece of Africa for My Daughter, Princess Emily." *The Guardian*. July 15, 2014. https://www.theguardian.com/lifeandstyle/shortcuts/2014/jul/15/claim-piece-africa-for-daughter-princess-emily-sudan.

Arnold, Carrie. "In Splendid Isolation: The Research Voyages That Prepared Us for the Pandemic." *Nature*. May 14, 2020. https://www.nature.com/articles/d41586-020-01457-8.

Bueno de Mesquita, Bruce, and Alastair Smith. *The Dictator's Handbook: Why Bad Behavior Is Almost Always Good Politics*. New York: PublicAffairs, 2011.

Heuermann, Christoph. "Held Hostage by Bedouins in Terra Nullius: My Trek to and Escape from Bir Tawil." *Christoph Today*. December 8, 2019. https://christoph.today/sudan-bir-tawil.

Krakauer, Jon. *Into the Wild*. New York: Villard, 1996.

McHenry, Travis. *The Rise, Fall, and Rebirth of Westarctica*. Self-published, 2017. https://drive.google.com/file/d/1zYn3oMmFpQoSElMVd-ryMvYp3YKegIqq/view.

Secretariat of the Antarctic Treaty. "Key Documents of the Antarctic Treaty System." 2021. Accessed May 2021. https://www.ats.aq/e/key-documents.html.

———. "The Protocol on Environmental Protection to the Antarctic Treaty." October 4, 1991. Accessed May 2021. https://www.ats.aq/e/protocol.html.

Shenker, Jack. "Welcome to the Land That No Country Wants." *The Guardian*. March 3, 2016.

https://www.theguardian.com/world/2016/mar/03/welcome-to-the-land-that-no-country-wants-bir-tawil.

Strauss, Erwin S. 1984. *How to Start Your Own Country: How You Can Profit from the Coming Decline of the Nation State*. Port Townsend, WA: Loompanics Unlimited, 1984.

3 克隆恐龙以及一些对所有胆敢反对你的人来说可怕的消息

Church, George M. *Regenesis: How Synthetic Biology Will Reinvent Nature and Ourselves*. New York: Basic Books, 2012.

Dell'Amore, Christine. "New 'Chicken from Hell' Dinosaur Discovered." *National Geographic*. March 19, 2014. https://www.nationalgeographic.com/news/2014/3/140319-dinosaurs-feathers-animals-science-new-species.

Department of Vertebrate Zoology, National Museum of Natural History. "The Passenger Pigeon." *Smithsonian*. March 2001. Accessed May 2021. https://www.si.edu/spotlight/passenger-pigeon.

Ewing, Jeff. "What If Jurassic World Were Real? 3 Hidden Economic Consequences." *Forbes*. June 22, 2018. https://www.forbes.com/sites/jeffewing/2018/06/22/3-hidden-economic-consequences-of-jurassic-world.

Horner, Jack, and James Gorman. *How to Build a Dinosaur*. New York: Dutton, 2009.

Kolbert, Elizabeth. *The Sixth Extinction: An Unnatural History*. New York: Henry Holt and Company, 2014.

Kornfeldt, Torill. *The Re-Origin of Species: A Second Chance for Extinct Animals*. Translated by Fiona Graham. Brunswick, Victoria, Australia: Scribe, 2018.

Yeoman, Barry. "Why the Passenger Pigeon Went Extinct." *Audobon*. May–June 2014. https://www.audubon.org/magazine/may-june-2014/why-passenger-pigeon-went-extinct.

4 为完美犯罪控制天气

Fleming, James Rodger. *Fixing the Sky: The Checkered History of Weather and Climate Control*. New York: Columbia University Press, 2010.

Goodell, Jeff. *How to Cool the Planet: Geoengineering and the Audacious Quest to Fix Earth's Climate*. New York: Houghton Mifflin Harcourt, 2010.

Morton, Oliver. *The Planet Remade: How Geoengineering Could Change the World*. Princeton, NJ: Princeton University Press, 2017.

Roser, Max, Esteban Ortiz-Ospina, and Hannah Ritchie. "Life Expectancy." Our World in Data. October 2019. Accessed May 2021. https://ourworldindata.org/life-expectancy.

Smith, Wake, and Gernot Wagner. "Stratospheric Aerosol Injection Tactics and Costs in the First 15 Years of Deployment." *Environmental Research Letters* 13, no. 12 (2018). https://doi.org/10.1088/1748-9326/aae98d.

Tamasy, Paul, and Aaron Mendelsohn. *Air Bud*. 1997. Directed by Charles Martin Smith. Produced by Robert Vince and William Vince. Starring Buddy the Golden Retreiver as "Air Bud."

United Nations. "Convention on the Prevention of Marine Pollution by Dumping of Wastes and Other Matter." International Maritime Organization. 1972. Accessed May 2021. https://www.imo.org/en/OurWork/Environment/Pages/London-Convention-Protocol.aspx.

———. "Convention on the Prohibition of Military or Any Other Hostile Use of Environmental Modification Techniques." United Nations Treaty Collection. December 1976. Accessed May 2021. https://treaties.un.org/Pages/ViewDetails.aspx?src=TREATY&mtdsg_no=XXVI-1&chapter=26&clang=_en.

———. "Universal Declaration of Human Rights." United Nations. December 1948. Accessed May 2021. https://www.un.org/en/about-us/universal-declaration-of-human-rights.

Victor, David G., M. Granger Morgan, Jay Apt, John Steinbruner, and Katharine Ricke. "The Geoengineering Option: A Last Resort Against Global Warming?" *Foreign Affairs* 88, no. 2 (March/April 2009): 64–76.

Wallace-Wells, David. *The Uninhabitable Earth: Life After Warming.* New York: Tim Duggan Books, 2019.

5 钻到地心，把它作为"人质"，解决你的所有问题

Kaplan, Sarah. "How Earth's Hellish Birth Deprived Us of Silver and Gold." *The Washington Post.* September 27, 2017. https://www.washingtonpost.com/news/speaking-of-science/wp/2017/09/27/how-earths-hellish-birth-deprived-us-of-silver-and-gold.

Köhler, Nicholas. "The Incredible True Story Behind the Toronto Mystery Tunnel." *Maclean's.* March 20, 2015. https://www.macleans.ca/society/elton-mcdonald-and-the-incredible-true-story-behind-the-toronto-mystery-tunnel.

Krugman, Paul. "Three Expensive Milliseconds." *The New York Times.* April 13, 2014. https://www.nytimes.com/2014/04/14/opinion/krugman-three-expensive-milliseconds.html.

Lewis, Michael. *Flash Boys: A Wall Street Revolt.* New York: W. W. Norton & Company, 2014.

Mining Technology. "Top 10 Deep Open-Pit Mines." September 26, 2013. https://www.mining-technology.com/features/feature-top-ten-deepest-open-pit-mines-world.

Osadchiy, A. "Kola Superdeep Borehole." *Science and Life.* November 5, 2002. https://www.nkj.ru/archive/articles/4172.

Piesing, Mark. "The Deepest Hole We Have Ever Dug." *BBC Future.* May 6, 2019. https://www.bbc.com/future/article/20190503-the-deepest-hole-we-have-ever-dug.

Warnica, Richard. "'There Is No Criminal Offense for Digging a Hole': Police Won't Speculate on Mystery Tunnel near Pan Am Site." *National Post.* February 24, 2015. https://nationalpost.com/news/toronto/there-is-no-criminal-offence-for-digging-a-hole-police-refuse-to-speculate-on-mystery-tunnel-near-pan-am-site.

World Gold Council. "How Much Gold Has Been Mined?" *About Gold.* 2020. https://www.gold.org/about-gold/gold-supply/gold-mining/how-much-gold.

6 时间旅行

I promise I'll update this section just as soon as I figure out time travel, *if not sooner.*

7 毁掉互联网，拯救所有人

Ball, James. *The Tangled Web We Weave: Inside the Shadow System That Shapes the Internet.* New York: Melville House, 2020.

Hill, Kashmir. "Goodbye Big Five." *Gizmodo.* Accessed May 2021. https://gizmodo.com/c/goodbye-big-five.

Kolitz, Daniel. "What Would It Take to Shut Down the Entire Internet?" *Gizmodo.* September 30, 2019. https://gizmodo.com/what-would-it-take-to-shut-down-the-entire-internet-1837984019.

Peters, Jay. "Prolonged AWS Outage Takes Down a Big Chunk of the Internet." *The Verge.* November 25, 2020. https://www.theverge.com/2020/11/25/21719396/amazon-web-services-aws-outage-down-internet.

Sanchez, Julian. "Trump Is Looking for Fraud in All the Wrong Places." *The Atlantic.* December 12, 2020. https://www.theatlantic.com/ideas/archive/2020/12/trump-looking-fraud-all-wrong-places/617366.

Steinberg, Jospeh. "Massive Internet Security Vulnerability—Here's What You Need to Do." *Forbes.* April 10, 2014. https://www.forbes.com/sites/josephsteinberg/2014/04/10/massive-internet-security-vulnerability-you-are-at-risk-what-you-need-to-do.

Tardáguila, Cristina. "Electronic Ballots Are Effective, Fast and Used All Over the World—So Why Aren't They Used in the U.S.?" *Poynter.* November 4, 2020. https://www.poynter.org/fact-checking/2020/electronic-ballots-are-effective-fast-and-used-all-over-the-world-so-why

-arent-used-in-the-u-s.

Zerodium. "Our Exploit Acquisition Program." *Zerodium.* Accessed May 2021. https://zerodium .com/program.html.

Zetter, Kim. *Countdown to Zero Day: Stuxnet and the Launch of the World's First Digital Weapon.* New York: Crown, 2014.

8 如何永垂不朽并且做到字面意义上的永生

Achenbaum, W. Andrew. "America as an Aging Society: Myths and Images." *Daedalus* 115, no. 1 (Winter 1986): 13–30. https://www.jstor.org/stable/20025023.

Bacon, Francis. *The Historie of Life and Death, With Observations Naturall and Experimentall for the Prolonging of Life.* London: I. Okes, for Humphrey Mosley, 1638.

Begley, Sharon. "After Ghoulish Allegations, a Brain-Preservation Company Seeks Redemption." *Stat.* January 30, 2019. https://www.statnews.com/2019/01/30/nectome-brain-preservation -redemption.

Bernstein, Anya. *The Future of Immortality: Remaking Life and Death in Contemporary Russia.* Princeton, NJ: Princeton University Press, 2019.

Boyle, Robert. *Some Considerations Touching the Usefulnesse of Experimental Naturall Philosophy, Propos'd in Familiar Discourses to a Friend, by Way of Invitation to the Study of It.* Oxford: Oxford University, 1663.

———. "Tryals Proposed by Mr. Boyle to Dr. Lower, to Be Made by Him, for the Improvement of Transfusing Blood out of One Live Animal into Another." *Philosophical Transactions (1665–1678)* 1 (1666): 385–88. http://www.jstor.org/stable/101547.

Chrisafis, Angelique. "Freezer Failure Ends Couple's Hopes of Life After Death." *The Guardian.* March 16, 2006. https://www.theguardian.com/science/2006/mar/17/france.internationalnews.

Darwin, Mike. "Evaluation of the Condition of Dr. James H. Bedford After 24 Years of Cryonic Suspension." *Cryonics.* August 1991. https://www.alcor.org/library/bedford-condition.

de Longeville, Harcouet. *Long Livers: A Curious History of Such Persons of Both Sexes who have liv'd several Ages, and grown Young again: With the rare Secret of Rejuvenescency of Arnoldus de Villa Nova, and a great many approv'd and invaluable Rules to prolong Life: as also How to prepare the Universal Medicine.* London: J. Holland, 1772.

Friedman, David M. *The Immortalists: Charles Lindbergh, Dr. Alexis Carrel, and Their Daring Quest to Live Forever.* New York: Ecco, 2008.

Haycock, David Boyd. *Mortal Coil: A Short History of Living Longer.* New Haven, CT: Yale University Press, 2009.

Henderson, Felicity. "What Scientists Want: Robert Boyle's To-Do List." *The Royal Society.* August 2010. https://royalsociety.org/blog/2010/08/what-scientists-want-boyle-list.

KrioRus. "Animals—Cryopatients." *KrioRus.* Accessed May 2021. https://kriorus.ru/Zhivotnye -kriopacienty.

———. "List of People Cryopreserved in KrioRus." *KrioRus.* Accessed May 2021. https://kriorus .ru/Krionirovannye-lyudi.

Maxwell-Stuart, P. G. *The Chemical Choir: A History of Alchemy.* London: Bloomsbury Academic, 2012.

McIntyre, Robert. "The Case for Glutaraldehyde: Structural Encoding and Preservation of Long-Term Memories." *Nectome.* Accessed May 2021. https://nectome.com/the-case-for-glutaraldehyde -structural-encoding-and-preservation-of-long-term-memories.

Perry, R. Michael. "Suspension Failures: Lessons from the Early Years." *Cryonics.* February 1992. https://www.alcor.org/library/suspension-failures-lessons-from-the-early-years.

Pontin, Jason. "Is Defeating Aging Only a Dream?" *Technology Review. The SENS Challenge.* July 11, 2006. http://www2.technologyreview.com/sens.

Redwood, Zander. "Living to 1000: An Interview with Aubrey de Grey." *80000 Hours.* April 12, 2012. https://80000hours.org/2012/04/living-to-1000-an-interview-with-aubrey-de-grey.

Roser, Max, Esteban Ortiz-Ospina, and Hannah Ritchie. "Life Expectancy." Our World in Data. October 2019. Accessed May 2021. https://ourworldindata.org/life-expectancy.

SENS Research Foundation. "An Introduction to SENS Research." Accessed May 2021. https://www.sens.org/our-research.

Shaw, Sam. "You're As Cold As Ice." *This American Life*. April 18, 2008. https://www.thisamericanlife.org/354/mistakes-were-made.

Standiford, Les. *Meet You in Hell: Andrew Carnegie, Henry Clay Frick, and the Bitter Partnership That Changed America*. New York: Crown, 2006.

Svyatogor, Alexander. "Biocosmist Poetics." In *Russian Cosmism*, edited by Boris Groys. Cambridge, MA: MIT Press, 2018.

Walter, Chip. *Immortality, Inc.: Renegade Science, Silicon Valley Billions, and the Quest to Live Forever*. Washington, D.C.: National Geographic, 2020.

Weiner, Jonathan. *Long for This World: The Strange Science of Immortality*. New York: Ecco, 2011.

9 确保你永远永远不会被忘记

Benford, Gregory. *Deep Time*. New York: HarperPerennial, 2000.

Blakeslee, Sandra. "Lost on Earth: Wealth of Data Found in Space." *The New York Times*. March 20, 1990. https://www.nytimes.com/1990/03/20/science/lost-on-earth-wealth-of-data-found-in-space.html.

Brannen, Peter. *The Ends of the World: Volcanic Apocalypses, Lethal Oceans, and Our Quest to Understand Earth's Past Mass Extinctions*. New York: Ecco, 2017.

Brook, Pete. "In Billions of Years, Aliens Will Find These Photos in a Dead Satellite." *Wired*. October 30, 2012. https://www.wired.com/2012/10/the-last-pictures.

Bump, Philip. "How to Put Trump on Mount Rushmore, Something He's Never Even Thought About." *The Washington Post*. July 26, 2017. https://www.washingtonpost.com/news/politics/wp/2017/07/26/how-to-put-trump-on-mount-rushmore-something-hes-never-even-thought-about.

Chiba, Sanae, et al. "Human Footprint in the Abyss: 30 Year Records of Deep-Sea Plastic Debris." *Marine Policy* 96 (2018): 204–8. https://doi.org/10.1016/j.marpol.2018.03.022.

Culp, Justin. "Archeological Inventory at Tranquility Base." *Lunar Legacy Project*. April 8, 2002. Accessed May 2021. http://spacegrant.nmsu.edu/lunarlegacies/artifactlist.html.

Diaz, Jesus. "All the American Flags On the Moon Are Now White." *Gizmodo*. July 31, 2012. https://gizmodo.com/all-the-american-flags-on-the-moon-are-now-white-5930450.

Drogin, Marc. *Anathema!: Medieval Scribes and the History of Book Curses*. Montclair, NJ: Abner Schram, 1983.

Gilbert, Samuel. "The Man Who Helped Design a 10,000-Year Nuclear Waste Site Marker." *Vice*. April 26, 2018. https://www.vice.com/en/article/9kgjze/jon-lomberg-nuclear-waste-marker-v25n1.

Gilbertson, Scott. "The Very First Website Returns to the Web." *Wired*. April 30, 2013. https://www.wired.com/2013/04/the-very-first-website-returns-to-the-web.

Haskoor, Michael. "A Space Jam, Literally: Meet the Creative Director Behind NASA's 'Golden Record,' an Interstellar Mixtape." *Vice*. April 4, 2015. https://www.vice.com/en/article/rgpj5j/the-golden-record-ann-druyan-interview.

Hera, Stephen C., Detlof von Winterfeldt, and Kathleen M. Trauth. "Expert Judgment on Inadvertent Human Intrusion into the Waste Isolation Pilot Plant." Sandia National Laboratories Report SAND90-3063. December 1991.

Holman, E. W., S. Wichmann, C. H. Brown, V. Velupillai, A. Müller, and D. Bakker. "Explorations in Automated Language Classification." *Folia Linguistica* 42 (2008): 3–4. doi:10.1515/flin.2008.331.

Jet Propulsion Laboratory. "The Golden Record." Accessed May 2021. https://voyager.jpl.nasa.gov/golden-record.

Lomberg, Jon. 2007. "A Portrait of Humanity." 2007. Accessed May 2021. https://www.jonlomberg.com/articles/a_portrait_of_humanity.html.

Marchant, Jo. "In Search of Lost Time." *Nature* 444 (2006): 534–38. https://doi.org/10.1038/444534a.

Memorial Museum of Cosmonautics. "Lunar Pennants of the USSR." January 29, 2016. Accessed May 2021. https://kosmo-museum.ru/news/lunnye-vympely-sssr.

NASA News. "Project Lageos." Press Kit, NASA. 1976. https://lageos.gsfc.nasa.gov/docs/1976/NASA_LAGEOS_presskit_e000045273.pdf.

Nurkiyazova, Sevindj. "The English Word That Hasn't Changed in Sound or Meaning in 8,000 Years." *Nautilus.* May 13, 2019. http://nautil.us/blog/the-english-word-that-hasnt-changed-in-sound-or-meaning-in-8000-years.

Paglen, Trevor. *The Last Pictures.* Berkeley and Los Angeles: University of California Press, 2012.

Parkinson, R. B. *The Rosetta Stone.* London: British Museum Press, 2005.

Radioactive Waste Management Committee. "Preservation of Records, Knowledge and Memory across Generations: A Literature Survey on Markers and Memory Preservation for Deep Geological Repositories, Swiss Nuclear Energy Agency." Nuclear Energy Agency. 2013. https://www.oecd-nea.org/jcms/pl_19357.

Safire, Bill. "In Event Of Moon Disaster." July 18, 1969. https://www.archives.gov/files/presidential-libraries/events/centennials/nixon/images/exhibit/rn100-6-1-2.pdf.

Sagan, Carl. *Cosmos.* New York: Random House, 1980.

Sebeok, Thomas A. "Communication Measures to Bridge Ten Millennia." Technical Report, Research Center for Language and Semiotic Studies. 1984. https://doi.org/10.2172/6705990.

Taliaferro, John. *Great White Fathers: The True Story of Gutzon Borglum and His Obsessive Quest to Create the Mt. Rushmore National Monument.* New York: PublicAffairs, 2004.

The Museum of Modern Art. "The Moon Museum: Various Artists with Andy Warhol, Claes Oldenburg, David Novros, Forrest Myers, Robert Rauschenberg, John Chamberlain." *The MoMA Collection.* Accessed May 2021. https://www.moma.org/collection/works/62272.

Trauth, Kathleen M., Stephen C. Hora, and Robert V. Guzowski. "Expert Judgment on Markers to Deter Inadvertent Human Intrusion into the Waste Isolation Pilot Plant." Sandia National Laboratories Report SAND92-1382. 1993. http://doi.org/10.2172/10117359.

Trosper, Jaime. "Death & Decomposition in Space." *Futurism.* December 18, 2013. https://futurism.com/death-decomposition-in-space.

Ward, Peter D., and Donald Brownlee. *The Life and Death of Planet Earth: How the New Science of Astrobiology Charts the Ultimate Fate of Our World.* New York: Holt Paperbacks, 2004.

Weisman, Alan. *The World Without Us.* New York: St. Martin's Thomas Dunne Books, 2007.